i y i . . .

TİMAŞ YAYINLARI
İstanbul 2009

www.timas.com.tr

YENİÇERİ
Kılıç Kından Çıkınca
Hakan Kağan

TİMAŞ YAYINLARI | 2141
Roman Dizisi | 98

YAYIN YÖNETMENİ
Emine Eroğlu

EDİTÖR
Zeynep Özbek

KAPAK TASARIMI
Ravza Kızıltuğ

1. BASKI
Eylül 2009, İstanbul

ISBN
978-605-114-065-0

BASKI VE CİLT
Sistem Matbaacılık
Yılanlı Ayazma Sok. No: 8
Davutpaşa-Topkapı/İstanbul
Telefon: (0212) 482 11 01

TİMAŞ YAYINLARI
Alayköşkü Caddesi, No:11, Cağaloğlu, İstanbul
Telefon: (0212) 511 24 24 Faks: (0212) 512 40 00
P.K. 50 Sirkeci / İstanbul

www.timas.com.tr
timas@timas.com.tr

Kültür Bakanlığı Yayıncılık
Sertifika No: 12364

YENİÇERİ
Kılıç Kından Çıkınca

Hakan Kağan

TİMAŞ

HAKAN KAĞAN

1974 yılında Kars'ın Selim ilçesi Gürbüzler köyünde dünyaya geldi. İlköğrenimini Gürbüzler Köyü İlkokulu'nda, ortaöğrenimini Konya Gazi Lisesi'nde tamamladı. 1998 yılında Abant İzzet Baysal Üniversitesi'nden mezun oldu. Aynı yıl Kırıkkale'de özel eğitim öğretmeni olarak göreve başladı. Halen öğretmenlik mesleğine devam eden Hakan Kağan, 2007 yılında Milli Eğitim Bakanlığı'nın idareci ve öğretmenlerin eğitimi amacıyla verdiği hizmet içi seminerlerinde "eğitim görevlisi" olarak görev aldı. Özel eğitim, aile eğitimi ve rehberliği konularında seminerler veren Hakan Kağan, evli ve üç çocuk babasıdır. *İmparatorluğun Son Akşamı* (Timaş Yayınları, 2008) isimli bir tarih romanı vardır.

"Kılıç kından çıkmadıkça kurt sürüsü hizaya gelmez, hünkârım."

BİR ZAMANLAR...

-1-

Mayıs 1807

Güneşin turuncuya dönen ışıkları, ahşap evlerin damlarına yenice yüz sürmüştü ki Frenk kulesi dibinden bir doğan havalandı. Zümrüt yeşilinin sardığı tepelerin içine konmuş küçük mesirelikler üzerinden dönerek boğazın balık pulları gibi işveli suları üzerinde süzülmeye başladı.

Akıntı istikametine ters ilerleyen balık sürülerini keskin bakışlarıyla takip ediyordu Ak Sungur. Bir anda parlayıp dağılan ışık kümelerine benzeyen balık sürüleri üzerine dalışa geçip kanatlarının ucunu suya değdirmeden tekrar havalanıyordu. Balık sürülerinden gözlerini aldığında dikkatini çeken ilk şey Baron Hübsch'ün büyük yalısına doğru akan kayıklar oldu. Sahil boyunca Frenk konakları sıra sıra dizilmişlerdi. Temiz ve bakımlıydılar. Duvarlarından taşan erguvanlar yol kenarlarına kadar uzanmıştı. Bahçeleri; hanımeli, gül, yasemin, leylak ve lalelerle süslüydü yalıların. Nur fıskiyesi, elmas dalgası, erimiş dudak, çimen yıldızı... Renk renk laleler yalı bahçelerinden yol kenarlarına taşmıştı.

Baron Hübsch'ün konağı önündeki kayıkhane, bir yandan yanaşmaya çalışan, bir yandan da ayrılan kayıklarla capcanlıydı. Boğaz'ın laciverde çalan suları üzerinde akan kayıklar öylesine narindiler ve öylesine sakin akıyorlardı ki; "vav" harfi üzerinde uzunlu kısalı "elifler" yolculuk yapıyordu sanki.

Frenk hizmetkârlar, yanaşan kayıklardan inmeye çalışan misafirlere yardımcı olmak için koşuşturuyorlardı. Dal budak salmış çınarlar arasından yapraklarını uçsuz bucaksız maviliğe salmış serviler karşı tepenin yamaçlarına saklanmış küçük kiliseyi gölgeliyordu. Ağaçların içinde gizlenmiş olsa da sahil boyu dizilmiş yalılardan daha fazla dikkat çekiyordu küçük kilise.

Ak Sungur denizin yüzünü bir örtü gibi saran maviliğin üzerinden süzülerek beyaza boyanmış kilisenin de içine gizlendiği zümrüt yeşili tepeye dalışa geçti. İki metreye yaklaşan kanatlarını her çırpışında ıslık çalar gibi bir ses çıkartıyor, sesi rüzgârı bir yılan gibi kırbaçlıyordu. Sol kanadı üzerine yatarak bir yay çizerek geçti tepeyi. Boğazın ışıl ışıl sularına tekrar döndüğünde kendi gölgesiyle oynaşmaya başladı. Mavi sular bazen uçsuz bucaksız steplere dönüyordu gözlerinin önünde. Gündüz ölümüne sıcağın gece ölümüne soğuğun hüküm sürdüğü lacivert Asya bozkırlarına... Boğaz kıvrıldıkça kıvrılıyor, düzleştikçe kanatlarını rüzgârın serinliğinde dinlendiriyordu.

Defterdar Burnu'nda Frenk yalılarını anımsatan başka bir yalı daha gördü Ak Sungur. Aslında bir yalı mı, küçük bir saray mıydı çok da ayırt edilemiyordu. Bahçesinde cennet kaçkını ince endamlı kızlar kahkahalarla birbirini kovalıyor, küçük su testileriyle birbirlerini ıslatmaya çalışıyorlardı. Birbiri içine girmiş dolambaçlı yollar, yüzlerce rengin harmanlandığı çiçeklerle süslenmişti. Göz alıcı çiçekler arasında koşuşturan genç kızlar yeri göğü yırtan Ak Sungur'un çığlığıyla kaçışmaya, çığlık atmaya başladılar. Yüreklerini titreten bir korkuyla etrafında toplandıkları kişi Hatice Sultan'dı. Onun bakışlarında ise korkudan azade bir imrenme vardı. Mavi boşluğun efendisini uzun süre gözleriyle takip etti Hatice Sultan. "Bir zamanlar..." diye söylendi dudakları. "Bir zamanlar böylesine asil ve korkulandı bu devlet... Osmanoğlu'nun sesi, Kızıl Elma'dan Öküz Nehri'ne kadar insanların yüreklerine işler içlerini titretirdi. Bir zamanlar..." O zamanlara artık 'bir zamanlar' diyordu Hatice Sultan. Her sabah bu saatlerde görmeye alıştığı bu yırtıcı, ona sadece Osmanoğlu'nun mazide kalan hatırasını hatırlatmıyordu. O yırtıcının öfkesine gem vuran, ona bir istikamet veren, ona hedef gösteren yeşil sarıklı Türkmenleri de hatırlardı Hatice Sultan. Üzerine gölgesi düşen yırtıcıyı gözleriyle takip ederken mazide kalan o büyük ayrılığın acısı yüreğini yaktı. İmparatorluğun en büyük sırrı bu büyük ayrılıkta mı gizliydi? Ceddi Osmanoğlu gerçekten Türkmenlere ihanet etmiş miydi?

Başağa etrafındaki bostancılara emirler yağdırıyordu. Başağanın birbirini izleyen emirleri arasında kemankeşler yayları germeye, oklarını yerleştirmeye çalışıyorlardı. Ak Sungur kendisi için yapılan bu hazırlıklara hiç aldırmadan uzaklaştı. Büyükdere Çayırı'nın üstünü bir şemsiye gibi örten ulu çınarı görünce şımarık bir çocuk gibi içi içine sığmaz oldu. Geniş çayırı çevreleyen söğüt ağaçları tiril tirildi. Önce çayıra inmeye niyetlendiyse de bundan vazgeçip çayırı bir şemsiye gibi örten çınarın tepesindeki bir dala kondu. Bir anda binlerce kuş bir bulut kümesi gibi mavi derinliğe doğru akmaya başladı. Ak Sungur'un sesi binlerce kuşun sesine karışmış, mavi boşlukta uçuşan küçük noktacıklar arasında kaybolmuştu. Can pazarı birkaç dakika sonra yerini sessizliğe bıraktı. Dal, Ak Sungur'un ağırlığıyla kırılacakmış gibi sallanıyordu.

Karşıda Büyükdere Çayı üzerindeki köprüden hayvanlarıyla geçmeye çalışan köylüleri uzun süre seyretti Ak Sungur. Derenin karşısındaki küçük caminin minaresi söğüt yaprakları arasında zar zor görünüyordu. Bir anda kulakları sağır eden silah sesleriyle havada kanat çırparken buldu kendini. Kanat çırptıkça yükseliyor, yükseldikçe seslerden uzaklaşıyordu. Levent Çiftliği'nde talim yapan Nizam-ı Cedid askerlerinin silahlarından çıkan seslerdi bunlar.

Uzun kanat çırpışları Kuruçeşme yakınlarına sürükledi onu. Uzun servilerin içine saklanmış küçük köşkün üzerine geldiğinde denizi seyreden Beyhan Sultan'ı gördü. Her zamanki gibi gam denizinde yüzüyordu Beyhan Sultan. Galip Dede'nin tennure içinde yok olan benliği gözbebeklerinde "elif" olmuştu.

Küçük yelkenliler, dağılan misketler gibi sağa sola savrularak akıp gitmekteydiler. Küçük yelkenlileri arkasında bırakarak uzaklarda sisler içinde bir hayal perdesine gölge gibi düşmüş olan kuleye doğru kanat çırpmaya başladı Ak Sungur.

Pir Elvan da aynı saatlerde kahvehanenin özel bölmesinden içeri sızan güneşe sırtını vermiş, nargilesinin marpucuyla isteksizce oynuyordu. Büyük oğlu Mehmet, iskelede sırt üstü uzanmış, sarkıttığı ayaklarını yavaş yavaş sallayarak suya daldırıyordu. Suyun verdiği serinlik duygusuyla Boğaz'ın sularından uzaklaşmış, iç dünyasının serinliğinde geziniyordu. Galip ise hışır köz karşısında boncuk boncuk terleyen Süleyman Usta'yı seyretmekteydi. Süleyman Usta bir yandan közleri terbiye etmeye çalışıyor bir yandan da gözünün kuyruğuyla çırakların işlerini doğru yapıp yapmadıklarını kontrol ediyordu. Onu eksik yapılan işler kadar rahatsız eden bir şey varsa o da Galip'in karşısına oturup kendisini saatlerce seyretmesi ve her beş dakikada bir aynı isteği yenilemesiydi. Galip bu hareketiyle ustayı canından bezdirip yeniçeri ocağına kaydolmak için babasını ve annesini ikna etmesini istiyordu. Süleyman Usta, Gülizar'ın hikâyesini bildiğinden bu işe karışmamak için ayak diretiyordu ama Galip vazgeçecek, yakasını bırakacak gibi görünmüyordu. Mercan Kahvehanesi'nin bir de berberi vardı ki küçük seyyar dükkânını çardağın kuytu bir köşesine kurmuştu. Berber İsmail bir ay önce ustalığa geçmiş, peştamal kuşanmış, kimsesi olmayan garip bir Bektaşi'ydi. Kara Tahsin namlı eski bir yeniçeri zorbasının himayesi altındaydı. Günün belli saatlerinde kahvehanede saç sakal tıraşı yapar, akşamları da ağası Kara Tahsin'in yanında âlemden âleme uçardı.

Mercan Kahvehanesi, Galata Kulesi'ne sırtını dönmüş ve boğazın berrak sularına gülümseyen bir cennet köşesiydi. İnce ve küçük kesilmiş taşlarla süslü avizeler tavandan sarkmış, sabah rüzgârının da etkisiyle birbirine çarparak insanı iç âlemine çeken mistik bir fısıltı olarak çardakta dolaşmaktaydı. Duvarlar fars efsanelerini tasvir eden ipek Kirmanşah halılarla kaplanmıştı. Rüstem'in, Turanlılarla cenklerini tasvir eden renkli ve göz alıcı halılar, konusuna göre yan yana öyle dizilmişti ki haftanın belli günleri kahvehaneye gelen hikâyeciler bu resimlere bakarak saatlerce hikâyeler anlatırlardı. Fağfuri fincanlar talim sahasına çıkmış askerler gibi yan yana dizilmiş, parlak cezvelerde pişen kahveleri beklemekteydiler. Gümüş leğen ve ibrikler göz alıcı parlaklığıyla dikkatleri emiyordu. Süleyman Usta'nın arkasındaki rafta renk renk şerbetler cam şerbetliklerde tüm albenisiyle dikkat çekiyordu. Nargileler, buhurdanlıklar kapalı çarşının en maharetli ustalarının elinden çıkmıştı. Kahvehanelerin vazgeçilmezi olan kanaryaların ve muhabbet kuşlarının sesleri, makamı belli olmayan bir beste gibi kule dibinden boğazın serin sularına doğru akıyordu. Beşinci ortayı temsil eden nişanların altın tellerle işlendiği kırmızı peşkirleri omuzlarından sarkıtmış kahveci çırakları, sessizce fakat maharetle etrafta dönüyor, çubuk getiren oğlanların ardı sıra köz taşıyan ateş oğlanlar bir ayinde dönen dervişler gibi büyülü bir âlemin kapısını aralıyordu sanki. Bu güzellikler içinde havada uçuşan nargile kokusu... Birbirine karışmış elma, çilek, kayısı kokuları... Hepsinden baskın olan bir koku daha vardı ki o da Pir Elvan'ın nargilesinden etrafa yayılan tömbekinin kokusuydu.

Elvan, nargile içmekten sararmış bıyıklarının uçlarını parmak uçlarıyla kıvırıp etrafını saran duman arasında zihninde geçenleri toparlamaya çalışırken oturmak için müsaade isteyen bir sesle uyandı.

"Pirim, müsaade var mıdır?"

Elvan, kalyoncu kıyafeti içinde kendine bakan adama yer göstermek için ayağa kalktı.

"Efendim!"

Sonra şaşkınlığını üzerinden atarak kalyoncuya oturması için yer gösterdi.

"Tömbeki mi, efendim?"

"Her zamanki gibi, pirim."

Süleyman Usta camlı bölmeye giren üç kalyoncuyu ocak başından izliyordu. Elvan'la göz göze geldiğinde işini bırakarak yeni gelen misafirlerin nargilesini hazırlamaya koşturdu. Galip, tüm bu gariplikleri takip ediyor Süleyman Usta'ya isteğini yenilemek için fırsat kolluyordu. Usta özenle hazırladığı nargileleri çevik hareketlerle fakat bir ayindeymiş gibi özenle getirip koydu.

"Hoş geldiniz, hünkârım."

"Hoş bulduk usta, bir acı kahvenizi içmeyi murat ettik."

"Bizim için ne büyük bir şeref hünkârım." diyerek eli ayağı birbirine geçmiş olarak ocak başına koşturdu Süleyman Usta.

"Meriç'in öteki yakasında neler oluyor pirim?"

Sesi sakin fakat hesap sorar gibiydi.

"Gördüklerimi anlatmaya dilim varmaz, hünkârım. Siz gelmeden önce olanları nasıl anlatırsam efendimi üzmem diye çok düşündüm ama bir çıkar yol olmadığını görünce..."

"Bir çıkar yolu yoksa en son söyleyeceğini en başta söyle, pirim."

"Yeniçeri ağası Pehlivan Ağa gece yarısı serdar otağını basarak sadrazam hazretlerini azletti efendim."

Selim sağ elini sakalına attı. Buzdan bir heykel gibi duruyordu. Şuuru çelik bir korse içinde sıkışmış da acısı yüzüne vurmuştu. Yüzündeki iz, bu acının etkisiyle daha da belirginleşti. Yüzü çiçek bozuğu bir matlıkla öylece hareketsizleşti. Düşünceleri, kayaları döven azgın bir denizin dalgaları gibi kafasının içini dövüyordu. *"Görülmüş duyulmuş iş midir?"* diye söylendi.

"Sadrazam da gece yarısı orduyu başsız bırakarak Rusçuk ayanı Alemdar Mustafa Paşa'ya sığındı hünkârım. Ordu sarı alaca arı kovanı gibi kaynıyor. 'Selim Han, ocağımızı başımıza yıkmak için bizi Moskof önüne sürdü, İstanbul'da kalan yoldaşlarımızı da Levent Çiftliği'ndeki ve Selimiye Kışlası'ndaki on iki bin silahlı Nizam-ı Cedid askerine kırdıracak' diye söyleniyorlar."

Elvan'ın bir nefeste anlattıkları, kurşun gibi yüreğine çöktü Selim'in.

"Demek Pehlivan Ağa, sadrazam azledecek kadar ileri gitti ha! Koca Osmanlı ordusu Meriç'in öte yakasında başsız bekler. Bu ordu kuru bir insan kalabalığından başka bir şey değil artık."

"Tehlikenin büyüğünü kimse görmez efendim."

"Yeniçeri ağası benim sadrazamımı serdarlıktan azledebiliyorsa daha nasıl bir tehlike olabilir ki görülmesin?"

"Efendim, Napolyon şu sıralar Rusya içlerine bir kasırga gibi ilerlemekte. Ruslar bu yüzden cephedeki tüm kuvvetlerini çekmek zorunda kaldılar. Ama ihtiyaç için bıraktıkları bir kuvvet Bükreş yakınlarında bekler."

Selim, uzun sakallarını eliyle sıvazlıyordu. Kendini çaresiz hissettiği zamanlarda hep böyle sakalıyla oyalanırdı.

"Ordudaki komutanlarım bu dediğini bilmezler mi, pirim?"

"Bilirler hünkârım."

Selim'in gözleri muğlâk bir koridorda kayboldu. *"Türkmenler"* diye düşündü. *"Onlardan sonra şimdi de bu başıbozuk Bektaşiler mi Osmanoğlu'nun saltanatına ortak olmak ister?"* Yıllardır bu Türkmenlerin peşi sıra koşmuş da gölgelerinden başka bir şeye ulaşamamıştı Selim. Kendine boş boş bakan Elvan'ın gözleriyle karşılaşınca zihninden geçenlerden kaçar gibi uzaklaştı.

"Hünkârım yeniçeri yüzyıllardır ettiği hizmetin karşılığını bekler. Yeniçeri, kapıkulu olduğunu kabullenmez artık. Devletin devamı ve bekasının kendi kılıçlarının gölgesinde olduğunu söyler."

"Benim saltanatımın devamının da kendi ellerinde olduğunu söylemezler mi?"

"Söylerler hünkârım. Hem söylerler hem de içlerini bir kurt gibi kemiren korkularını büyütürler. Nizam-ı Cedid askerinin sayısı arttıkça korkuları da büsbütün artar."

"Sen ne düşünürsün pirim?"

"Hünkârım! 'Yedi derviş bir post üzerinde yaşar da iki cihangir hükümdar bir dünyada yaşayamaz.' Yeniçeri eskiden talim eder savaşırdı. Ne yaptığı şeyi sorgulamaya vakti olurdu ne de kendi durumunu. Oysa şimdi esnaf olup gedikleri ve gizliden gizliye işleyen rüşvet ağlarını kontrol eder oldular. Islah edilip de Süleyman Han dönemindeki nizamnameye tabi olmazlarsa kendi felaketleri ardında koca devleti de felakete sürükleyecekleri aşikârdır."

"Geçen gece sabaha kadar düşündüm pirim. Bütün güç noktalarını terazinin iki kefesine koydum, tarttım. Pek müşkül ve neticesiz bir uğraş olduğunu fark edince de vazgeçtim. Şunu artık biliyorum ki; ya değişeceğiz ya da yok olacağız."

"Tüm hayatı yönlendiren, şekillendiren şey korkudur hünkârım. Korku ise ancak üzerine varmakla fethedilir. Korku duvarını yıkıp onu fetheden, terazinin iki kefesini de kontrol eder."

Selim, Elvan'ın bu sözlerle ne kastettiğini anlamıştı. Yıllarca süren bir iktidar mücadelesini korkuyu fethedenin kazanacağını söylüyordu Pir Elvan. Gücü korumak için başka bir güce dayanmak imparatorluğu felakete sürükleyebilirdi.

"O güç avuçlarımızın içinde kayıp gitmekte pirim. Bir kapıkulu, sadrazam azledip orduyu başsız bırakıyor ve benim sadrazamım bana başını sunmak yerine Alemdar Mustafa Paşa'ya sığınıyorsa ve ben eli kolu bağlı Napolyon'un Rusya'yı fethetmesinden medet umuyorsam o güç artık durduğu yerde etkili değil pirim. Korku duvarları yıkılmış demektir."

"Hünkârım öncelikle gayenizin ocaklıyı kırmak değil de ocağı ıslah etmek olduğu konusunda yeniçerileri ikna edin."

"Niyetimiz budur..."

Selim Han'ın niyeti ağzından dökülen cümleler değildi. Bunu Elvan da kendi de iyi biliyordu.

"Dün, Bostancıbaşı ile görüştüm pirim. Boğaz kalelerini bekleyen yamaklara aylıkları ile birlikte Nizam-ı Cedid kıyafeti yolladım. Boğaz nazırı şimdi Rumeli Kavağı'na varmak üzeredir. İnşallah bir sorun çıkmaz da ordu dönmeden buradaki tüm yamakları Nizam-ı Cedid kıyafeti giymeye ikna eder. O zaman yeniçeriler döndüğünde yeni ocağa kaydolmak için fazla direnemezler."

"İnşallah hünkârım" dedi Elvan.

Selim hemen arkasında oturan silahtar ağaya el işaretiyle çekilmesini söyledi. Sonra sustular. Öyle uzun süren bir sessizlik ki... İnsanı ve zamanı terbiye eden uzun bir sessizlik... Selim'e, han olduğunu, Elvan'a kapıkulu olduğunu hatırlatan bir sessizlik... Yerinden oynayan taşların bir dağın yamacından aşağı inişini bekliyorlardı sanki. Dağın yamacını saran uğultu kesilince Selim han konuşmaya başladı. Sesindeki tokluk bir şarkıya başlamadan önce dikkatleri şarkıya çeken mızrak vuruşları gibi keskindi.

"Türkmenlerle ceddim Mehmet Han'ın yaşadığını biz de Bektaşilerle mi yaşayacağız dersin pirim?"

Elvan başını önüne eğmiş susuyordu.

"Türkmenler gölge gibi... Çandarlı'dan sonra onları gören, onlarla temas eden olmadı hünkârım."

Dudaklarını istem dışı dişleri arasında eziyordu Elvan.

Asıl soracağını sormaya bir türlü cesaret edemiyordu Selim. Alacağı cevap korkularını arttırıyordu. *"Lafı daha fala uzatmanın gereği yoktur"* diye düşünerek söze başladı.

"Baba İshak soyundan olduğun doğru mu pirim?"

Elvan bir saniye bile düşünmeden;

"Doğrudur hünkârım. Yalnız Baba İshak soyundan değil de onun halifelerinden Seyit Ebu Elvan soyundanım. Adım da ceddimden gelir."

"Bu cevap boynunu cellât kemendine vermem için yeterli. Neden inkâr etmedin?"

"Sorduğunuza göre sır açığa çıkmış demektir."

Sessizlik, kılıç yarası gibi ızdırap vericiydi. Elvan uzun süre zihnini yakan düşünceleri toparlamaya çalıştı. Boynu şimdi çeliğin ürpertici soğuğuna daha yakındı. Bu, ona korku yerine yıllarca beklediği bir şeye kavuşma hissi verdi. Ölümü nasıl bu kadar soğukkanlılıkla karşıladığına kendi de hayret etti.

"Selçuk, Türkmen'e ihanet edip ona sırtını dönünce 'babalar' isyan edip Türkmenleri dağlara çekti. Uzun süren isyan bastırıldığında Türkmenler sürek avında kovalanan hayvanlar gibi bir bir yakalanıp boğazlandı. Selçuk, ihanetinin karşılığını Kösedağ'da ödedi. Yanından Türkmenleri uzaklaştırıp umur görmüş vezirlerinin de sözünü dinlemeyen Gıyasettin; savaş sanatından anlamaz, kendisi gibi bazı toy komutanların sözüyle hareket etti. Öncü kuvvetleri dağılınca savaşı da kaybettim diye ordusunu bırakıp kaçtı. Yanında Türkmen beyleri olsaydı bu akıbet onu bulmazdı. Ceddim Seyit Ebu Elvan, pek çok derviş gibi ıssız hanları, çorak toprakları yurt tutup Anadolu'da bozulan düzen için yeni bir devletin kuruluşunda çalışmaya başladı. Türkmenler bu sürek avının kinini tutmadı. Edebali, dağılan Türkmenleri bir araya topladığında evvel şartı kimsenin içinde kin taşımaması oldu. Türkmen'e bir devlet lazımdı ve biz -zulme uğrayanlar- bu devletin bütün acılarını ve sorumluluğunu yüklendik. Ama biz Selçuk'tan gördüğümüz ihaneti Osmanoğlu'ndan da göreceğimizi biliyorduk."

"Nasıl?"

"Osmanlı büyüdükçe biz de büyüdük, o zenginleştikçe biz de zenginleştik. Bir gün geldi Osmanoğlu bizi kendine rakip gördü. Türkmen'in gücünü kırmak için o müthiş zafer beklendi. Çandarlı, Türkmen'in iktidardaki görünen yüzüydü. Onun boğazına geçen yağlı ilmek Türkmen'in boğazına geçecekti. Çünkü güç paylaşılmaz, paylaşılamazdı hünkârım."

"Bu ayrılık bir mecburiyet değil miydi?"

"Öyleydi hünkârım... Sultan Mehmet, Roma'nın mirası üzerine oturunca bir tercih yapmalıydı. Ya iktidarı Türkmen'le paylaşacaktı ya da Roma'nın yeni imparatoru olacaktı. O gerçek bir imparatorluk düşlüyordu. Daha önce pek çok padişahın düşündüğü bir imparatorluk... Çandarlı'nın öldürülmesi bir mesajdı. Türkmenler ya kurdukları devletten vazgeçip bir köşeye çekilecekti ya da Sultan Mehmet'le savaşacaklardı. Türkmenler köşeye çekilmeyi seçtiler."

"Gerçekten bir köşeye çekildiler mi pirim?"

"Türkmenler aciz oldukları için çekilmediler hünkârım. Sadece Edebali dergâhında görüldüğüne inanılan rüyadan sonra Osmanoğlu'yla yapılan anlaşma bozuldu.

"Görüldüğüne inanılan rüya mı?"

"Birine 'kut' verilmeliydi. Kut Osman Alp'e verildi. Edebali dergâhındaki rüya ile Türkmen beyleri anladılar ki yeni devlet Osman Alp'e verilmişti. Dervişler, cahil Türkmenleri bu rüya ile inandırdılar."

"Gerçek değil miydi?"

"Hayal ile gerçek arasındaki fark nedir ki hünkârım? İnsanlar inanmak için her zaman hazırdır. Onlara istedikleri şeyi verdiniz mi onlar da size istediğiniz şeyi verir."

"Nasıl?"

"Güç zulmün önüne bir set olabilmek için inşa edilir ama öyle bir an gelir ki gücün kendisi zulmün aracı olur. Güç, insanoğlunun tarih içindeki en büyük kısır döngüsüdür hünkârım."

"Bizim nasibimiz nedir pirim?"

Vereceği cevap edep sınırlarını aşacağından sınırlarda gezmek yerine susmayı tercih etti Elvan. Selim uzun uzun düşündü.

"Peki, güç olmazsa düzen nasıl sağlanacak pirim. Bir başıbozuklukta insanlığın uğrayacağı felaketler daha mı az olur."

"Daha çok olur hünkârım. İnsanoğlunun en büyük çelişkisi bu derken bunu kastettim. Düzeni kurmak için güç, gücü inşa etmek için korku gerek."

"Korkuyu inşa etmek için?"

"Düşman gerek hünkârım. Mehmet Han bir devleti İmparatorluk yaparken bu dengeyi kurdu. Çandarlı'nın bırak serveti, adı bile erişilmezdi onun için. Türkmen beylerini, Çandarlı'nın boynuna geçirilen yay kirişiyle hizaya soktu Mehmet Han. Akıllıcaydı. Selçuk, Türkmen'i kiraladığı şövalyelerle ezdikten sonra bir av hayvanı gibi kovaladı. Oysa Mehmet Han Çandarlı'nın kafasını alarak bu düzeni sağlama yoluna gitti. Dönmeleri kapıkulu etmekle kalmadı, Türkmen'den boşalan iktidar alanını onlara verdi. Bu, gerçekten çok akıllıcaydı. Onu büyük kılan da sanırım bu ince siyaset. Büyük bir gücün yerine her zaman kontrol edebileceği bir başka güç... Ama o güç de bugün kontrol edilemez bir noktaya geldi. Asıl mesele bundan sonra hünkârım."

"Neymiş, pirim? Lafı 'şedde' ile ezme!"

"Bu dönmelerden sonra terazinin diğer kefesine kim konacak, asıl önemli olan budur."

Selim şehzadelik günlerinden beri bu konuyu düşünüyordu.

"Ne fark eder ki pirim? Terazinin iki kefesi de kontrolde olduktan sonra ne fark eder ki..."

Selim, ışığı Türkmenler üzerinden çekmek istemiyordu. Hikâyenin gerisini biliyordu. Susarak Elvan'ı konuşmaya zorluyordu.

"Türkmenler eski güçlerini koruyorlar hünkârım."

Bu bir gözdağıydı. Selim umursamaz bir tavırla sordu.

"Neredeler?"

"Her yerde... Siz şehzadeyken 'kafesin' içinde bile onlar vardı."

"Bizim bu kadar yakınımızdaysalar neden hanedanı ortadan kaldırmıyorlar?"

"Onların devlet yıkmak gibi bir gelenekleri yok hünkârım."

"Peki, güçlerini neden gölgede saklıyorlar, neden yeraltından çıkmıyorlar."

"Son isyan Selçuk'a karşıydı. O isyandan gerekli ders çıkartıldı."

"Anadolu'daki onlarca isyan?"

"Onlar farklı. Yesevilik ile Haydarilik birbirinden çok farklı. Hele Balım Sultan'dan sonraki Haydarilik. Beyazıt Han'ın Balım Sultan'ı Hacı Bektaş postuna oturtmasından sonra çıkan isyanlar, gelip yerleşen eski Türkmen'in yeni geleni içine katmamasındandır. Yeni gelenler eski inançlarını da beraberinde getirmişlerdi. Bu inanç yadırgandı. İnanç bahane edilse de pek çok şeyin sebebi menfaatti. Şah'a gidişin sebebi buydu. Teşkilat bu işe karışmadı. Çünkü Edebali dergâhında yeni devlet Osman Alp'e verilmişti. O soya sadakat yemini edilmişti. Sadakat yemininden sonra Osman Alp'in soyuna ihanet edilemezdi. Osmanoğlu'ndan beklediği şefkati bulamayan yeni göçerler başka bir kapıya yöneldi, Şah İsmail'e gitti. Teşkilat bu işe karışmak yerine yeraltına çekildi."

"Nerdeler pirim?"

"Bunu zaman gösterecek hünkârım. Türkmenler bir gün devletsiz kalır da yeni bir bayrak altında nerede toplanırlarsa oradalar."

"Hacı Bayram dergâhındalar. Bunu biliyorum."

"Sır sahibindedir hünkârım. Mehmet Han bile günlerce süren işkencelerden sonra sırrın sahibini Çandarlı'nın ağzından alamadı."

"Çandarlı, Türkmen'in sırrını taşıyan değil miydi?"

"Değildi hünkârım. Sadık bir bendeydi."

Selim'in aklı iyice karışmıştı.

"Yenikapı Mevlevihanesi'nde ettiğimiz yemin?"

"Ceddim nasıl ki Osmanoğlu'na ettiği yemine sadık kaldıysa biz de huzurunuzda ettiğimiz yemine sadığız hünkârım."

"Bize sadıksan, Türkmenlere neden ihanet ettin?"

"İhanet etmedim hünkârım."

Selim susarak Elvan'ı konuşmaya zorladı.

"Ben ihanet etmedim, onlar beni içlerinden uzaklaştırdı."

"Bunun bir nedeni olmalı?"

"Mücerret ikrarını bozdum."

"Mücerret ikrarı mı? Ben onu, Balım Sultan'ın Bektaşiliğin içine yerleştirdiği bir makam diye bilirim."

"Doğru bilirsiniz hünkârım. Balım Sultan, Bektaşiliği, Haydariliğin bir kolu olmaktan kurtarıp müstakil bir hale getirdi. Hz. Türkistan'ın yolu orada çatallandı. Teşkilat'ta mücerret ikrarı, 'sırrı' taşıyanların ve onlara hayatları pahasına hizmet edenlerin uymak zorunda olduğu bir kural... Bektaşilerde, dervişlikte bir mertebedir bu, fark burada. Yenikapı Mevlevihanesi'ndeki yeminden bir yıl evveldi. Ocağımın dumanı, iki yiğidin anasını tanıdım o günlerde. Sonra bir tercih yapmam istendi."

"Neden öldürmediler seni?"

"Birincisi; sırrı taşıyanı ve naiplerini henüz bilmiyordum, ikincisi de Seyit Ebu Elvan'ın kanından olduğum için. Peygamber soyunun kanı kutsaldır, Türkmen bu kana adeta tapar."

Sessizlik... Sessizlik... Sessizlik...

"Bana neden yardım ettiğinizi hala anlamadım? Bu kadar doğru sözden sonra bana bir tek yalan söylersen diğer doğruların hepsi yalan, bir tek yalanın doğru olur pirim. Şimdi söyle, bana neden yardım ettiniz?"

Elvan'ın başı önündeydi.

"İktidar ortak kabul etmez hünkârım. Bu güç bizden alınıp da kime verildiyse onlar bizim düşmanımızdır. Türkmen, Osmanoğlu'na sadakatini korumakla elinden alınanı geri istiyor. Çandarlı'nın kan hakkını Zağanos ve onun dönmelerinden istiyor."

Elvan ile Selim'in sonlanmak üzere olan sohbetini Galip'in gümüş bir tepsi içinde getirdiği kahveler böldü. Hışır közde pişen kahvelere közün kendine has kokusu sinmişti. Köz, su ve kahve, maharetli bir elde ayrı bir tada erişebiliyordu. Selim, gözlerini kapatmış kahvenin köz kokan tadını almaya çalışıyordu. Süleyman Usta ocağın başından Selim Han'ın yüzündeki ifadeyi takip ediyor, beğenmesi için dualar ediyordu. Gerçi bugüne kadar kahvesine iltifatlı sözlerden başka laf eden olmamıştı ama her kahve yapışında aynı heyecanı yaşıyordu Süleyman Usta. Selim'in yüzündeki ifade, kahveden memnun olduğu yönündeydi. Gözlerini açtığında başında bekleyen Galip'e döndü Selim. Baştan ayağa iyice inceledikten sonra yüzünü Elvan'a döndü.

"Maşallah… Kaç oldu bu yiğidin yaşı pirim?"

"On yedi hünkârım."

"Ne kadar güzel… İyi bir Nizam-ı Cedid subayı olur bu delikanlı, değil mi pirim?"

Yudumladığı kahve boğazında öylece asılı kaldı Elvan'ın. Bir anda ayaklarının feri geçti, gözlerindeki ışık soluklaştı. Galip, babasının cevap vermesini beklemeden dizleri üzerine çöküp konuşmaya başladı.

"Hünkârım, muradım yolunuza kurban, kapınıza kul olmaktır. Cesaretimi bağışlayın, eskiler; 'Ta ezelden kurt eniği kurt olur' demişler. Ben de babamın yolundan giderek ocaklı olmak muradındayım."

Elvan, 'Yer yarılsa da içine girsem' diye söylendiyse de olan olmuştu artık. Galip gözünü karartıp sözlerine devam etti.

"Ocaklı olmak her gece rüyalarıma giren bir arzumdur, hünkârım."

Pir Elvan kadar şaşkın olan biri varsa o da Selim Han'dı. Bu çocuktaki pervasızlıkla Pehlivan Ağa'nın pervasızlığı arasında bir fark göremiyordu. Kapı önündeki taburede oturan Silahtar Ağa'ya dönerek;

"Tez zamanda bir ferman yazıp ulaştırın bu yiğide. Çok hizmeti olacak devlete, çok..."

Galip dizleri üzerinden kalktığında nasıl teşekkür edeceğini bilemiyordu. Bir padişahın boynuna sarılabilir miydi? Ne yapmalıydı? Bir an kendisi de ne yaptığını bilemeden padişahın sağ elini tutarak öpüp alnına koydu. Bu şaşkın civeleğin tavırları Selim Han'ı tebessüm ettirdi. Selim Han'ın yüzündeki tebessüm en çok da Elvan'ı rahatlattı. Özür dilemek için dizleri üzerine çökmeye çalışan Elvan'ı elini kaldırarak durduran da yine Selim oldu. Aylardır annesine kabul ettiremediği rüyası sonunda gerçek olmuştu Galip'in. Geri geri huzurdan çıkarken devirdiği bakır siniler ve taburelerin sesi arasında kendini dışarı attı Galip. İçinde zapt edemediği sevinç, bir çığlık olarak Haliç'in öte yakasına yetişti. Mehmet iskelede ayağa kalkmış, üzerine doğru kendini kaybetmişçesine koşan Galip'e bakıyordu. Mehmet'i kucaklayan Galip onunla birlikte boğazın serin sularına kendini bıraktı. Bir yandan iskelenin yosunlanmış ayaklarına tutunmaya uğraşıyor, bir yandan da olanları abisine anlatmaya çalışıyordu.

-2-

Boğaz Yamakları

Tek küreğine bir bostancının asıldığı yedi çifte kayık 'kancabaş' bir kuğu gibi suyun üzerinde süzülerek ilerliyordu. Galip'in Mehmet ile üzerlerini kurulamaya çalıştıkları saatlerde Boğaz nazırı Mahmut Paşa da yanındaki bostancı neferi ile Selim Han'ın emrini yerine getirmek için Rumeli Kavağı'na doğru ilerliyordu.

"Durun aslanlarım!"

Paşa'nın bu sert emri karşısında küreğe asılan bostancılar biraz şaşırsalar da durdular. Boğaz nazırının kayığı durunca; bohçalara yüklenen al al ceketler, mavi pantolonlar ve al külahları taşıyan kayıklar da durdu. Yamaklara dağıtılacak altınlar mühürlü bir sandıkta Paşa'nın ayakları dibinde duruyordu. Bostancılar kısa bir kaynaşmadan sonra sakinleştiler. Paşa elindeki kırmızı keseyi hemen karşısında koruma göreviyle oturan bostancıya uzatarak dağıtılmasını emretti. Her zaman olduğu gibi bahşiş taksimatı kısa zamanda bitti.

"Kıyıya çıkınca kayıktan ayrı durmayasınız yiğitlerim. Mühim bir devlet vazifesi göreceğiz bu gün."

"Emredersiniz paşa baba."

Kancabaş, bostancıların güçlü asılışlarıyla bir anda hızlanmaya başladı. Boğaz kenarına dizilmiş yüzlerce beyaz boyalı, bahçeli ev geçildi. Boğaz kaleleri uzaktan gözükünce Mahmut Paşa'nın heyecanı kat be kat arttı. Etrafta insanı korkutan bir sessizlik vardı. En ufak ses ve hareketlilik dahi dikkat çekiyordu. Küçük kuş yuvalarını anımsatan evlerinin bahçelerinden kolluğu izleyen yamaklar huzursuzluk içindeydi. Sıradan bir günün sıradan bir işini halledeceğini düşünüyordu oysa Mahmut Paşa. Gece yarısına kadar devam etmiş bir eğlencenin yorgunluğu üzerindeydi. Yanında kendisine refakat eden Nuri Bey de geceki eğlencenin hülyalarındaydı. Bazen göz göze gelip tebessüm etseler de uzun süren yolculuk boyunca fazla konuşmamışlardı. Bostancılar, kancabaşa öylesine asılıyorlardı ki yamaçlardan esen serin rüzgâr yolcuların yüzünde bir tokat gibi patlıyordu.

Kıyıya yanaşan kayıkların yüklerinin kolluğa taşınması uzun sürmedi. Kuş yuvasını anımsatan evlerinden kolluğa gelen yamaklar çıplak ayaklarıyla dizi dizi Mahmut Paşa'nın önünden geçtiler. Bostancıların dağıttığı altınları uzun süre ellerinde çevirip inceledikten sonra yeleklerinin içine sonradan yamanmış ceplerine koydular. Çoğu ilk kez altın görüyor, eline alıyordu. Bu kararsız ve gergin ortamdan bir an önce kurtulmak isteyen Mahmut Paşa ise işleri bir an önce bitirip konağına dönmeyi istiyordu. Bu gece Nuri Bey'le sabaha kadar sürecek yeni bir eğlence için hazırlık yapmaları gerekiyordu. Altınların dağıtım işi bitince Mahmut Paşa vakit kaybetmeden bostancılara yeni emrini verdi.

"Tiz bu oğlanlara esvapları giydiriniz!"

"Efendim, yamaklar hallerinden pek memnun görünmüyorlar, nabızlarını yoklasak, yumuşak sözle meseleyi bir açsak."

"Nefer kısmı yumuşak sözle yola gelir mi?"

"Efendim!"

"Tiz hazırlık yapılsın. Altının büyüsü bozulmadan esvaplar hazırlansın!"

Paşa'nın çadırından çıkan bostancı neferi ilk defa bu kadar büyük bir korkunun esiri olduğunu hissediyordu. Çadırdan çıktıktan sonra içindeki korku daha da büyüdü.

Yamaklar hararetle tartışıyorlardı ve sesleri bostancı neferine kadar yetişiyordu. Birkaç çadır geçtikten sonra topçu zabiti Halil Haseki'nin başında el kol hareketleriyle büyüyen tartışmayı görebiliyordu artık. Korkudan eli ayağı geçen bostancı neferi olduğu yerde çakıldı kaldı. Halil Haseki, konuşmalar arasında onlara bir şeyler izah etmeye çalışıyordu. Partal filarıyla ayaklarını yere vura vura gelen bir yamak;

"Uşaklar niçin kaynaşırsız?" diye sordu.

Çelimsiz bir yamak bu soruya cevap vermeyi üstüne vazife bilip söze girdi.

"Paşa hazretleri bizim için yeni kıyafetler getirmiş diyorlar."

"Bu doğru mudur, Halil Ağa?"

Halil Haseki ortamı yumuşatmak için durmadan konuşanların sözünü kesiyordu;

"Yalandır... Boş sözdür."

"Yalan söyleyen sensin. Sen de o esvabı bize giydirmeyi taahhüt etmişsin."

"Yalan laftır. Siz ne konuştuğunuzu bilmezsiniz. Sözünüz neye varır fehmedemezsiniz. Esvap geldiği sözü asılsızdır. Daha fazla olay çıkartmadan dağılın."

Durumun ciddileştiğini gören Halil Haseki önündeki çelimsiz yamağı iterek grubun üzerine yürüdü.

"Bre densiz hiz oğlanlar! Siz kimsiniz ki padişahın gönderdiği sandıkların içinde ne var diye sorasınız? Bu ne haddini bilmezliktir!"

Halil Haseki bir şimşek gibi çakıp sönmüştü. Ağzından çıkanlar daha bitmeden gazaba gelen Telli Tabya yamakları palalarını çektikleri gibi Halil Haseki'ye üşürdüler. Kendi komutanı olduğu yamaklarca palasını dahi çekmeye fırsat bulamadan paramparça edildi Halil Haseki. Kanlı bedeni yamakların ayakları altıda kaldı. Bostancı neferi bu kanlı sahneye şahit olduktan sonra koşarak geri döndü, çadıra girdiğinde nefesi kesilmiş, korkudan yüzü bembeyaz olmuştu. Mahmut Paşa durumun ciddiyetini bostancının yüzündeki ifadeden anlamıştı.

"Tiz davranın kayıklara şahbazlarım."

Bostancı neferi, Paşa'yı çadırdan çıkartıp kancabaşa yetiştirdiler.

"Asılın küreklere şahbazlarım, İstanbul'a varınca bin altın helalinizdir."

Bostancılar yay gibi gerilen pazılarıyla kancabaşı uçururcasına boğazın sularında kaydırmaya başladılar. Yamaklar, Halil Haseki'nin başında sen vurdun, ben vurdum kavgasındaydılar. Telli tabya neferi kavgayı o kadar ileri götürdü ki ellerindeki yatağanlarla, palalarla cenge başladı. Çeliğin sesine karışan bir sesle hepsi olduğu yerde durdu.

"Paşa kaçıyor... Uşaklar! Paşa, bostancılarla kaçıyor..."

"Kayıklara... Davranın..."

"Paşa İstanbul'a varırsa her şeyi işine geldiği gibi anlatır, Selim Han hepimizi kale burçlarında çengele geçirir."

Mahmut Paşa, bostancılara küreklere asılmaları için devamlı emirler veriyordu. Korkudan kendini kaybetmiş gibiydi. Acı kuvvet pazılarıyla laz uşakları da kürek çekmede bostancılardan geri kalmıyorlardı. Boğaz suları heyecanlı tartışmaların, hızlı koşuşturmaların arasında birden hareketlenmişti. Denizden kürek çeken yamakları kıyıdan koşturarak takip edenler de vardı. Yarım saat süren kovalamaca sonunda ara gittikçe kapanmaya başlayınca paşa iyice kaygılanmaya başladı.

"Büyükdere İskelesi'ne kırın, oradaki bostancı kolluğuna yetişebilirsek..." diye kendinden geçmişçesine bağırdı.

"Aman efendim! Büyükdere suları bir bilinmezdir, şansımıza ne çıkar bilinmez. Akıntıya kaptırırsak İstanbul'a yetişme şansımız daha fazladır..."

"Siz dediğimi yapın şahbazlarım." Sonra kararının doğruluğunu tasdik ettirmeye çalışır gibi hemen arkasında oturan Nuri Bey'e dönerek;

"Büyükdere Kolluğu'ndaki bostancılar bizi himaye eder." dedi.

Nuri Bey'in korkudan vücudundan kan çekilmişti. Yüzü mumyalamış gibi canlılığını kaybetmişti. Yuvalarından çıkacakmış gibi büyüyen gözleriyle Mahmut Paşa'ya bakıyor onu tasdik eder gibi sadece başını sallamakla yetiniyordu. Bostancılar küreklere asıldıkça denizden onları takip eden yamaklar da acı kuvvetle küreklere asıldı. Karadan takip edenlerin de denizdekilerden geri kalır yanı yoktu. Ayaklarından çıkarcasına partal filarlarıyla yırtıcı bir hayvandan kaçar gibi kayığı takip ediyorlardı. Boğaz nazırı yanındaki bostancılarla kayığı iskeleye çektikten sonra hızla kolluğa koşturdu. Bostancılar palalarını çekmiş, paşanın etrafını sarmıştı. Kolluktaki nefer de nöbetçinin ikazlarıyla dışarı fırlamış Boğaz nazırını karşılarında görünce elleri ayakları birbirine karışmıştı.

"Tertibat alın şahbazlarım, asiler peşimizde."

"Siz içeri girin paşa baba... Davranın yiğitler, asileri kolluğa yanaştırmayın."

Boğaz nazırı kolluğun içinde korkudan titriyor, kendinden geçmişçesine emirler yağdırıyordu. Kıyıya çıkan yamaklar yatağanlarını çekip saldırı düzeni aldılar. Bostancılar üzerlerine gelmeyen yamakların geri döneceklerini ümit ederek bir süre beklediler. Kıyıya yanaşan her kayıktan atlayan onlarca yamak önce kıyıya çıkanlara katılıp safa girdi. Boğaz nazırı "Saldırın!" diye bağırdıkça bostancıların ayakları bir ileri bir geri gidiyordu. Kısa zamanda karadan takip eden yamaklar da yetişince bostancılar silahlarını birer ikişer bırakmaya başladılar. Yamaklardan ileri çıkan Mustafa Çavuş;

"Sizinle bir işimiz yoktur kardaşlar, işimiz Paşa iledir. Paşa'yı teslim ederseniz onu İstanbul'a götürüp Şeriat Meclisi kuracağız."

"Paşa'nın canına halel gelmeyeceğine söz verir misiniz?"

"Söz veririz!"

Kolluktan dışarı bağıran Boğaz nazırı;

"Yalandır, tereddüt göstermeyin şahbazlarım! Kanıma girecekler, padişah ekmeği yiyip asi olmuş bu adamlara beni teslim etmeyin. Beni korursanız servetimi ayaklarınız altına sererim."

Bostancılar, altın vaadini duyunca tekrar toparlanır gibi oldularsa da yamakların çokluğu gözlerini korkuttu.

"Paşa'yı teslim etmezseniz aramıza kılıç girer kardaşlar. Aldanmayın yoldaşlar, kılıç altında can verdikten sonra Paşa'nın altınları ne işinize yarar?"

Kabakçı Mustafa bostancıların tereddüdünü fırsat bilerek kolluğa doğru yürümeye başladı. Paşa'yı ve Nuri Bey'i tüfek kundakları ile döverek, ayağından, yakasından sürükleyerek dışarı çıkarttılar. Paşa bu sefer servetini yamaklara vereceğini vaat ettiyse de tekme tokat altında hakaretten başka bir söz işitmedi. Kimi pala üşürdü kimi nişan talimi yaptı. Kör bıçağının kesip kesmediğini kontrol edenler oldu. Bu dehşet verici durumu kabullenmeyen Nuri Bey kolluktan ele geçirdiği piştova davrandı. Ateşlemek için eli ayağına dolaşınca yamaklar onu da kurşun yağmuruna tuttu. Kaynaşma biraz durulunca eski kalyoncular başağası ve yirmi beşinci bölüğün çavuşu Kabakçı Mustafa meydana geldi. Cahil adamlarda görülen bir çalımla, han edasıyla yürüyordu. Diğer çavuşlar da bir adım arkasından onu takip etmekteydiler.

☪

Yamaklar geceyi korkunun kucağında geçirdiler. Sayıları onlardı, sabaha yüzleri buldu. Sabahın billurlaşan ışıkları her yanı sardığı saatlerde Selim Han'ın nasihatçi olarak gönderdiği yeniçeri heyeti de Büyükdere Çayırı'na vardı. Ulu çınar altında serilen minderlere her biri cihanı fethetmiş cihangir gaziler gibi kasılarak oturdular.

Ulular meclisinde söz en yaşlı olan ağanındı. Lafı hiç dolaştırmadan söyleyeceğini söyleyiverdi.

"Doğulu gaziler! Alınları, gözleri yüz defa bin defa öpülecek ateş pazılı nevcivan yamak oğullarımız! Siz, Nizam-ı Cedid değil, yeniçerisiniz. Frenk kaftanı giydirilerek ocağımızın namusu ayakaltına alınamaz. Ayaklarınızı pekçe basın. Gözbebeklerinizde korkunun izini silin. Gayretli oğullarımız; palalarınızı cenk sahrasına hazırlayın ki uluların duası başınızda olsun. Haydin göreyim sizi yamak oğullarımız. Bizler, aksakalların onayıyla buraya geldik ve burada kalıp siz gayretli mücahitlerle beraber olacağız. Pek çok yoldaşımız da İstanbul'da gelişinize hazırlık yapmaktalar. Allah gazanızı mübarek eyleye..."

Yamaklar heyecanlanmış palasını çeken göğü delecekmiş gibi havaya kaldırmıştı. Kabakçı Mustafa o an yeniçerilerin de onayıyla tüm isyancılar tarafından serdar kabul edildi. Yeniçeri heyeti de dönmek yerine isyancıları desteklemek için Büyükdere Çayırı'nda kalmayı seçti.

-3-

"Kimdir ol kim ki mey-i şâdiyle olup şiringam
Ama hambaze-i gam olmaya ariz encam.
Mest-i sahba-yı meserret olanın hali budur.
Gâh peymane çeker gâh humar-ı âlem."
("Sevinci şarap ile sızacak gibi olan,
Kaygıdan boşalıp da günlük sevinçle dolan, Kadehi ne-
şeyle dolduran bir gün gelir,
Hiç farkında olmadan gam zehrini içebilir.")

Selim, beyaz bir sayfaya yazılı şiiri yağ lambalarının akisleşen gölgesinden seçebildiği kadarıyla okumaya çalışıyordu. Aslında seçmeye çalışması anlamsızdı, şiir yüreğine yazılıydı. Talik yazının üzerinde elini gezdirince parmaklarının yandığını hissetti Selim. Altında görmek istemese de gözündeki ışığı emen cümleyi kuru dudakları arasından odanın boşluğuna uçurdu.

"Kelamım hatmoldu, sözüm bitti."

"Aman efendim demeyin, uğursuzluk getirir."

Yüreği ağzındaydı ve bu kötü kehaneti her sabah tekrarlayan Selim'i duymak istemiyordu artık Refet Kadın. "Demeyin efendim," diye yalvarmasını yeniledi. Selim bir boşluktan sesleniyordu sanki. Sesinde kadife yumuşaklığı vardı. Akisleşen ışık gibi altın varaklı duvarlara çarpıp kayboluyordu sözleri.

"Hesabını yaptım 1222 çıkıyor."

"Böyle kötü şeyler düşünmeyiniz efendim... Allah ömrünüzü dünyanın sükûn içinde yaşaması için uzun tutacaktır."

"İnşallah... İnşallah..."

Şiiri yazdığı gün gözlerinin önündeydi Selim'in. Ebced hesabı ile harflerle konuşmaya başladığı günden beri içindeki huzursuzluk giderek artmaktaydı. Bu şiir onun ölüm tarihini veriyordu. Eğer bu hesap doğru ise kelamın hatm olması, sözün tamama ermesi için günleri vardı.

Odanın üç duvarını çevrelemiş yer minderinden kalkarak karşısındaki duvarı boydan kaplayan ocağın önünde durdu. Tek parça mermerden yapılmış ocağı uzun uzun seyretti. Altın yaldız ve kabartmalarla yapılmış figürleri dokunarak inceledi. Tüm bunları zihnini esir alan düşüncelerden bir anda uzaklaşmak için yapıyordu. Ocak nişindeki mavi beyaz çinileri yağ lambasının gölgelerinden seçebildiği kadarıyla inceledi. İki basamak olarak yapılan nişe oturarak sırtını mavi çinilere dayadı. Zihni düşünceler arasındaki soğuk koridorlardan yorulmuş, karıncalanmaya başlamıştı. Refet Kadın hemen karşısındaydı. Bazen gölge oyunuyla soluklaşan bazen de belirginleşen güzelliğini seyretmekteydi Selim. Refet Kadın'ın yüzündeki sakinlik içine bir rahatlık duygusu veriyordu. Zihni Boğaz yamaklarına yolladığı Nizam-ı Cedid esvaplarıyla allak bullaktı. Boğaz nazırının ölümü yıllardır yaptığı tüm hazırlıkları altüst etmişti. Mahmut Paşa'yı yarı vahşi o adamların ayağına göndermekle cellât kemendine teslim etmek arasında ne fark vardı? Bu soru, bir ur gibi beynini zonklatıyor, kasları vücudunu örümcek ağına hapsetmiş gibi sıkıştırıyordu. Ayağa kalktı, odanın içinde sessizce birkaç dakika dolaştı. Hareket ettikçe ışıkla gölgenin raksı Selim'in huzursuzluğunu daha da arttırdı. Geri dönerek kadınını omuzlarından tuttu. Söyleyecekleri, gözlerinden Refet Kadın'ın yüreğine akıyordu. Kadının yüzündeyse çarşaf gibi bir deniz sakinliği vardı. Refet Kadın'ın elindeki yağ lambasını alarak odadan çıkmak istedi ama kadın daha hızlı davranarak odanın kapısına yöneldi. Selim, kadınının bu masum isteğine itiraz etmedi... Merdivenden taşlığa çıktıklarında; ara boşlukta bekleyen iki cariye, ellerindeki lambalarla aralığı aydınlatıyor, onları bekliyordu. Selim taşlıktan sonra kalan dört basamağı da yalnız çıkarak meşk odasına girdi. Oda önceden aydınlatılmış ve gülsuyu ile yıkanmıştı. Her taraf amber kokuyordu. İnci ve yeşil taşlarla işlenmiş ipek seccadenin üzerinde diz çöktü.

Gözlerini kapatarak dakikalarca iç sesinin peşinde gezindi. Yüreğini inceden inceye acıtan bir korku taşıyordu. İnce ruhu şiddetten oldukça uzaktı. Sağ eli kalbinin üzerindeydi. Uzun süre kelimeleri kalbinin içinde gezdirerek salâvat getirdi. Sabah namazının sünnetini kıldıktan sonra kalkıp odada dolaşmaya başladı. Oda renk renk çiniler üzerine kabartma resimlerle süslenmişti. Tavanlarda raks eden renk cümbüşünün içinde kayboluyordu Selim. Kabartmaları altın yaldızlarla süslenmiş dolap kapaklarından birini açarak içindeki sakal-ı şerifi dakikalarca hareketsiz seyretti. Eşine cihanda az rastlanır büyüklükte bir aynanın karşısında durdu ve kendini seyretti. Narin bakışlarını düşünceli ama dingin yüz hatları tamamlıyordu. Uzun siyah sakalını eliyle sıvazlayarak düzeltti. Dervişler gibi biraz öne eğik duruyor, hızlı hareket etmiyordu. Geçirdiği ağır çiçek hastalığının izlerini yüzünde görebiliyordu. İnce kemerli burnuna ve ince dudaklarına fazla da görmek istemez gibi baktı. Kısa bacakları ve uzun gövdesiyle ayakta dururken azametli görünmüyordu. Böyle kendini beğenmediği durumlarda hep at sırtındaki o haşmetli duruşunu düşünüyordu. Kendini yine beyaz bir atın sırtında bir tepenin mavi gökle birleştiği noktada görüyordu...

Siyah, beyaz ve kül renkli mermerlerden oyulmuş çeşmeden abdestini tazeledi. Kırk yedi yaşında olgunluk döneminin sonlarında yaşlılığın henüz başındaydı. Musiki âlemlerinde terbiye olmuş ince ruhu bir hüzün ırmağından ölüm vadisine doğru akıyordu. Son günlerde bu duyguyu daha fazla hissetmeye başlamıştı.

Odadan çıktıktan sonra hiç konuşmadan annesi Mihrişah Sultan'ın odasına yöneldi. Cariyeler yağ lambalarıyla önünden

Refet Kadın da sol yanında yürüyordu. Sultanın yanı sıra yürüme ayrıcalığı olan tek kişiydi ve bu ayrıcalığını Selim'in ona olan aşkı veriyordu. Sahanlıktan ilerleyince karanlık birkaç sokaktan geçtiler. Selim odadan içeri yalnız girdi. Duvarları boydan kaplayan altlı üstlü pencerelerden, bahçeler görünüyordu. Alacakaranlıkta ayrı bir hüzünlüydü bu bahçeler. Mihrişah Sultan eski günlerdeki gibi sanki orada Selim'i bekliyordu. Gözleri bahçelerden odanın içine dönünce elvan alçılarla kaplanmış kısımların üzerindeki resimleri, altın varaklarla yapılmış süslemeleri dikkatlice inceledi. Siyah bir zemin üzerine altın yaldızla yazılan kasideyi sanki ilk kez görüyormuş gibi dikkatlice okudu. Bu yazılar, resimler, süslemeler tüm hayatına şahitlik etmişti Mihrişah Sultan'ın. Gözleri binlerce kez onların üzerinde gezmiş, hüzünlerine, sevinçlerine yine hep bu oda şahitlik etmişti. Mihrişah Sultan'ın hayali odanın içindeydi. İçini saran anne özlemiyle odada dolaşıyordu Selim.

Mihrişah Sultan, odasıyla bütünleşmiş güzelliğiyle oğlunu ayakta karşılardı hep. İki yıl olmuştu Selim'i arkada bırakıp gideli. Selim, odanın sofasında oturdu. Validesinin "pamuk şeyhim" dediği Şeyh Galip geldi gözlerinin önüne. O da validesi gibi genç yaşta yalnız bırakıp gitmişti kendisini. Yenikapı Mevlevihanesi'nde geçen uzun kış gecelerinin sıcaklığı sardı bir anda içini. Selim etrafını saran ney sesiyle dönen dervişlerin arasında kaybolmuştu... Bir müddet daha odanın sofasını seyretti. Annesinin sesini kaybetmemek için onunla yaptığı konuşmaları zihninden geçiriyordu. Kalktı, isteksiz adımlarla dışarı çıktı. Altın Yol'dan geçerek kara ağaların nöbet yerine geldi. Kuşhane Kapısı'ndan geçerek haremden çıktı. Has odabaşı ve silahtar ağa Kuşhane Kapısı'nın önünde Selim'i beklemekteydiler. Onlarla birlikte Ağalar Camii'ne giderek sabah namazının farzını kıldı ve caminin hemen yanındaki Sultan Ahmet tarafından yaptırılan kütüphaneye geçti.

Kahvecibaşı omzuna altın sırmalı peşkirini atmış, incilerle süslenmiş örtüyü tepsiye sermişti. Üzeri ince nakışlarla işlenmiş fincana köpüklü kahveyi döküp çıraklarından birine verdi.

Çırak zarif hareketlerle padişaha kahveyi ikram edip kapı ağzına çekildi. Kahvecibaşı padişahın hemen yanında divandaki vezirler gibi iki büklüm duruyordu. Selim kahvesini acele etmeden içti.

Taşları lale resimleriyle bezenmiş küçük şadırvandan akan su sesi Selim'i içinin derinliklerinde gezdiriyordu. Tambur ustasının makam taksimleri su sesiyle sarayın bahçesinde büyülü bir hava oluşturuyordu. Gömme dolaplardaki binlerce el yazması kitap duvarları kıymetli mücevherler gibi süslüyordu. Selim uzun süre gömme dolapları inceledi. Tüm ceddi gittikleri seferlerde topladıkları kıymetli eserleri buraya taşımıştı. Süt beyazı mermerleri alçı kabartmalar tamamlıyordu. Dört sütun ve dört kemer, üç kubbeyi omuzlamıştı. Kapı ve pencere kanatları fildişi işlemelerle ve sedef kakmalarla süslenmişti. İki duvardan otuz iki pencerenin aydınlattığı kütüphane camlardan süzülen ışığın billurlaşmasıyla apaktı. Güneşin turuncuya çalan ışıkları camlarda kırılarak türlü türlü renk oyunları icra ediyordu. Bu kütüphaneyi çok seviyordu Selim. Önemli kararları almadan önce bu kütüphanede uzun uzun oturur düşünürdü. Tambur ustası çaldıkça farklı bir âlemin güzellikleri içinde gezindi durdu. İçindeki endişeler, sıkıntılar yıkandı temizlendi. Sağ elini kaldırarak;

"Beli..." dedi.

Kahvecibaşı, bir devletin servetine eş kahve takımlarını alarak kütüphaneden ayrıldı. Tambur ustası, tamburu usulca Selim'e uzattı. Çalmadan önce derin bir nefes alıp hangi parçayı icra edeceğine karar verdi Selim. Şehnaz makamında bir parçaya uzun bir taksimden sonra girdi. Sevdiğini kaybetmiş bir âşığın yalvarışları gibi sarayın loş koridorlarında geziniyordu ses. Şehnaz, büzürg, muhayyer sümbüle, şevkefza, rast-ı cedid, pesendide makamlarında kendi bestelerini çaldı Selim. Ruhu, coşkun bir ırmakta, hiç kimsenin bilmediği, hiçbir aklın anlayamayacağı bir dünyaya doğru akıyordu. Bilinen dünyanın ötesinden bir nefes yüzünü okşamıştı sanki. Ruhu, maveraya doğru kanatlanan bir ışık kümesi olmuştu. Tambur ve neyin sesi içinde hep bu duyguyu mayalardı. Karşısında iki büklüm oturan tamburiye, tamburu uzattıktan sonra Silahtar Ağa'ya döndü.

"Her şey hazır mıdır, ağa?"

"Emir buyurduğunuz gibi efendim."

Selim kütüphaneden çıkarak hızlı adımlarla Bağdat Köşkü'ne yürüdü. Kaymakam Musa Paşa köşke padişahtan önce gelmişti ve ayakta bekliyordu. Yenleri bol kürkü, sarı çizmeleriyle padişaha doğru yürüyerek önünde diz çöküp kürkünün eteklerini öptü. Hasodabaşı padişahın hemen yanında, silahtar ağa da kapının hemen önünde duruyordu. Omzunda, ucundan tutarak ters attığı zümrüt ve zebercet işlemeli, kını saf altın eğri bir kılıç vardı. Öylesine heybetli görünüyordu ki silahtar ağa, Musa Paşa'nın yüreğinde korkudan bulgur esiyordu. Bu âdem ejderhası padişahın bir işaretiyle göz açıp kapayıncaya kadar kellesini alabilirdi. Selim gözlerini odanın duvarlarında gezdirdi. Zihnini toparlamaya çalışıyor, ortamı uzun süren bir sessizlikle kontrolü altına almaya çalışıyordu. Uzun süren bu sessizlik Musa Paşa'nın yüreğindeki korkuyu köpürttükçe köpürttü. Selim'in gözleri celi hat ile yazılı bir ayeti uzun süre inceledi. Mazide kalmış hazin bir hatıra gözlerinin önünden geçti. Bu ayet yazılmaya başlayınca kudretli Murat Han vefat etmiş yerine Sultan İbrahim tahta çıkmıştı. Bağdat seferinin aziz bir hatırası olan bu köşkte bir gün dahi oturmak nasip olmamıştı Murat Han'a. Gözleri celi hat üzerinde gezerken dudakları da hafiften kıpırdıyordu Selim'in.

"İbrahim ile İsmail, Beytullah'ın temellerini yükseltirken şöyle dua ediyorlardı. 'Ey bizim Kerim Rabbimiz! Yaptığımız bu işi kabul buyur bizden! Hakkıyla bilen ve işiten ancak Sensin'."

Selim'im kıpırdayan dudaklarından ne dediğini anlamaya çalışıyordu Musa Paşa. Selim gözlerini ayetten çekip Musa Paşa'ya dikti. Bakışlarındaki yumuşaklık bir anda kaybolmuş, yerini insanın içine korku salan bir keskinlik almıştı. Selim ne kadar heybetli gözükse de nafileydi. Musa Paşa yüzünde asılı duran bu yabancı ifadenin arkasında tereddüt geçiren, karar vermekte zorlanan bir kişilik olduğunu biliyordu. Yine de ateşle oynamanın tehlikeli yanının farkındaydı. Bu kadar içe dönük kişiliklerin bir anda insanı şaşırtan kararlar vermesi ihtimal dışı değildi.

"Silahtar ağa yamakların dağılmadıklarını, daha da ilerleyerek Tophane Sahrası'na geldiklerini söylüyor bu doğru mudur?"

"Doğrudur hünkârım."

"Nedir bu rezalet, paşa?"

"Efendim..."

Musa Paşa'nın sözü bitmeden Selim Han kükrer gibi sözünü kesti.

"Fitne neden yatışmıyor, paşa! Nasihat dedin... Ettirdik. Mülkümüze kasıtları mı var bu uğursuzların?"

"Hâşâ hünkârım. Hepsi sadık kullarınızdır."

"Sadık kul itaatte gerektir paşa. Bunlar tahtımıza göz dikmiş asilerdir. Gönderdiğimiz yeniçeri heyetinin asilere katıldığı haberi gelir. Bu nasıl iştir?"

"Yamak kısmı dediğin cahil adamlardır hünkârım. Ama yeniçeri heyetinin onlara katıldığı haberi yalandır."

"Biz mi varalım on iki bin nizam-ı cedid askeriyle üzerlerine?"

"Hâşâ hünkârım, kullarınız dururken. Sizin gölgeniz dahi cihanın adalet terazisidir, o asilere yüzünüzü dahi göstermenize rızamız olamaz."

"On iki bin asker Üsküdar ve Levent Çiftliği'nde pür silah bekler, paşa. Neden emir verip de dağıtmadın bu padişah ekmeğine asi olan adamları?"

"Hünkârım, bir emrinizle karga sürüsü gibi dağıtırız bu adamları ama sonu hayır olmaz."

"Ağzında ezme lafı, paşa. Bir yol diyiver, nedir meramın?"

"Yeniçeri odaları sarıca arı kovanı gibi kaynamaya başlarsa. 'Ocaklı kardaşlarımızı kırdılar, sıra bizdedir' diye şayia çıkartırlarsa önünü alamayacağımız olaylar gelişir, hünkârım. Korkum yoktur elhamdülillah ama endişem bu yüzdendir."

Selim, Mercan'da Elvan'la konuşmalarını hatırladı. Nizam-ı cedid askerlerinin 'İstanbul'daki yoldaşlarımızı kırıp bizi de Moskof önüne sürdü' diye ordu karargâhında konuşulan laflar geldi hatırına. Köse Musa'nın sözleri, Pehlivan Paşa'nın ordu karargâhında yaydığı sözlerle aynıydı. Öfkesi bir anda korkuya yüz çevirdi. *"Yeniçerileri bu işe karıştırmadan meselenin bir hal yolu olması lazım"* diye düşündü.

"Peki, ne yapacağız o zaman paşa?"

"Hünkârım bu cahil adamlar kendinden olmayanı dinlemez gözükür. Laz uşakları ancak bir Laz'ın sözüyle dağılır. Yirmi beşinci ortanın mütevellisi Kazancı Hacı Mustafa da Laz taifesinden olup bu cahil adamlara söz geçirir diye düşünürüm."

"Bu işi tez hallet paşa, işin hesabı ikimizin arasında olmasın."

Musa Paşa'nın boğazı sıkılır, nefesi daralır gibi oldu. Cellât kemendini boğazında sanarak elini istem dışı boğazına attı. Sonra kendini toparlayarak;

"Merak buyurmayınız, hünkârım."

"Vezirlerimle ve İbrahim Kethüda ile de meseleyi görüşün."

"Emredersiniz hünkârım."

Selim Han bu sefer Musa Paşa'nın odadan çıkmasını beklemeden kapıya yöneldi. Sinirden eli ayağı birbirine karışmıştı. Bu kargaşalıkta gazaba gelip, haksız yere birinin kanına girmekten korkuyordu. Birden geri dönerek Köse'nin üzerine yürüdü. Musa Paşa'nın korkudan eli ayağı soğudu, yüzünden kan çekildi.

"Bilirim bu işlere sebep olan hep benim yumuşak başlılığımdır, paşa."

Geri dönüp kapıya doğru yürürken bir mecnun gibi aynı sözü tekrarlıyordu Selim.

-4-

Gülizar iğne oyasıyla kenarlarını döndüğü perdenin önünde güvez kadifeden bir minderde oturmuştu. Uzun siyah saçları omzunun üstünden göğüslerinin üzerine uzanıyordu. Beyaz duru yüzünde zeytin irisi siyah gözleri efsunlanmış gibi bakıyordu. Çektiği tüm acılar gözlerinin içindeydi Gülizar'ın. Gözleri bedeninden daha yorgundu. Uzun süre güneşe çıkmadığı için teni güneş ışığıyla parlayan buğday başakları gibi duru ve parlaktı. Yüzünde mavi gökyüzünün sakinliği ve derinliği vardı. Patlıcan moru elbisesinin içinde acı ırmağında yıkanmış gibi duruyordu.

"Oğul, padişah huzurunda böyle uluorta, ağzına geldiği gibi konuşulur mu?"

Sesi, mavi boşluğu dağ yamaçlarından ovalara taşıyan rüzgâr gibi serinleticiydi. Tok ve pürüzsüzdü.

"Konuştum, ana. Rızan yoktur bilirim ama ben ocaklı olmak isterim. Elimde padişah fermanıyla karşına gelsem de rızanı isterim."

Elindeki padişah fermanını annesine uzattı Galip. Gülizar fermanı eline aldı, açıp okuyormuş gibi yaptı. Elini kırmızı tuğra üzerinde gezdirirken parmaklarının kana bulandığını hissetti. Fermanı yanındaki minderin üzerine bıraktı.

Mehmet hemen annesinin yanı başında oturuyordu. Sol elinin Mehmet'in başında olduğunu fark ettiğinde usulca çekti Gülizar. Mehmet ilk kocasından kalan tek yadigârdı; etten kemikten tek yadigâr. Büyük bir sır olarak da yüreğinin en derin yerindeydi... Talihsiz yavrusundan şefkatli bakışlarını çevirip karşısında duran Galip'e baktı. Galip annesinin tam karşısında elleri önünde bağlı duruyor, riyakâr bir gülümsemeyle, sırnaşık tavırlarla annesini ikna etmeye çalışıyordu.

"Ben rıza göstermesem ne olacak Galip? Anamın rızası yok diye dizini kırıp da yanımda mı oturacaksın?"

"Bir yandan padişah fermanı bir yandan ana hakkı. Benim hakkıma da şu Frenk kulesinden atlamak düşer bundan sonra."

"Aman Allah korusun oğlum, o nasıl söz öyle."

Bir an Galip'in o kuleden atlarkenki hali geldi gözlerinin önüne. Yüreğine acısını hissettiği bir ok saplandı. "İnsan ne garip," diye düşündü. Acısını hissettiği, yüreğini kanatan ok neredeydi? Olmayan bir şeyin acısı bu kadar derinden hissedilebilir miydi? İnsan ruhunu bir kabuk gibi çevreleyen beden bu ilahi şakayı her gün yüzlerce kez oynasa da akıl bunu anlamaktan çok uzak görünüyordu. Ten ve can, yanındaki iki çocuğu gibi birbirinden öte, ama aynı zamanda da birbirinin aynıydı.

"Padişah fermanına asi olayım da bostancı kemendinde mi can vereyim istersin ana, yoksa sana asi olup da vicdan azabından bitirimhanelerde mi çürüyeyim?"

"Sen de bir şey söylesene oğlum," diyerek Mehmet'e döndü Gülizar.

"Galip, padişaha dediklerini bittamam sana demedi ana." diyerek Galip'i bir adım öne geçirerek oyununa giriş yaptı Mehmet.

"Başka neler dedi padişah huzurunda?"

"Padişahın önünde diz çökmüş, 'Hünkârım! Ta ezelden beri kurt eniği kurt olur, benim de muradım babam gibi bir cengâver olmaktır' demiş. Padişah huzurunda, babamın önünde böyle pervasız konuşan birini bizim durdurmamız mümkün mü?"

"Doğru dersin oğul."

Sustu Gülizar. Aklında onlarca söz gezinirken biri dudakları arasından çıkmadı.

"Babanız neredir? Neden eve gelmedi?"

"Ana bir şey daha diyeceğim ama okkalı bir şamar yemekten korkarım."

"Yeniçeri olmaktan korkmazsın, padişah huzurunda edep bilmezsin de anandan yiyeceğin bir şamardan mı korkarsın?"

"Babama gel dedik de gelmedi ana. 'Bugün kırk cengâverin üzerine yalınkılıç gider ölüm eri olurum da ananızın karşısına çıkamam' dedi. Bu geceyi Süleyman Usta'yla kahvehanede geçirecekmiş."

Gülizar içine düşen ateşin yakıcılığına dayanamıyordu artık. En kötü rüyası hayatının içindeydi sanki. Hayal ile hakikat bu kadar birbiri içine girebilir miydi? Sahi bu bir rüya olabilir miydi? Rüya olmadığını da biliyordu. Sonuçlanmış bir işte vereceği kararın ne anlamı olacaktı ki? Üstelik oğlu, kendini Frenk kulesinden atmaktan, bostancı kemendinde can vermekten, hiçbiri olmazsa kahrından ölmekten bahsediyordu. Bir yeniçeri karısı olmanın zorluklarını omuzlarında bir ömür taşımıştı Gülizar. Ardından su dökerek harbe gönderdiğinin ölüsünü beklemek katlanılır çile miydi? Bu çileye katlanmanın en kolay yoluydu bir ölü beklemek. Oysa ilk kocası Sümbül'ün ölüsü dahi gelmemişti. Ölüm haberi dahi içinde istim taşı gibi dönen şüpheleri susturmak için yeterli olacaktı ama kader onu da kendine çok görmüştü. Şimdi, etinden kemiğinden sıyrılıp da bir ruha can olmuş oğlunu, kurtlar arasına bir kuzu olarak nasıl gönderecekti?

Gözlerinin önüne inen sis dağıldığında Galip'in riyakâr bakışlarıyla karşılaştı. Elini öpmesi için oğluna uzattı. Dilinin söylemeye varmadığı kabulü bu şekilde ifade etme yolunu seçti Gülizar. Galip kemik yalayan bir köpek sırnaşıklığıyla annesinin elini öptü. İlk tebrik edeni de abisi Mehmet oldu. Galip'i sevinciyle baş başa bırakarak Mercan'a gitmek için yola çıktı Mehmet. Günün yorgunluğunu atmak için her zamanki gibi yine iskeleye gitti. İskelede hayal atının sırtında âlemden âleme uçtu Mehmet. Boğaz'ın sularını incitmeden akan bir kayık burnunu Mercan Kahvehanesi'ne doğru kırınca ayaklarını sudan çıkartarak gelen misafiri karşılamak için hızla toparlandı. Yavaşça yanaşan kayıktan inmeye çalışan Frenk'e elini uzattı. Frenk bir tebessümle teşekkür etti Mehmet'e. İnce kenarlıklı şapkası elindeydi, şık redingotuyla Frenk önde, Mehmet arkada kahveye yürüdüler. Uzun boyluydu yaşlı adam. Uzun beyaz saçları dağınıktı. Mavi gözleri suda parlayan taşları anımsatıyordu. Boğazında beyaz bir fular vardı. Tebessüm eden yüzünde kar gibi beyaz dişleri görünüyordu. Pir Elvan pespaye görüntüsüne hızlıca çekidüzen verdi. Galata işi kırmızı yemenilerini telaşla ayaklarına geçirerek iskeleye doğru hızlı adımlarla yürümeye başladı. Yürürken sağını solunu çekiştirip göğsünden sarkan kıllarını kapatmak için içliğinin düğmelerini ilikliyordu.

"Pirim nasılsın?"

"Aman efendim, pirlik Hacı Bektaş makamıdır. Biz o kapının köçeği, sadık bir hizmetkârıyız... Buyurun... Buyurun..."

Mehmet'in kanı bir anda ateşlenmiş, elleri ayakları maharetle işlemeye başlamıştı.

"Uzun zaman oldu fakirhanemiz sohbetinizden yoksun kalalı Monsenyör Melling."

"Sormayın pirim, uzun zamandır seyahatteydim. Birkaç gün önce geldim, bazı çizimler üzerinde çalışıyordum."

Birlikte pirin özel bölmesine geçtiler. Kırmızı kadifeyle kaplanmış sedirlerin üzerinde altın varaklarla işlenmiş onlarca yastık serilmişti. Sedirlerin hemen önünde gül ağacından oyulmuş büyük bir sehpa ve onun uzuvlarıymış gibi duran dört küçük sehpa daha vardı. Elvan'ın oturduğu postun hemen arkasında nefti zemin üzerine kalınca 'çifte vav' çiziliydi. Frenk, bunun Hz. Ali ile on iki imamı temsil ettiğini tekkede öğrenmişti. Altında ise altın varakla kırmızı zemin üzerine yazılı bir hat vardı. Melling bu yazıyı dikkatlice inceleyince, Elvan hemen arkasında duran hattı ezberden okudu.

"Aşk olsun yola."

"Yolun sırrı nedir pirim?"

"Yol havadaki bir kartal, sır da onun gölgesidir. Bir ömür de koşsan peşinden gölgeyi asla yakalayamazsın, Monsenyör. Hayat işte böyle bir gölgeler oyunu. Sır insanı büyüleyen bir sihir."

Biraz duraksadıktan sonra, sakin ses tonunu bozmadan konuşmasına devam etti.

"Fakirin tüm ömrü bu sözdür. Yazı beden ise söz onun ruhudur. Yazı dünyadır, dünyalıktır, ağırdır. Dünya mihnetleri gibi ağırdır. Söz ise Hak katındandır Monsenyör, kutsaldır ve ruh gibi uçucudur. Onun için Muhammet sallallahu aleyhi vessellem dünya ağırlığından kaçıp da kutsal mağarada kendi içine kapanınca 'Söz'e muhatap oldu. Söz ile Hakk'a muhatap kılındı."

"Söz kimin içindir pirim?"

"Hak erenler içindir."

Elvan, yüzünü Frenk'ten Boğaz'ın sularına doğru döndü. Ön cephesi büyükçe iki parça camdan olan oda, gün gibi aydınlıktı. Camlardan boğazın narin akan suları ve karşı kıyıda 'Büyük Türk'ün evi görünüyordu. Frenk şapkasını ve ceketini Mehmet'e uzatıp kadife yastıklar içine gömülür gibi yayıldı. Doğu'nun bu merasimden uzak rahatlığının son kez tadını çıkartmak istiyordu. Üzerindeki yorgunluk porselen bardakla gelen şerbeti içmesiyle biraz da olsa dağıldı.

"Bir dost yüzü kadar insanı rahatlatan başka bir şey varsa o da bir dostun sohbetidir pirim."

Hal hatır faslından sonra çantasından çıkarttığı bazı çizimleri Elvan'a uzattı Melling.

Pir Elvan uzun uzun çizimleri inceledi. Kâh elini çenesinde kâh da çizimlerin üzerinde gezdirerek yorumlar yaptı.

"Selimiye Kışlası... Bab-ı Âli... Galata külhanileri, tulumbacılar, bekâr odaları, Galata Kulesi, Ayios Nikolas Kilisesi, Lüleci Sokağı yosmaları... Kapalıçarşı esnafından Rum mahallelerine onlarca renk onlarca resim..."

"Aman efendim ne hünerdir bu! Yüce Mevla her kulunu ayrı bir güzel yaratıyor. Hepsini ayrı bir hünerle yaratıyor."

Mehmet, önce Frenk'in kahvesini sonra da nargilesini getirdi. Közleri özenle koydu.

"Bizim nakkaşhanelerde gözlerini çizimden kaybetmiş ak saçlı ak sakallı pirler vardır, birçoğu bu resimlere dokunmayı bırak, uzaktan görmek için bile canını verir."

"Bir zamanlar biz de onların çizimlerini aynı ilgi ve merakla inceliyorduk. Şimdi geri dönüp bakıyorum, saçlarımdaki beyazlıklar bana koca bir ömrü ejderha nefesine kaptırdığımı fısıldıyor."

"Ecel atlı biz yaya... Geldik nihayetine ömrün, hiçbir şey anlamadan. Şu karşı kıyıları, şu sakin akan suyu seyrederek yaşlandık. Her şey öylesine kendiliğinden oluyor ki Monsenyör. Yüzüne bakarak beraber yaşlandıklarımız bile zamanın bu yıpratıcılığını fark etmiyor. "

"Hayat böyledir pirim. Şu Galata da benim evim oldu bir dönem. Çok aç gezindim bu sokaklarda. Hem kahrını gördüm bu sokakların hem de şefkatini."

"Burada olmak bizim kaderimiz. Peki seni buralara çeken ne oldu Monsenyör?"

"Neydi beni Doğu'ya çekip getiren şey? Bilmiyorum... Aşk desem onu da bu sokaklarda buldum. Para, şöhret... Hepsi bu sokaklarda beni buldu. Yıllar önce Hatice Sultan'ı da bu sokaklardaki şöhretimle tanıdım..."

Son hece bir fısıltı gibi çıktı ağzından, inlemeyi hatırlatan bir fısıltı... Nargilenin marpucuna yapıştı Melling.

"Bilir misin pirim, toy bir delikanlıyken... Sokak başında, meyhanelerde onlarca feylesof tanıdım. İhtiyar Doğu, yorgun düşmüş mücadele etmekten. Tanrı'yla, doğayla, aşkla mücadele etmekten yorulmuş... Esrar perdesi altında inşa ettiği has-bahçelerde Tanrı'nın dengi olmaktan vazgeçip muhatabı olmayı seçmiş. Doğayla, aşkla savaşmaktan vazgeçip gül çehre dilberlerin elinde bade içerek mest olmayı seçmiş. Batı bunu anlamaktan çok uzak... Tanrılarıyla, doğayla, aşkla kavganın peşinde Batı, ihtiyar Şark'ın bilgeliğinden çok uzakta... Belki de beni buraya bağlayan Doğu'nun esrar perdesi altındaki mücevherleriydi."

"Ya sen pirim?"

"İhtiyar Doğu dedin biraz önce, sanırım ben de onun gibi ihtiyar, onun gibi yorgunum."

"Haklısın pirim. İhtiyar Doğu bilge fakat yorgun, yılgın..."

"Ya Fransa?"

"Fransa... Napolyon ile Fransa arasındaki mücadele sonuçlanınca hangi Fransa diye sormak gerekecek sanırım pirim."

"Savaş bitmeden ben sorayım, Fransa mı Napolyon mu?"

"Hiç kimsenin, hiçbir görüşün bu andan sonra Fransa karşısında şansı yok pirim. Büyük bir dağ ayaklanır da binlerce taş bir volkanın yuvasından aktığı gibi akmaya başlar ya, Fransa'da şimdilerde böyle. Bu saatten sonra kimsenin yapacak bir şeyi yok. Fransa o dağ gibi ayaklanıp vadilere inmeye başladı. 'Eşitlik, kardeşlik' kelimeleri imparatorluklar üzerine yürüyen taşlardır pirim. Tüm merkezi otoriteler bu kelimeler karşısında sıtmaya yakalanmış gibi titriyor. Biraz önce 'Söz kutsaldır.' dedin pirim. Düşünsene topların, tüfeklerin, kılıçların işlemediği imparatorluklar bu kelimeler karşısında tiril tiril titriyor."

"Dünyanın sonu geliyor gibi konuştun Monsenyör."

"Yüksek dağlardan kopup gelen çığı düşün pirim. Önünde durmanın ya da kaçmanın imkânı var mıdır? Yoktur. En iyi yol çığa karşı durmak yerine çığ olmaktır pirim. Selim Han çok zeki, dünyadaki bu değişimin farkına genç yaştayken, şehzadeyken vardı."

"Selim Han yıllar evvel Napolyon'la mektuplaşırdı Monsenyör, bunu duymuş muydun?"

"Evet... Mektuplarını kimin taşıdığını da bilirim."

"Ah kadınlar... Hatice Sultan'la bunları da mı konuşurdunuz?"

Melling keyiflenmiş, Defterdar Burnu'ndaki Köşk'te uzun yıllar Hatice Sultan'la yaptığı sohbetleri hatırlamıştı.

"Doğrusunu söylemek gerekirse bunu bir sohbette ağzından kaçırmıştı. Sonradan pişman olup toparlamaya çalıştıysa da o kişilerden birinin sen olduğunu öğrenmiştim. Selim Han ile Napolyon arasında mektup taşıyan bu cesur adamı görme merakım o günden sonra beni esir aldı. Seni işte o günlerdeki merakım sonucunda buldum, seni ve Galip Dede'yi. Bir Frenk Doğu'da nasıl zorlanarak yaşarsa senin gibi bir Mevlevi'nin de Bektaşiler arasında nasıl zorlandığını bilirim. Yıllar ne de çabuk geçti pirim. Mercan'da dostlar arasında konuşulanlar burada kalır bunu bildiğimden içimde taşıyıp da onunla yaşamak zorunda kalmayayım diye bu sırrını söyledim. İnanmazsın ama bu beni çok rahatlattı. Bu sırrı bu ana kadar hiç kimseyle paylaşmadım. Pirim, senin sırrını yine sana söyleyerek buradan ayrılmak istedim."

Elvan Frenk'in çok zeki olduğunu biliyordu. Hiç kimsenin şüphe dahi etmediği bu durumu çözmesi onun bundan sonraki yapacağı işleri tehlikeye sokuyordu.

"Onun mektuplarını taşıdığımı biliyorsan hikâyenin sonrasını da biliyorsundur."

"Amcasının bu mektupları ele geçirince onu affettiğini de biliyorum. Selim Han devletin içine düştüğü bu açmazda hiç kimsenin hoşuna gitmeyecek arayışlar içinde. Önüne ilk kimler dikilecek biliyor musun pirim? En yakınındakiler, ona yapmak istediği şeylerin doğru olduğunu söyleyenler..."

Melling cümlenin devamını kurmaktan vazgeçip arkasındaki kadife minderlere gömüldü.

"Keşke bu söylediklerini Selim Han da duysaydı Monsenyör."

Mavi gözlerini bir anda Elvan'dan çekip boğazın karşısındaki kıyılarda gezdirmeye başladı Melling. Güneşin turuncu ışıkları karşı tepelere vurmaya başlamıştı. Boğaz'dan hissedilir bir serinlik yamaçları yalayarak tepelerden aşağı iniyordu. Kısa bir sessizlikten sonra tekrar Elvan'a döndü Melling.

"Devletler de insanlar gibidir pirim. Kendinde olana değil de bir başkasında olana gıpta ile bakar. Doğu içine düştüğü bu açmazdan kurtulmak için komşusunun meziyetlerine sahip olmaya heveslenmiş. Bir zamanlar yaşlı kıta da Şark'ın mirasına aynı gıpta ile bakardı. Oysa kadim Yunan bütün düş kırıklıklarını Doğu'da yaşadı. Doğu da aradığı şeyin sonunda ne buldu dersin?"

Elvan bu sorunun cevabını öylesine merak ediyordu ki "Neden?" diye sormayı bile akıl edemedi. Gözlerindeki merak ışıltısının sönmesine fırsat vermeden sözüne devam etti Melling.

"Kendini."

"Kendini mi?"

"Çünkü Doğu kendi kafasının içindeydi. Onu tapındığı bir put gibi kendi yontmuştu. Her şey zihnimizin içinde şekillenir pirim. Zihnimizi şekillendiren şey ise korkularımız. Bütün hayatımız zihnimizde kurguladığımız bu korkulara göre hareket ederek şekillenir. Kadim Yunan'ın bulup da hayal kırıklığı yaşadığı şeyi şimdi Türkler arıyor. Bir gün, Batı'yı tanıyınca aynı düş kırıklıklarını Doğu da yaşayacak. Çünkü o da kendi kafasının içindeki Batı'yı arıyor. Gerçekle yüzleşince, aslında aradığı şcyin kendi çelişkileri ve hayal kırıklıkları olduğunu görecek, ya da kendi korkuları mı demek lazım."

"Çığdan kurtulmak için çığ olmak lazım demiştin biraz önce. Şimdi söylediklerinle çelişmiyor mu Monsenyör?"

"Çığ olmak lazım dediysem üzerine gelen çığa karışmak lazım demedim. Sen çığ olacaksın ki akışın içinde kaybolup gitmeyeceksin."

Elvan, Frenk'in ne demek istediğini şimdi anlamıştı. Gözlerinde ancak çocuklarda olan bir coşkunlukla Frenk'e bakıyordu.

"Hak erenler ne demişti hatırlıyor musun pirim?"

"Aman Monsenyör, bizim babalar her gün bir hikmetli söz söyler hangi birisini hatırlayayım."

"'Her şey bir gün aslına döner.' Bu öyle bir söz ki, ben anlamını kavramak için bir ömür harcadım." Elvan, elini beyaz sakalına attı. Bu sözü yüzlerce kez duymuştu ama anlamını hiç düşünmemişti.

"Her şey gibi ben de aslıma dönüyorum pirim. Yoruldum. Doğu'nun esrarı beni de zehirledi."

"Gidiyor musun?"

"Her hikâye başladığı yerde biter pirim. Ben de kırk yıldır zihnimin içinde şekillendirdiğim dünyayı aradım durdum. Bir gün gördüm ki o dünya, benim. Aradığım hazine uzaklarda değil, benim içimde. "

Uzun bir sessizlik oldu. Konuşacak laf kalmamıştı sanki. Oysa Mehmet yeni kahvelerle içeri girmişti.

"Bu son görüşmemiz pirim."

"Bir kusurumuz olmamıştır inşallah?"

"Dostun kusuru dostun gözüne gözükür mü pirim? Bunu sen söylememiş miydin bana? Hayatımda beni en çok mutlu eden şeylerden biri seni tanımak oldu pirim. Ama artık yoruldum... Bu son ziyaretimin sebebi de Hatice Sultan'ı son bir kez görmekti."

"Görebildiniz mi bari?"

"Kayıkla bugün uzunca bir gezintiye çıktım. Kıyıda birkaç dakikalığına da olsa gördüm onu. Saltanat kayığı kıyıya yanaşıyordu. Selim Han kardeşini ziyaret etmek için geldiğinden onu karşılamak için kıyıya inmişti. Çok iyiliğini gördüğüm o iki insanı bir arada son kez görmek bana mutluluk verdiği gibi geçmişteki günlerin hüznünü de içimde mayaladı. İstanbul'u nasıl unutabilirim bilmiyorum pirim."

Elvan'ın neşesi bir anda dağıldı.

"Hayat hep bizim planladığımız gibi gitmez Monsenyör."

"Buna inanıyorum, Tanrı sürprizlerle doludur. Bir gün belki tekrar karşılaşabiliriz ama karşılaşamazsak... Siz Türkler ayrılırken birbirinizden helallik istersiniz. Bunca yıldır ben de içinizde yaşadığımdan sizinle Türklerin birbiriyle vedalaştığı gibi vedalaşmak isterim. Bana hakkını helal eder misin pirim?"

"Helal olsun aziz dostum."

İki dost gibi kucaklaşıp camlı bölmeden çıktılar. Frenk, elinden tuttuğu Elvan'ın yanından ayrılırken kulağına eğilerek;

"Bu son ziyaretim iki dost arasında kalsın. Geçmişin tüm güzellikleri güzel birer hatıra olarak zihnimizde yaşasın pirim."

"Merak buyurmayın aziz dostum. Mercan'da konuşulanlar Mercan'da kalır, yıllarca olduğu gibi..."

Mehmet kayığa kadar Frenk'in yanında yürüdü. Mehmet'in elini sıkan Frenk;

"Hakkını helal et Mehmet. Fransa'ya dönüyorum. Belki bir daha görüşemeyebiliriz"

"Buna çok üzüldüm efendim. Helal olsun."

Frenk bir sır verir gibi Mehmet'in kulağına eğildi.

"Senin hazırladığın nargileler kesinlikle mükemmel, Mehmet. Keşke kuşak sarma merasimini görseydim de resimlerini yapsaydım."

Frenk, utanan Mehmet'e tebessümle bakıyordu. Cebinden küçük kadife bir kese çıkartarak Mehmet'in eline sıkıştırdı.

"Belki bu dediğiniz bir gün olur efendim."

Frenk elini uzatan kayıkçının elini tutarak kayığa bindi. Yüzünde Mehmet'in ömür boyu unutamayacağı bir tebessüm vardı. Kayıkçı kürekleri her çekişinde sanki kendinden uzaklaşıyordu Frenk. Kıyıdan onu izleyen Mehmet ile Ak Sungur ise gittikçe küçülüyordu.

-5-

Küreklere asılmaktan avuçlarının içi kabarmış, ciğeri su toplamış olarak Defterdar Burnu'na girdi Elvan. Başağanın ardı sıra köşkün kabul salonuna geçti. Huzursuzluktan bir o yana bir bu yana gidip geliyordu. Hatice Sultan içeri girdiğinde kendine çekidüzen vererek Sultan'a yaklaştı.

"Pirim hoş geldin."

"Hoş bulduk, sultanım"

"Başağa haber verdi. Nedir bu telaşın?"

"Acildir sultanım, acil olmazsa rahatsız etmezdim. Selim Han'ımızın mülkü tehlikededir."

Hatice Sultan'ın yüzü bir anda bembeyaz oldu. Boğazı kuru çöllere döndü. Bir şeyler söylemek istedi fakat kendi sesini kendisi dahi işitemedi.

"Nasıl?" diye zorlukla sorabildi. Başağa kendini dışarı atmış hizmetçi kızlara su getirmeleri için bağırıyordu. Elvan, Hatice Sultan'ın suyu içip kendini toparlamasını beklerken sözün sonunu başında söylediği için kendini suçladı.

"Sultanım, şehir kaynıyor. Sarı alaca arı kovanı gibi... Zorba başları toplantı üstüne toplantı yapıyor. Ocak ihtiyarları zorbalara haber yollayıp ortamı hazırlıyor. Boğaz kalelerini korumakla görevli yamaklar ayaklanmış İstanbul'a doğru geliyorlar."

"Yamaklardan haberimiz var pirim. Nasihat yoluyla geri döndürülmedi mi onlar?"

"Oyun içinde oyun oynanıyor, sultanım. İki gündür şerbethanelerde, kahvehanelerde bilgi topluyorum."

"O kadar adamla Selim Han'ın mülkü yıkılır mı pirim?"

"Sultanım hasbahçeleri yıkan asileri ben bile hatırlamıyorum. Hiçbirimiz ocaklıların isyanını görmedik. Ocaklılar ayaklandılar mı padişah ile kul arasına nefsaniyet girdi diye işi neticelendirmeden bırakmazlar. Padişahın kendilerini kırmasından çekinirler."

"Yeniçerilerden bir heyet nasihatçi olarak gönderilmedi mi asilere?"

"Sultanım isyanı ocaklılar körüklüyor. Nasihatçi giden yeniçeriler Kabakçı Mustafa'yı serdar tayin etmiş, yamakları gayrete getirmek için kendilerini Kabakçı'ya yardımcı ilan etmişler. "

Hatice Sultan yüksekçe pencerenin yanındaki minderlere kendini zor bıraktı.

"Kim var bu işin başında pirim, öğrenebildin mi?"

"Musa Paşa."

"Musa Paşa mı? Kaymakam mı? Nasıl olur? "

"Urus Bolşeviklerinin oyunlarından daha kahpece, Bonapart oyunlarından daha akıllıca oyun kurar Musa Paşa. İngiliz kibri taşır. Korkarım Âl-i Osman'ın mülkünü... Allah korusun söylemeye dilim varmıyor, sultanım..."

"Allah korusun pirim... Sadece Köse'nin oyunu mudur bunlar?"

"Şerbethaneler bile haber alıp dükkânlarının kapılarını bu sabah kapattılar. Her bilinmez bir diğerini tamamlıyor sultanım. Bu fitne çok planlı büyüyor. Devletlûlar gaflet içindedir. Kibirlerinden burunlarının ucunu bile göremiyorlar. Karga meclisidir diye isyancıları küçümsüyorlar. Musa Paşa'nın ulakları koyunlarında fitne mektuplarıyla kışladan kışlaya koşturuyorlar. İsyancılar buraya varmak üzeredir sultanım. Selim Han'ımızı bu ihanetten haberdar etmek lazımdır."

"İnşallah çok geç kalmamışızdır pirim."

Hatice Sultan ellerini çırparak kâğıt istedi. Melling'den öğrendiği Latin harfleriyle kısa bir not yazdı. başağaya hemen saraya ulaştırmasını emretti. Elvan notu yazarken Hatice Sultan'ı izliyordu.

"Bu tarz yazmayı bana Melling öğretmişti pirim. Frenk alfabesi... Okunmak istense de okunamaz bir alfabedir..."

Elvan, kargacık burgacık harfleri anlamaya çalıştıysa da Frenk alfabesinin zor olduğuna kanaat getirmiş, bu yazıyı bilmesinden dolayı Hatice Sultan'a hayranlığı bir kat daha artmıştı.

"Melling'i hatırlıyor musun pirim?"

"Nasıl hatırlamam sultanım?"

İki gün önce kahve içip uzun uzun sohbet ettiklerini söylemek istediyse de Melling'e verdiği sözden dolayı söylemekten vazgeçti.

Elvan geldiği hızla köşkten ayrıldı. Başağa, ulağı yenice yola çıkartmıştı ki isyancıların sesleri duyulmaya başladı. Bir uğultu gibi duyulan sesler gittikçe seçilebilen homurtular olarak yaklaşıyordu.

Başağa, kapı arasından dinlediklerinden tedbirli davranarak çifte kayıkları hazırlatmıştı. Elvan'ın ayrılmasından on dakika sonra Kuruçeşme'ye, Beyhan Sultan'ın yalısına hareket eden sekiz çifte kayık köşkten ayrıldı.

Başlarına sarılı poşular, bacaklarına yapışan zıpkalar ve ayaklarındaki partal pabuçlarıyla kemençe çalıp kahramanlık türküleri söyleyen asiler Bebek ve Kuruçeşme'yi geçip Defterdar Burnu'na yetiştiklerinde; gördükleri küçük sarayın Selim Han'ın kız kardeşi Hatice Sultan'a ait olduğunu bilmeden hayranlık dolu bakışlarla konağı inceleyerek geçtiler. Birbiri içine geçmiş oyun yollarını renk renk çiçekler sarmıştı. Erguvanlar yalıyı çevreleyen duvarlardan dışarı taşmıştı. Bir anda insanın zihninin içine sığmayacak kadar renk vardı yalı bahçesinde.

Büyülü bir dünyaya girmiş olan isyancılar afazik bakışlarla etrafı izliyordu. İçlerinde daha önce yaşadığının farkına dahi varmadıkları bir canavar uyanıyordu.

Bilinmeyen bir dünyanın kapı aralığında duran masal kahramanlarının çaresiz bakışları vardı yüzlerinde. Bu kadar güzel şeyin bir araya nasıl getirildiğini birbirlerine soruyorlardı. Arzuları bugüne kadar görmedikleri tüm bu güzelliklere sahip olma duygusuyla uyanmıştı...

Bütün bu güzellikleri bir insan yaşıyor olabilir miydi? Bu soru hepsinin beyninin içinde yalçın kayalıklar arasında gezinen bir yankı gibi dolanıyordu. Dağ yamaçlarından kopup gelen kar sularının önüne çıkan her şeyi sürüklediği gibi İstanbul'a ilerledikçe arzularının karanlıklarına sürükleniyordu yamaklar.

"Sakın silahlarınıza elinizi sürmeyin... Mala, cana dokunmayın... Ahalinin dükkânlarına yağma için girmeyin... Ahdimiz, yeminimiz var. Kuran'a el basıp kılıç üstünden atladık. Şeriatın emrine karşı gelen şeriatın emri üzere cezalandırılacaktır..." diye bağırıyordu tellallar.

Sesler bir boşlukta yankılanır gibi uçuşuyordu zihinlerde. Derin bir uykuda insanı dağların, ormanın koynuna çeken anlaşılmaz bir ses gibi geziniyordu tellalların sesi. Günlerce aç kalan birinin çok yemek yemesi gibi, susuz kalanın kana kana su içmesi gibi... Aç olana ekmek, susuz olana ise su gibiydi.

İsyancılar Beşiktaş'a vardığında bekâr hanlarından boşalan bir grupla karşılaştılar. Sahili saran yeşil örtünün gölgesinde sarayın kapısına akıyorlardı, akarken de hepsi bir cihan fatihiymiş gibi görüyordu kendini.

Yolda karşılaştıkları kayıkçılar, hamallar da onlara katılmakta tereddüt göstermedi. Galata meyhaneleri çoktan kapılarını kapatmış, çiçeklerle isyancıları karşılamaya çıkmıştı. Rum aksanıyla "Yaşa, Varol..." sesleri arasında Zeyrek yokuşuna vardılar. Esnafın dükkânlarını kapatmaması için tellallar sokak sokak geziniyordu. Sırtları okşanıyor, şerbet yetiştirenler ayrılmadan tepsilerle baklavalar geliyordu. Zeyrek yokuşundan, Saraçhane'ye vardıklarında Mustafa Çavuş isyancıları durdurdu. Beş yüz kişilik bir grubu 'eski odalara' yolladı.

"Yeniçeri kardaşlarımız kazanlarını Et Meydanı'na çıkartsın, bizi beklesinler!"

Et Meydanı'nda kazanlar yan yana dizilmişti. Ebubekir Efendi ise; kimi isten kararmış, kimi de bakır oymacısı ustasının hünerini seyirlik bir zevke dönüştürmüş ve daha ateş yüzü görmemiş kazanların etrafında afyon çekmiş bir cavlaki dervişi gibi dönüyordu. "Doğulu gaziler" diye methiyeler diziyor, sırt okşayıp alın öpüyordu. Elindeki kâğıtlara kazanların şekillerini çizmeye çalışıyordu. Çok başarılı olduğu söylenemezdi bu çizimlerde. Uzun etekli cübbesi yerleri süpürüyordu. Eli çenesinde, hayret dolu bakışlarla notlar tutuyordu.

Kabakçı Mustafa, yamaklarla Et Meydanı'na vardığında uğultulu bir dalgalanma oldu. Yeniçeri neferi, Boğaz yamaklarını palalarını havada sallayarak, yeniçeri gülbankı okuyarak karşıladı. Meydan bir anda panayır yerine dönmüştü. Kemençeler çalıyor kılıçlı oyunlar oynanıyordu. Seğirdim aşçıları, etrafında dönen oğlanlarla sofralar hazırlamaya çalışıyorlardı. Çorbacılar bir ellerinde tespihleri, diğer elleri kalınca dolanmış kuşaklarının içinde sağa sola emirler veriyorlardı. Ebubekir Efendi en küçük bir ayrıntıyı kaçırmamak için sağa sola koşuşturuyor, bir yandan da yerleri süpüren kaftanını toplamaya çalışıyordu. Yanındaki şakirdi bir elinde kâğıtlar diğer elinde mürekkep hokkası efendisinin ardı sıra yetişmeye çalışıyordu.

Meydan, orta odalar, çeşme başı insandan bir deniz gibi dalgalanıyordu. Yeniçeri ihtiyarları, han edasıyla isyancılar arasında geziniyor, "Ocaklı kardaşlarımız korkudan azade olsun!" diye bağırıyorlardı.

Kabakçı Mustafa kırmızı kadifeden yumuşak bir mindere bağdaş kurarak oturdu. Adamları sağlı sollu yanındaydılar. İkramlar ve tatlı sözler tüm yorgunluklarını ve endişelerini silip süpürmüştü.

"Ağalar! Cemiyetin Selim Han tarafından ciddiye alınması için şeyhülislam efendiyi, kazasker efendileri ve İstanbul kadısını davet edelim. Bu çıplak ayaklı yamaklar Selim Han'ın dengi değildir. Halk bizi alkışlasa da sokaklarda 'ulema sarığı' görmeden bize sahip çıkmaz."

"Doğru laf ettin Mustafa Çavuşum. Ulema efendilerin toplum içinde saygınlığı yüksektir. Onlar arz-ı endam etmeden Nizam-ı Cedid ağalarının şeriata aykırı hareket ettiğini kimseye anlatamayız."

"Ulakları yola çıkarttık bile Mustafa Çavuşum..."

"Ulema efendiler bir zorluk çıkartırlar mı?" diye endişeyle sordu Kabakçı Mustafa.

"Ağa Kapısı'ndan giden davete ulema efendiler değil Selim Han bile icabet eder çavuşum, için rahat olsun."

Kabakçı Mustafa omuzlarından büyük bir yük kalkmış gibi arkasına yaslanarak şerbetini içti. Konuşmaları dinlemek yerine Galata'da gördüğü güzel Rum kızlarını, kapısına kilit vurulmuş meyhaneleri ve bahçeleri renk renk süslenmiş yalıları düşünerek iç çekmeye başladı. Mehter tokmağının 'kös'e inmesiyle sıtmaya yakalanmış gibi titreyerek kendine geldi. Konuşmalar uzadıkça renk değişti. Taht değişikliği rahat rahat ifade edilir olmaya başlamıştı.

Kabakçı uzunca bir zincirin ucuna bağlı saatini çıkartıp kapağını açtı. Uzunca zaman düşünüp kurduğu cümleler sanki yenice aklına geliyormuş gibi konuşuyordu.

"Bu saat, içindeki çarkların dönmesiyle çalışır ağalar. İnsan aklını aşkın bir düzen vardır bunun içinde. Bir çark bile işini yapmazsa bu saatin o dakika hiçbir hükmü kalmaz. Padişahımız da bu saat gibidir. Çarklar, onun emri ve iradesiyle çalışır. Fakat son zamanda gördük ki bu çarkların arasına marazat bazı böcekler girmiştir. Çarklar tamdır ama saat hep aynı yeri gösteriyor. Bu haşaratı temizlemeli, saati yeniden çalıştırmalı..."

İhtiyarlardan biri taşı gediğine koymanın tam fırsatıdır diye söze girdi.

"Haşaratı temizledik."

"Eee?"

"Tekrar haşarat sararsa?"

"O zaman ona sebep olandan kurtulmalı..."

Kabakçı'nın son sözü tüm ihtiyarları ve çorbacıları rahatlattı.

O geceyi kimse rahat geçirmedi. Sabahın ilk ışıklarıyla isyancılar ayaklanmış Et Meydanı'nı bir baştan bir başa geziyorlardı. Havadaki sessizlik hepsinin huzurunu kaçırmıştı. Nizam-ı Cedid'in kaldırıldığı haberleri geliyorduysa da on iki bin askerin silahlı hali gözleri önüne geldikçe korkudan yüreklerinde bulgur esiyordu. Kabakçı Mustafa, esmer teniyle tunçtan, demirden yontulmuş bir adam gibi nefer arasında geziniyor yamaklara gayret aşılıyordu. Elmacık kemikleri kuru yüzünü öylesine gerdirmişti ki yüzüne tebessüm hiç konuk olmamıştı sanki. Kara gür bıyıkları, çatık kaşı, matruş sakalı yamaklar üzerinde saygınlık uyandırıyordu. Sol yanağında, korsanlık günlerinden hatıra derin bir bıçak izi vardı. Yamaklar, bronz bir heykel gibi gezinen Mustafa Çavuş'u görünce içlerinde taşıdıkları korkularından sıyrılıyor, etrafına toplanarak;

"Yoluna başımız kurban Mustafa Çavuşum!" diyorlardı.

Şeyhülislam önderliğindeki ulema, Ağa Kapısı'na nasihat için vardığında asiler tarafından etrafları sarılarak alıkonuldu ve oradan zorla Et Meydanı'na götürüldüler. Ulema efendilerin geldiği haberiyle meydan uğultular içinde dalgalanmaya başladı. Meydandaki sıkıntı bir anda dağıldı. Ebubekir Efendi hokkasını ve kâğıtlarını taşıyan şakirdi ile kapıya yöneldi. Her ayrıntıyı yazmaya, her yere yetişmeye çalışıyordu. Ağzı şeker şerbet laflar ediyor, her önüne gelenin gönlünü alıyordu. Meydan dilâverleri ve pehlivanlar elleri önünde kavuşmuş olarak meydanda sıralandılar. Yamaklar meydanı çevreleyen ortaları sarmış, ulema efendileri görmek için birbirlerini eziyorlardı. Ancak meydana açılan kapıya yakın durabilenler sarıklı kafileyi görebildiler. Çorbacılar etek öperek tazim gösterisine başladılar.

"Efendi hazretleri hoş sefa geldiniz. Cemiyetimizi şereflendirdiniz."

Şeyhülislam Topal Ataullah Efendi ve beraberindekiler at üstünde kışla avlusundan geçerek seğirdim aşçılarının "tekke" diye tabir ettikleri meşk odasının kapısına geldiler. Beyaz sarıklı hocalar hareket ettikçe rüzgârda salınan papatya tarlasını anımsatıyorlardı. Şeyhülislam attan inerken iki dilâver yeniçeri koşarak yardımcı oldular. Tam merdivenlere çıkmak üzereyken yamaklardan biri Şeyhülislam'a doğru atılarak kolundan tuttu.

"Efendi hazretleri!"

"Buyur mücahit oğlum."

"Efendi hazretleri, eğer şeriat sözünü vaktinde gereği gibi söylemiş olsaydınız tüm bunlar olmayacak biz de buralara kadar gelmeyecektik."

Şeyhülislam merdivene atmak üzere olduğu ayağını çekip yamağın yüzüne baktı. Kuru yüzünü, lime lime olmuş elbisesini, yarısını yürüdüğü yollarda bıraktığı filalarını inceledi. Bıyıkları yeni sürgün vermiş, ergen sivilcelerinin izi daha silinmemişti genç yamağın. Omuzlarından tutup silkelemek istese de içinden geçenlere gem vurup gayet yumuşak bir ses tonuyla cevap verdi şeyhülislam.

"O vakit ben şeyhülislam değildim evladım. Başka efendiler yeni ocak için fetva vermişler."

Kabakçı Mustafa şeyhülislamın ezikliğini fırsat bilerek merdivenin başına geçti.

"Kardaşlarım! Selim Han hazretleri sesimizi işitmiş Nizam-ı Cedid'i kaldırmıştır."

Meydan hoyrat dalgalarla sarsılan deniz gibiydi. Birbirine karışmış sesler bir uğultu olarak yükseldi.

"Ama bizim vazifemiz henüz bitmemiştir. Nizam-ı Cedid belasını devletin ve milletin başına saran melunların başı alınmadıkça vazifemizi tam yapmış sayılmayız. Elimde bu belayı memleketin başına saran hainlerin listesi vardır. Hepsi bittamam bu defterde kayıtlıdır."

Elindeki defteri herkesin göreceği şekilde havaya kaldırarak salladı. Meydan yeniden dalgalanmaya, hainlerin katli için yeminler edilmeye başlandı.

"Sizler şimdi istirahat edin. Biz ulema efendilerle tekkede devlet meselelerini görüşeceğiz."

"Yaşa... Varol Mustafa Çavuşum... Başımız yoluna feda Mustafa Çavuşum."

Eski odalardan yükselen sesler Aksaray'dan Boğaz'ın sularına kadar yetişiyordu. Şeyhülislam merdivenlerden çıkarken ölüm fermanlarını imzalamazsa tekkeden çıkamayacağını artık biliyordu...

Geceyi yeni odalarda geçiren ulema, fermanlılar defterini imzalamış olarak sabahleyin ayrıldı. Başları istenen devletlûlar listesini Selim Han'a bildirmek için Derviş Efendi görevlendirilmişti.

Ulemanın ayrılmasıyla birlikte Kabakçı Mustafa da adamlarıyla sokağın nabzını ölçmek için Et Meydanı'ndan ayrıldı. Meydanda başıbozuk bir hareketlilik vardı artık. Can sıkıntısından meydanı arşınlayan yamaklara ocaklılar eşlik ediyordu.

Ebu Bekir Efendi yarım kalan kazan işini bitirmek için bir kuzgun gibi kazanların başında dolanıyordu. Bir yandan resimlerini çizmeye çalışıyor bir yandan da şekillerini tarif eden notlar alıyordu.

"Nizam-ı Cedid kışlayı bastı!" diye bir sesle beraber sakinlik yerini paniğe bıraktı. Büyükkapı tarafından koşturan yeniçeriler birbirini ezerek meydana doluşmaya başladı. Sabah merasimlerinin yapıldığı geniş meydana açılan yetmiş bir ve yetmiş ikinci kapılarda kimi içeri kimi de dışarı koşturan ocaklılar birbirini tepeliyordu.

"Kaçın yoldaşlar!" diye bağırıyorlardı.

Ebu Bekir Efendi bir ocaklıyı yakasından tutarak silkelemeye başladı.

"Nedir bre... Böyle pençe yemiş gazel gibi ne çırpınırsınız?"

"Kaç ahmak herif kaç! Nizam-ı Cedid bastı kışlamızı. Hepimizi kılıçtan geçirecekler."

"Be hey korkaklar... Meğer ki siz bir karga derneğiymişsiniz... Tuh kalıplarınıza."

Birbirini ezen ocaklılarla yamakların uğultusu kesilince dış kapıya koşturan Ebubekir Efendi Nizam-ı Cedid askerlerinin seslerine kulak kesildi. Arkasında yenice börk takmış birkaç civelek oğlanın naralanarak kapıya doğru hücum ettiğini gördü. Kaçışan yeniçerilerin aksi istikametine yalınkılıç saldıran bu oğlancıkları tebessüm ederek izledi Ebubekir Efendi. Geriye dönünce çırağını da ocaklılara uymuş buldu. Kapıya koşarak dışarıda gelenlerin olup olmadığına baktı. Ocaklılar kendi kendine kurt hayali görmüş, o korkuyla çil yavrusu gibi dağılmışlardı. Galip yanındaki üç neferle Ebubekir Efendi'nin yüzüne bakarken tebessüm ediyordu. Girdiği ocağın hali tebessümüne bir acılık katıyordu Galip'in. Ebubekir Efendi elini Galip'in omzuna koyarak;

"Girdiğiniz ilk cengin galibisiniz civanlar. Gazanız mübarek olsun." dedi.

-6-

Aygır İmam namlı Derviş Efendi hantal gövdesini zor çekerek saray kapısına yanaşan arabadan indi. Bir kolu bir insanı, bir bacağı iki insanı tartar seyirlik bir adamdı. Kalın ve yağlanmış boynu vücudunun herhangi bir çıkıntısı gibi duruyordu. Fazlaca yürümeden nefesi tıkanıp durmak zorunda kalıyordu. Elinde, Kabakçı'nın 'fermanlılar defteri' vardı. Selim Han'ın kendi önünde ezilip büzüleceğini düşündükçe içi içine sığmaz oluyordu. Saray kapısına kadar kendine eşlik eden yeniçerilerden kapıda ayrılmak zorunda kaldı. Kendisini kapıda karşılayan silahtar ağanın ardı sıra koluna giren iki bostancı nezaretinde Selim Han'ın huzuruna çıkartıldı.

Selim, büyük devletlerin elçilerini kabul ettiği odada yüksek bir sedirin üzerinde oturuyordu. Elinde Hatice Sultan'dan gelen mektup vardı. Parmakları arasında ovuşturduğu mektubun mürekkebi dağılmış, parmakları maviye boyanmıştı. Bakışları donuktu. İçindeki çelişkiler kudurmuş bir denizin kayalıklarda parçalanması gibi yüreğini dövüyordu. Başındaki yusufi sarığı ara ara çıkartıp tekrar takıyordu. Sakalları taranmamıştı. Eliyle sakalını sıvazlıyor, parçalanan bütünün tekrar bir araya gelme ihtimalini düşünüyordu.

Derviş Efendi'nin yüzünde, bıçak yarası gibi keskin korku çizgileri belirmişti. Gözleri yuvalarından fırlayacak gibi dönüyordu. Dili, korkudan ağzının içinde şişmişti. "Ya Selim Han gazaba gelir de silahtar ağaya emir verip başımı alırsa?" Soğuk çelik boynuna inmiş gibi bir anda ürperdi. "Neden Musa Paşa'nın kendisi gelmek istememişti?" Topal Ataullah kendinden önce sarayın kapısına dayanmış da kapıları açtıramamıştı. "Yoksa… Selim Han kurulan bütün tertipten haberdar mıydı?"

Selim Han'ın huzuruna çıktığında onun perişan halini görünce içindeki korkular biraz da olsun dağıldı.

"Hoş geldin Derviş Efendi."

"Hoş bulduk efendim."

Kısa bir an sessizlik oldu. Derviş Efendi, Selim Han'ın "buyur" demesini bekliyordu. Sessizlik uzayınca ümidini keserek söze girdi.

"Efendim ben ulema adına şeyhülislamın emri ile buradayım."

"Biliyorum, hocaefendi."

"Meclisin kararları var, onları size ileteceğim."

Selim sakalını sıvazlayarak sessizliğini muhafaza etti. Yalnız ve umutsuz bir adam gibi iki büklümdü. Bir an aklına Musa Paşa geldi. İçini saran öfkenin akıntısına kapıldı. "Bostancılar sarayı muhafaza ederken Levent Çiftliği'ne bir haber uçursak…" Bir an unuttuğu bir şeyi hatırlar gibi ellerini birbirine vurdu. Derviş Efendi el çırpmasından çıkan sesle bir anda irkildi. Korkudan gözleri karardı, bacakları vücudunu taşıyamaz oldu… "Ulemanın ayakta durması olacak iş midir?" diye söylendi Derviş Efendi.

Selim Han duygu dünyasında inişler çıkışlar yaşıyordu. Derviş Efendi, Selim'in yüz ifadesinden kâh dehşete kapılıyor, kâh ümitleniyordu. Selim Han Nizam-ı Cedid ocağını kaldırdığını hatırlayınca eli ayağı buz kesti. "Fermanı dün akşam onayladım, acaba kışladan nefer dağılmış mıdır? Dağılmamışlarsa ne olacak ki… Vakit çok geç artık. Aah Köse…

Hinoğlu hin. Senin o üç beş tel sakalını yolup cellâda vermeli idi ama... Ya günahsızsa? Hatice bana yalan söylemez ki. Pir Elvan'ın onu aldatması mümkün değil. Elvan böyle iş yapmaz. Aaah! Bu nasıl iştir? Benim vezirim sarığımı boynuma dolamak için türlü oyunlar icra ediyor. Mülküme kast etmeye çalışıyor. Bitti... Artık bunu kabullenmek lazım... Elimde asileri yarım saatte sopayla dağıtacak güç varken işleri Köse'ye havale etmeyecektim. Bundan sonrası çok kanlı olur..." Kan lafı bir anda kendisini kaybetmesine sebep oldu. "Kan dökerek olmaz." diye fısıldadı. Padişahın dudaklarının kıpırdadığını gören Derviş Efendi;

"Efendim, bir şey mi emrettiniz?"

"Yok, imam efendi... Yok... Sizi dinliyorum."

Derviş Efendi koynundan çıkarttığı yeşil siyah karışımı meşin kaplı defteri silahtar ağaya uzattı. Silahtar ağa defteri alarak Selim Han'a verdi. Silahtar ağanın bakışlarından gözünü kaçırdı Derviş Efendi. Kor ateşin yakıcılığı vardı bu bakışlarda. Selim listeyi uzun uzun inceledi. Doluyu boş kaba, boşu dolu kaba yoldaş edemedi. İçini saran sıkıntı daha da azmış, yüreğini parçalar hale gelmişti. "Kanla olmaz." diye söylenmişti biraz önce. Bu sefer "Kansız olmuyormuş." diye söylendi. "Kendi vezirlerimi baldırı çıplak üç beş sergerdeye kendi elimle teslim etmek de kaderimde varmış," diye düşündü. "Ne acı kader..."

"İbrahim Kethüda'yı da istiyorlar ha... Suçu nedir bu defterdeki zevatın Derviş Efendi?"

İbrahim Kethüda'nın adını duyan Aygır İmam bir anda kendini kaybetti.

"İbrahim Kethüda ecdadın mülkünü harap eden adamdır. Sen bütün işlerini hep ona havale ettin. İsmail Paşa gibi bir vezirin kıymetini bilemedin de az daha İbrahim Kethüda'nın yüzünden o kıymetli vezirini idam edecektin. İbrahim Kethüda'nın yaptıkları unutulacak işler midir?"

Silahtar ağanın yüzünü kan sardı bir anda. Boşalan bir lav yığını gibi yerinden fırladı.

"Bre uğursuz it, sen kimin huzurundasın... Ağzından çıkanları duymakta mısın?"

Kınından çektiği kılıçla Aygır İmam'ın üzerine varmak istedi. Selim Han elini kaldırıp silahtar ağayı durdurdu.

"Dur ağa. Ulemadandır... Başındaki ulema sarığını kılıçla düşürmek olmaz. Haddini bilmese de doğru bildiğini söylemesine izin ver."

Silahtar ağa öfke denizinin azgın bir dalgası gibi kendini bir kayaya vurmadan parçalanmayacak gibiydi.

Selim, silahtar ağaya dönerek;

"Efendiyi götürsünler, istirahat etsin" dedi

Derviş Efendi iki bostancının nezaretinde huzurdan çıktı. Silahtar ağa, padişahın ardı sıra yürüyordu. Sessizlik içinde Bağdat Köşkü'ne kadar yürüdüler. Boğaz'ın ve Galata'nın üzeri sis ile örtülüydü. Etrafta uçuşan su tozları yüzüne vuruyordu Selim'in. Ateşler içindeyken su tozlarının serinliği ruhuna dinginlik veriyordu. Zülüflü oğlanların koğuşundan yükselen ney sesine dikkat kesildi. Hasbahçelerin tarumar edildiği günler düştü aklına. İçi düğüm düğümdü. Hasbahçe... Ney sesi... Boğazın sis içinde kaybolmuş suları...

"Hüzünlü bir şiir gibi..." diye fısıldadı.

Neyin sesiyle yıllar öncesine gitti Selim. Beyaz tennureleri içindeki dervişler sanki Yenikapı Mevlevihanesi'nde değil de kendi etrafında dönüyorlardı. Bir hayata kıyamazken on iki devletlûnun başını vermek; on iki dostun on iki dost başını... Karşı tepeleri saran sisin içinde kaybolmuşken silahtar ağanın sesiyle kendine geldi.

"Efendim..."

"Ne oldu ağa?"

"Efendim isyancılar 'yeni odalardan' ayrılmışlar."

"Buraya mı geliyorlar ağa?"

Ağa cevap vermek yerine başını önüne eğdi. Eli farkında olmadan kılıcın kabzasını daha sıkıca kavrıyordu.

"Gelsinler ağa... Gelsinler... Baş almasını bilmeyen başını vermesini bilmeli... Gelsinler... Gelsinler..."

☪

Selim Han'ın Bağdat Köşkü'nde ecelini beklediği saatlerde tüm devletlûlar Bab-ı Âli'de Musa Paşa'nın başkanlığında toplantıdaydılar. Musa Paşa yine kırk dereden su aşırıp kırk tilkiyi kırk vadide koşturmuştu. İbrahim Kethüda, Köse Musa'yı yılan bakışlarıyla takip ediyordu. Paşa kapısından sağ çıkabileceğine kanaat getirse boğazına sarılacak, gücü kuvveti tükeninceye kadar bırakmayacaktı. Musa Paşa'nın bir kulağı saraya yolladığı ulaktaydı. Tüm fermanlıları bir araya getirmişken tutuklayıp asilere teker teker teslim etme hayalleri kuruyordu ama bunu yapabilecek gücü kendinde bulamıyordu.

Rumeli kadıaskeri Şemsettin Efendi, karnına saplanan acı ile iki büklümdü. Kimden yana tavır koyacağını kestiremiyordu. İlmin izzeti bir yana, adalet terazisi bir yana kellesi bir yanaydı. Baş olmayınca ilmin de adaletin de ne anlamı vardı? İlim ve adalet olmayınca kellenin hükmü neydi?

İçini saran karanlıkta bir ışık ararken İbrahim Kethüda söze girdi.

"Efendim işin sözle halledilir yanı kalmadı artık. Nizam-ı Cedid askerlerinin başına geçip..."

Sözü bitmemişti ki yerinden fırlayan Şemsettin Efendi;

"Bre kahpe... Bre sefih..."

İbrahim Kethüda'nın beyaz yüzünü bir anda kan kesti. Dili korkudan ağzında şişti de bir kelam etmeye dönmedi. "Bu edepsizlik suya düşse su kudurur." diye zorla da olsa söylendi.

"Bre soysuzlar! Devleti berbat ettiniz. Şimdi sıra aksakalımızı kızıl kana boyamaya mı geldi?"

Şemsettin Efendi'nin bir küfrünü ötekine eklesen sur-i sultaniyi fır dolanırdı. Öfkeden gözleri yuvalarından fırlayacak gibiydi. Yüzü insanı korkutan bir haldeydi. İbrahim Kethüda ayaklarını altına alarak oturduğu divandan kalkarak kapıya yöneldi. Musa Paşa onu tutuklamak için emir verip vermeme telaşında, oturduğu yerden fırladı. Aklına gelenleri ağzı ikrar edemedi. Bahriye nazırı İbrahim Efendi de İbrahim Kethüda'yla birlikte ayaklanmıştı. Şemsettin Efendi Musa Paşa'nın kıvranmasından başına gelecekleri anlayarak ayağa kalkıp hiçbir şey söylemeden dışarı çıktı.

"Burada bizim sözümüze ihtiyaç kalmamıştır..." diye kimsenin yüzüne bakmadan meclise söylendi İbrahim Kethüda. Bahriye nazırıyla dışarı çıkınca Musa Paşa da arkaları sıra koşturdu. Koşturması boşunaydı, paşa kapısından geri dönmek zorunda kaldı. Rikab kethüdası, darphane nazırı ve reisülküttap da ayaklanmış odadan çıkmak üzereydi. Muhafızlara işaret ederek tutuklanmalarını emretti Musa Paşa. Bostancıbaşı Şakir Ağa yan odaya alınan devletlûların başına geleceği bildiğinden önce usulünce kalkmaya çalıştı, çıkamayacağını anlayınca duvarda asılı olan kılıçlardan birine davrandı.

Boğazına dayanan kılıçlarla durdu.

"Suçum nedir, paşa baba?"

"Suçun büyüktür oğlum."

"Söylemeden kanıma girersen iki elim yakandadır, paşa baba."

"Beli... Beli... Oğlum suçunu merak etmekte... Bak, dinle sana bir hikâye anlatayım. Evvel zaman adamın biri boynunu yağlı kemende geçirecek bir suç işlemiş. Kadı efendi son bir diyeceği olup olmadığını sorduğunda adam biraz düşünmüş. 'Bu da bana ders olsun' demiş. Suçunu söylesem bu da bana ders olsun mu diyeceksin ağa oğlum?"

"Suçum nedir, paşa baba?"

"Selim Han boğaz yamaklarına Nizam-ı Cedid esvabı giydirebilir misin diye sana sorduğunda ne cevap verdindi?"

Bostancıbaşının başından kaynar su döküldü sanki.

"Değil Nizam-ı Cedid esvabı Frenk serpuşu bile giydiririm ben o hezele güruhuna..."

"Selim Han sana sorsaydı sen ne derdin, paşa baba?"

"Ben de senin dediğini derdim oğlum."

Biraz duraksadıktan sonra;

"Ben senin dediğini der, fakat yapmaya kalkıştığın işi yapmazdım..."

'Selim Han'ın meclisinde konuşulanlar burada biliniyorsa vah Selim Han'ın başına.' diye geçirdi içinden Bostancıbaşı. 'Vah benim başına' demeye fırsat kalmadan üşürülen kılıçlar altında kan revan yere yığıldı. Yan odada alıkonan üç devletlû Bostancıbaşı'nın çığlıklarını duymuş, akıbetlerini bilir olmuşlardı. Rikab kethüdası, darphane nazırı ve reisülküttap yan odaya giren cellâtlarca boğdurulup başları kesildi.

Paşa Kapısı'ndan çıkan İbrahim Kethüda ile Bahriye Nazırı Hacı İbrahim Efendi hiç konuşmadan kendilerini bekleyen arabalarına yürüdüler. İbrahim Kethüda arabasına binmeden Hacı İbrahim kolundan tutarak;

"Bir defter yazıp Selim Han'a iletmişler."

"Deme yaren... Fermanlılar defteri mi?"

"Evet, paşa hazretleri... Nizam-ı Cedid ve Selim Han taraftarlarının kökünü kazımaya yemin etmişler."

"Bu Köse'de garip bir hal vardı zaten."

"Bu uğursuz listeden haberdardı. Arkamızdan koşturup geri dönmesi ondan..."

"Selim Han ne demiş?"

"Bilmiyorum, fakat işler bu kerteye geldikten sonra ne söyleyebilir ki?"

"Doğru dersin yaren. Hemen tebdil kıyafet bir köşeye çekilmek gerek."

"Doğru dersin."

"Şimdi ayrılalım."

"Tekrar görüşemezsek..."

"O nasıl söz öyle paşa hazretleri?"

"Ortalık toz duman... Sen yine de hakkını helal et yaren."

"Helal olsun..."

Tam kucaklaşıp ayrılmak üzereydiler içerden gelen çığlık yüreklerine bir hançer gibi saplandı. Ellerini kılıçlarına atıp etrafa bakınmaya başladılar.

"Ses Paşa Kapısı'ndan geliyor..."

"Köse kıyıma başladı."

"Hemen uzaklaşalım yaren."

Devletin kaderine hükmeden iki kudretli paşa yaylı ve maiyetleriyle ayrı yönlere uzaklaştılar. Birbirlerine gidecekleri yerleri dahi söylemediler.

İbrahim Kethüda önce Hatice Sultan'ın yalısının hemen yanı başında yıllar önce yapılan Melling Köşkü olarak bilinen küçük köşke gidip gizlenmeyi düşünse de sonra bu düşünceden vazgeçti. Küçük sarayına doğru rüzgâr gibi koşturan atlara bakarken aklına eski bir dostu geldi.

Bahriye nazırı Hacı İbrahim Efendi ise köşküne vardıktan sonra arka bahçedeki gizli bir geçitten geçerek koruluğa girdi. Yamacı saran ağaçların gölgelediği ve hiç kimsenin bilmediği gizli bir yoldan bir mahzene geçti. Etraf sessizdi. Kendi nefesi dahi ejderha çığlığı gibi kendine geri dönüyordu. "O çığlıklar acaba kimindi?" diye kendine defalarca sorsa da hep farklı kişileri tahmin ediyordu. Ya korkaklığı... Koca İbrahim Kethüda ile Bahriye nazırı duyduğu çığlığı arkalarında bırakmış can korkusuyla kaçmışlardı. Selim Han fermanlılar hakkında ne karar vermişti? "Ne karar vermiş olacak!" diye kızgınlıkla söylendi. Zamanında işleri Köse'ye bırakmasa da Levent Çiftliği'nde pür silah bekleyen askerlere emir verseydi..." Dağınık zihnini toparlayamıyordu.

Ham ketenden dikilmiş kirli elbiseleri sırtına geçirdikten sonra aynaya baktı. Kirli elbiselerin üzerinde sırmalı kavuğunu görünce haline gülmekten kendini alamadı. Hemen kavuğunu çıkartarak oldukça yıpranmış bir sarığı kırmızı keçe bir başlığın etrafına sarmaya başladı. Eli sarığı o kadar maharetle sarıyordu ki o kirli başlığın dahi bir beyzade sarması olduğu hemen belli oluyordu. Uzun uğraş sonunda bir başıboş sergerde gibi sarmayı becerdi. Dut ağacından oyma hantal bir sandığı zorlanarak da olsa çekip altındaki tahta kapağı açtı. İçeri girerek ömrü boyunca biriktirdiği tüm servetine bir kez daha baktı. Kalın dolama kuşağının içine on kese altını kabarıklılığı göstermeden sokuşturdu. İki siyah kese içindeki elmasları da koynuna yerleştirerek odadan çıktı. Kapağı özenle kapatıp sandığı üzerine çekti. Odadaki eşyalar yıllarca el değmemiş gibi dağınık duruyordu.

Mahzenin bir insanın sürünerek zor girebileceği kapısından sürünerek dışarı çıktı ve deliği dallarla kapattı. Dalları şemsiye gibi her yanı sarmış bir çınarın altında oturarak yapacaklarını düşünmeye başladı. Köşkün kapısına yaklaşan kolluk askerlerini görünce korkudan olduğu yere yığılıp kalacaktı. Mahiyeti altındaki askerlere ve yanındaki hizmetkârlarına karşı tavizsiz olduğu için etrafında seveni pek azdı. Bu sert tutumundan dolayı kendisine 'Gizli Sıtma' dendiğini birkaç kez duymuşsa da duymamış gibi davranmıştı. Konaktakilerin onu ele vermesi içten bile değildi.

Keçi yolundan boğaza paralel sürünerek içinde rahatlıkla kaybolacağı bir koruluğa girdi. Uzaktan kolluk askerlerinin ayrıldığını görünce biraz olsun rahatladı ama acele etmezse başını Köse'ye kaptıracağını çok iyi biliyordu. Hemen yola çıkarak Eyüp'te bir dostunun evine sığındı. Ev sahibi yeni misafirinden oldukça rahatsız olmakla beraber hatır gönül için memnunmuş gibi davranıyordu. Hacı İbrahim evi çok güvenli görmeyerek ev sahibinden yeni kıyafetler istedi. Bir serdengeçti kıyafeti içinde akşam alacasında evden ayrılarak iskeleye indi. Yüreği bir kuş yüreği gibi korkuyla atıyordu. Kayık iskelesi boştu. Havanın duru bir serinliği vardı. Hayatından çoktan vazgeçmiş ihtiyar bir kayıkçı müşteri bekliyordu. Hemen kayığa binen İbrahim Efendi;

"Selamün aleyküm bey baba..."

"Aleyküm selam... Buyur ağa."

"Boş musun diye sormayı unuttuk."

"Boşum... Nereye gidiyorsunuz?"

"Beylerbeyi'ne..."

Küreklere asılan ihtiyarla göz göze gelmemeye çalışarak ilgisizce etrafına bakınmaya başladı. İçinden "Koskoca bahriye nazırının düştüğü hale bak. Bir emriyle denizler cengi başlatacak kudret, süklüm püklüm ihtiyar bir kayıkçıdan korkar halde denizde yol alıyor." Kayıkçı hiç konuşmadan küreklere asılıyor, bu işi de sanki kürek mahkûmuymuş gibi isteksizce yapıyordu. Bir şeyler sormasını bekleyerek cevapları hafızasında tekrarlayıp dururken kayıkçının sessizliği bahriye nazırını biraz olsun rahatlattı. Adam bir duvar gibiydi. Günlerce yol alsalar bir tek kelime ağzından çıkmayacakmış gibi duruyordu. Kıyıya yanaşınca kendinden beklenmeyecek bir çeviklikle kayığı durdurup yolcusunu indirdi ihtiyar. Hacı İbrahim önceden hazırladığı bir altını ihtiyarın avucuna sıkıştırarak uzaklaştı. Henüz köşkün kapısına yaklaşmıştı ki kayıkçı arkadan koşarak geldi.

"Beyim... Beyim..."

"Buyur bey baba, bir şey mi oldu?"

Adam soluklandıktan sonra avucunu açarak altını gösterdi.

"Beyim! Kafan dalgın herhal. Bir altın vermişsin."

"Dalgınlıkla değil bey baba, bilerek verdim."

Adamın hayret dolu bakışlarından yüz çevirerek yoluna devam etti Hacı İbrahim. Bahriye nazırının bakımlı yüzü, kar gibi parmakları dikkatinden kaçmamıştı ihtiyarın. Kendisi de haraç vermemek ve iskelede tutunmak için bir yeniçeri ortasına kayıtlıydı. Garip adamı uzaktan takip etti. Kayığın önünde durduğu köşkün yanındaki köşke girdi Hacı İbrahim. İhtiyar hemen kayığa atlayarak oradan uzaklaştı.

Hacı İbrahim küçük kapıdan içeri girerken çiçekleri sulayan Rum bahçıvan elindeki işi bırakıp koşarak geldi.

"Hoş geldin beyim."

"Hoş bulduk."

"Haber vermediniz... Hazırlıklı olup sizi karşılamaya gelirdik."

"Böyle gerekti."

Rum bahçıvan Hacı İbrahim'in üzerindeki kıyafete bir anlam veremese de sormaya da cesaret edemedi.

İhtiyar kayıkçı Eyüp İskelesi'ne dönmek yerine Beylerbeyi iskelesine kürek çekti. Kayığı emniyete alıp iskeledeki küçük kahvehaneye girdi. Bir kahve ve çubuk isteyip etrafa kulak kabarttı. Yeniçeri kolluğundan biri gelip biri gitmekteydi mekâna. Her zamankinden farklı bir hareketlilik olduğu belliydi. Fermanlıların ismi ağızlarda dolaşıyordu. Bartınlı, kahvesini içtikten sonra kolluktan gelmiş bir ocaklının yanına yaklaştı.

"Ağam, selamün aleyküm."

"Ve aleyküm selam ihtiyar. Sen de kimsin, ne istersin?"

"Ben Eyüp İskelesi'nde kayıkçıyım. Elhamdülillah ocaklı kardaşlarımızın sadık yaranıyım. Ocaklıyım anlayacağın..."

"Lafı uzatma ihtiyar, ne istiyorsun?"

"Ocaklı kardaşlarımız fermanlıları ararmış..."

"Eee..."

"Biraz önce Eyüp İskelesi'nden bir yiğit aldım kayığa... Yaşı biraz geçkince... Yüzü tertemiz, parmakları pamuk gibiydi. Halinde tavrında bir beyzade havası vardı. Kısacık yolculuk için bana bir altın verdi."

Hemen elini kuşağının içindeki keseye atarak altını sözlerine delil gösterdi.

"Doğru mu dersin ihtiyar?"

"Ocaklı kardaşlarımıza yanlış laf edilir mi ağam? İki gözüm önüme aksın ki doğru derim."

"Bizi hemen oraya götür ihtiyar! Dediklerin doğru çıkarsa bir kese altını hak ettin bil."

İhtiyar altın lafını duyunca kulaklarına kadar açılan ağzına mani olamadı. "İnşallah doğrudur." diyerek kayığa koşturdu.

Hacı İbrahim dinlenmek için yeni uzanmıştı ki bir gürültü duyuldu. Pencereden gelenleri görünce hemen mahzene koşturdu. Kolluk askerleri Rum bahçıvanı yakalamış bahçede falakaya yatırmıştı. Rum bahçıvan inip kalkan yumruklara daha fazla dayanamayarak;

"Durun... Vurmayın... Efendim mahzendedir."

"Bre densiz kolluğa direnmek de neymiş! Mahzenin girişi nerde?"

Bahçıvan mecalsiz adımlarla mahzenin girişini gösterdi. Hacı İbrahim ahşap kapıyı arkadan açarak kendi teslim oldu. Rum bahçıvan efendisine ihanetinden dolayı iki büklümdü. Bahriye nazırı onun yanına vararak elini omuzlarına koydu.

"Bu zavallının efendisini korumaktan başka bir suçu yoktur. Ona ilişmeyin."

Rum bahçıvan efendisinin ellerine sarılarak;

"Sağ olun efendim... Beni affedin."

"Senin bir suçun yok..."

Paşa Kapısı'na bin bir hakarete uğrayarak getirildi bahriye nazırı.

Musa Paşa Kabakçı'ya bir not yazdı.

"Gizli Sıtma elimizde... Teslim almaya gelebilirsiniz."

Bahriye nazırı saçı sakalı yolunarak Et Meydanı'na getirildi. Sakalından tel kopartma yarışına giren ocaklılar;

"Buna 'Gizli Sıtma' derler. Bu kıllar sıtma tutana şifadır" diyerek halkı galeyana getiriyorlardı.

Hacı İbrahim tanınmaz bir halde kan içinde Et Meydanı'nda başı vurularak ayaklarından Vakvak Ağacı'na asıldı. Yanında Paşa Kapısı'nda bırakarak kaçtığı dört arkadaşı daha asılıydı. Ebubekir Efendi eteklerini toplayarak ağacın etrafında dönüyor gizli bir hazinenin sırrını çözmeye çalışıyor gibi elini sakalına atarak uzun uzun düşünüp şakirdinin tuttuğu hokkaya ince uçlu kamışı batırarak notlar tutuyordu.

-7-

Galip'in yeniçeri ocağına gittiği günün üzerinden tam üç gece geçmişti. İki geceyi Mercan'da Süleyman Usta'nın yanında geçiren Elvan üçüncü geceyi en yakın dostu Barba İspiro'nun yanında geçirmeye gitti. Barba İspiro ile otuz yıla yakın süren bir dostlukları vardı. Barba Galata'da meşhur olan meyhanelerden biri olan 'Küllük'ü baba mirası olarak işletirdi. Yamakların İstanbul'a geldiği günden beri Küllük müşteri kabul etmiyordu. Küllük'ün yüzlerce kişiyi yutan koca salonunda şimdi ikisi yalnız oturmuş nargile içiyorlardı.

"İbrahim Kethüda'yı yakaladılar bugün."

Bunu öylesine sıradan bir şeymiş gibi söyledi ki Barba, Elvan önce anlayamadı.

"Deme..."

"Sıra yalılarda marangoz kalfalarından bir yakınının evinde kıstırmışlar. Seyir var diye koşturanları görünce merakım uyandı ben de koşturdum."

"Tebdil olmayı akıl edememiş mi İbrahim Kethüda?"

"Tebdildi. Baldırına kimyon rengi bir kalyoncu şalvarı geçirmişti. Başında da bir ahmediyye takılıydı. Yanında ise sadık bir bendesi vardı."

"Kim tanıyor musun?"

"Tanımıyorum... Mehterbaşı olarak da bilinirmiş. Ocaklılar 'bizim seninle işimiz yok' diye tekme tokat uzaklaştırmaya çalışsalar da 'Ben efendimden ayrılmam' deyi peşi sıra koşturdu."

"Yerini nasıl bulmuşlar?"

"Yolda bir hamal tanımış. Ocaklılar, evin karşısındaki bakkalın ağzını aramış, orada olduğu kesinleşince Et Meydanı'na haber salıp ocaklıları çağırmışlar."

"Adam düşmeye görsün Barba. Kahpelik..."

"Meydana kadar döve döve götürdüler. Mehterbaşı 'Efendime kıymayın,' diye çok yalvardıysa da nafile. Kılıç üşürüp lime lime ettiler İbrahim Kethüda'yı. Yere yığılırken koynundan büyükçe bir kese düştü."

"Servetini koynunda mı taşırmış gafil?"

"Elmaslar sağa sola saçıldı ki görmeliydin, pirim. Elbiselerini parça parça ettiklerinde beline sarılı keseleri ve koca taşlarla işlenmiş elmas bir hançeri alıp Musa Paşa'ya yolladılar."

"Mehterbaşı ne oldu?"

"İbrahim Kethüda'ya kılıç üşürürlerken o da 'Efendime kıymayın,' diye kendini önüne attı. Zavallı suçsuz günahsız arada gitti."

"Bolu voyvodası Hacı Ahmedoğlu'nu bilir misin?"

"Yok, bilmem."

"Gafil adam. İbrahim Kethüda'nın zamanında çok gadre uğramış, yakalandığını duyunca da koşup meydana gelmiş. Kendi de şedit bir adammış. Hemen orada Bolu'dan sürülen bazı zevat kendisini tanıyıp 'Bu da Nizam-ı Cedidcidir' diye yaygaraya başlayınca ona da kılıç üşürdüler. Zavallı... Ağzını açıp da durun demeye fırsat bulamadı."

"Aman Barba fazla karışmak olmaz bu kalabalığa."

"Haklısın pirim."

"Köse uğursuzu bu işin başı Barba... Selim Han'a haber ettik ama tedbir alacak dirayeti gösteremedi. Yavuz Han olacak idi ki göreydin Vakvak Ağacı'nda inci gibi dizilmiş cesetleri."

"Selim Han yumuşak huyludur. Baş alamadı, Allah onun başını bu asilerden korusun."

"Âmin."

Tömbekinin acı tadı ve dumanı Elvan'ı biraz kendine getirmişti. Uzun bir süre konuşmadılar.

Sabah olunca Barba'nın hazırladığı kahvaltılıkları hiç konuşmadan yediler. Kahvelerini yeni içmeye başlamışlardı ki bir top sesi yeri göğü salladı.

"Hayrola Barba? İsyanı haber alan bir paşa limana mı girdi dersin? Selim Han'ı selamlamak için mi top atışına başladılar yoksa? "

"Bekle... Kaç defa atacak. Yedi top atarsa..."

Top atışları yediyi geçti.

"Kırk bir olursa bir şehzade doğdu demektir..."

Uzun süre beklediler top atışı kırk biri de geçti. "Bunun sonu yüz bir pare top atışıdır," dedi Barba İspiro.

"Köse, Selim Han'ın başını yedi Barba. Yüz bir top atışı yeni bir padişahın tahta oturduğunun müjdesidir... Cülus topları hangi şehzade için attı acaba?"

"Şehzade Mustafa'dır..."

"Selim Han'ı boğdurdu bu kahpe Köse."

"Toparlan Elvan. Birbirimizin yüzünü seyredecek vakit değildir."

Toparlanmaları ayağa kalkmaktan ibaret oldu. Sokaklar deniz kumu gibi insandı. Meydandaki ağaçların tepeleri dahi alaca kuş kümeleri gibi insan doluydu. Bir silkelense insan dökülecekti ağaçlardan. Elvan ömrünce böyle bir kalabalığı savaş meydanları hariç hiçbir yerde görmemişti. Her ağız bir yeni haber müjdeliyordu."

"Kabakçı, padişahın boynunu kendi kılıcıyla vurmuş."

"Yok, Selim Han yaşamaktadır. Sultan Mustafa'yı tahta kendi çıkartmış. Kendi isteğiyle tahttan çekilmiş."

"Doğulu gaziler sarayı basmış da mecbur kılmışlar Selim Han'ı..."

"Şeyhülislam efendi iki bin ocaklıyla basmış sarayı. Yalnız varmaya cesaret edememiş."

"Ulema efendiler korkudan azadedir, olmaz öyle şey."

"Aygır İmam Selim Han'ın yüzüne tükürmüş, Selim Han bu hakareti hazmedemeyip lanet okuyarak tahtı terk etmiş..."

"Olur işe benzemez."

Konuşmalar uzayıp gidiyordu... Elvan, saray kapısında yeniçeri eskisi ve zorba başı Kara Tahsin'i görünce heyecanla yanına vardı. Barba'yla Elvan'ı beraber gören Kara Tahsin şaşkınlığını gizleyemedi.

"Bre Hacivat Karagöz'ü bulmuş da..."

"Dur hele Kara Tahsin, orta oyunu vakti değildir. Neler oluyor? Yüz bir pare top atışı yapıldı."

"Memleket Sultan Mustafa'nındır."

"Selim Han yaşamakta mıdır?"

"Selim Han tahttan rızasıyla inmeyi kabul etti diye haberler gelir ama kesin değil..."

Sarayın önü küçük bir mahşerdi. Girenin, çıkanın, konuşanın hesabı belli değildi. Kalabalık bir anda dalgalandı. Koca kanatlı kapılar bir anda sarsıla sarsıla açıldı. Musa Paşa'dan aldığı tezkireyle bir haberci iki bostancı nezaretinde saraya girdi. Hasbahçe kapısına gelindiğinde bostancılar durdular. Haberci yüzlerine baksa da bir adım dahi atmadılar. Kapıdaki bir bostancı yaklaşarak;

"Kimsin?" diye sordu.

"Kaymakam Musa Paşa'nın emriyle kızlarağasına, padişah efendimize ulaştırması için bir mektup getirdim."

Bostancı yaklaşarak elini uzattı.

"Musa Paşa'dan emir var, kızlarağasına kendim vereceğim."

"Bu kapıdan öteye kul kısmı geçemez gafil."

Haberci biraz düşündükten sonra sarılı kâğıdı bostancıya uzattı. Kızlarağası mektubu açmadan sünnet odasına geldi. Selim içeride oturuyordu. Titreyen ellerine hâkim olamıyordu kızlarağası. Mektubu uzattı... Selim mektubu açarak okumaya başladı. Yüzündeki ifade hiç değişmedi. Zaman, donmuş bir ırmak gibiydi gözlerinde... Düşünceleri de bakışları kadar donuktu... Yıllar bir nefes gibi geçmiş, şiirdeki ebcet hesabının tarihi gelip çatmıştı. Kâğıttaki harfler kanatsız kuşlar gibi zihninde uçuşuyordu Selim'in. 'Ne yapmalı?' diye düşündü. Kâğıttan başını kaldırdı. Dudakları iradesi dışında yıllar önce yazıp da altına *"Kelamım hatm oldu, sözüm bitti."* yazdığı şiiri okumaya başladı.

"Kimdir ol kim ki mey-i şâdiyle olup şiringâm
Ama hambâze-i gam olmaya âriz encâm.
Mest-i sahbâ-yı meserret olanın hâli budur.
Gâh peymâne çeker gâh humâr-ı âlem."

Boşlukta bir şeyler arar gibi bakıyordu gözleri. Uzun süren bir sessizliğin içinde kayboldu Selim. Kurumuş dudaklarından dökülen sözler ney sesi gibi içliydi. *"Zâlike takdîrü'l azîzül alîm"* (İşte bu Aziz ve Alîm olan Allah'ın takdiridir) dedi. Sesi kubbede bir kıvılcım gibi eridi, kayboldu. Kızlarağasının sarıklı başı önüne düştü. Has odalıların yürekleri hıçkırıklarla sarsılmaya başladı.

Selim, hasodalı bendelerinden birine dönerek;

"Var Şehzade Mustafa'nın padişahlığını benim namıma tebrik et." dedi.

Oturduğu yerden kalkarken dünyayı omuzlamış gibi zorlanarak yürümeye başladı Selim. Hiçbir şey söylemeden harem kapısından içeri girdi. Şehzade Mustafa'nın cülusundan sonra da 'Suskunlar Mezarı'na gömülür gibi Refet Kadın'la özel hücresine çekildi.

☪

Selim Han'ın hücresine çekildiği, Sultan Mustafa'nın mülkün tek söz sahibi olduğu günün akşamında Elvan evine döndü. Omuzları düşmüş, küçük çakır gözleri göz kapaklarının arkasında kaybolmuştu. Günlerdir meyhanelerde, hamamlarda, hanların tenha köşelerindeki kerpiç odalarda topladığı bilgileri zamanında saraya yetiştirememesi yüzünden canı pahasına korumaya yemin ettiği Selim Han tahttan indirilmişi. Katl haberinin de gelmesi an meselesiydi. Yapacak işi olmayan bir adamdı artık. İki katlı ahşap evinin bahçesindeki çınarın altında kurulmuş sedirdeki minderlere gömülmüştü. El alışkanlığından olacak nargilesi yanında öylece duruyordu. Gülizar, evin ikinci katındaki salonun camından Elvan'ı izliyordu. Yirmi yıldır onu ilk defa bu kadar perişan bir halde görüyordu. Uzun bir süre yanına gitmek istediyse de görünmez bir el onu engelliyordu. Sonra yavaş adımlarla bahçeye çıkarak Elvan'ın yanına gitti ve hiçbir şey söylemeden oturdu. Hiç konuşmadılar. Birbirine alışık insanların uzun süren sessizliğine gömüldüler. Yaklaşık iki saat süren sessiz sohbeti Elvan bozdu. Çiçek bozuğu gibi renksiz yüzünde kurumuş dudakları söylemek mecburiyetinde olduğu bir şeyi söyler gibi kımıldadı.

"Bitti," diyebildi sadece. Sonra omuzları sarsıla sarsıla hıçkırıklardan boğulurcasına ağlamaya başladı. Ağladı, ağladı... Yıllarca içinde kat kat olmuş tüm acıları gözlerinden beyaz sakallarına aktı gitti.

"Efendimi korumaya canım üzre yemin etmiştim ama o odasında bostancı kemendi beklerken ben hala yaşıyorum ve hiçbir şey yapamıyorum."

Gülizar bu bağlılığı sorgulamadı. Bağlılığın ne olduğunu, sorgulanmaması gerektiğini biliyordu. Galip'in 'yeni odalara' gittiği günden beri Gülizar'ın içinde düğüm düğüm olmuş tüm acıları, Elvan'ın gözyaşlarıyla birlikte çözülmüştü. Beşinci ortanın eski çorbacısı Pir Elvan; Frenk diyarına, Napolyon'a yasak mektuplar taşıyan, metrislerde onlarca ceset altından kanlar içinde sağ çıkan cengâver Elvan bir çocuk gibi sarsıla sarsıla ağlıyordu. Ağlayan bir erkeği ilk kez görüyordu Gülizar. İpek gibi yumuşak, kar gibi beyaz elleriyle Elvan'ın kılıç tutan gürz sallayan etli parmaklarını avuçları içine aldı. Soğuk ve sertti Elvan'ın elleri.

"Galip, Selim Han'ın emriyle yeniçeri oldu ama daha ilk günlerinde yoldaşlarına uyup onu tahttan indirme işine alet oldu. İhaneti ilk günde öğrendi zavallı. Ne acı kader."

"Üzülme artık, Galip akıllıdır bu işe karışmamıştır. Dede demez miydi hep 'Olacak olanın vakti erişince olur.' diye."

"Bilirim Gülizar, olacak olan vakti gelince olur. Hakk'ın takdiri kul gayretiyle geri dönmez ama aklın bu basit denklemini insanın kalbi kabullenmez. Kalbim, aklın bu soğuk şakasına bu zoraki tahakkümüne boyun eğmek istemiyor. Ben ömrümce hep sınırlarda, ince çizgilerde gezinip durdum. Terazinin iki kefesinden hangisine dokunduysam oyunun kaderi o yöne döndü. Bugün, içine düştüğüm bu acziyeti bir kabullenebilsem... Bütün bu karmaşanın, bu koşturmanın içinde sükûnetle gezinen Galip Dede'yi hepimiz dinledik, öğütlerini kulağımıza küpe diye taktık ama o öğütleri hayatın bir hakikatiymiş gibi sadece aklımız kabul etti. Baktık ama göremedik, duyduk ama anlayamadık. Elinde kılıç, belinde piştovla düşmana saldırdığın vakit hayatın, olanların, olacak olanların hiçbir anlamı kalmıyor. Boş bir koridordan bir ışığa doğru koşuyormuşsun gibi geliyor insana. O ışığa doğru koşarken hayat iki ihtimalli basit bir denkleme dönüşüyor; ölmek ya da yaşamak. Bize korkunç gözüken ölüm bile öylesine sıradan geliyor ki. Birkaç saniye önce yanında yaşamla boğuşan adamın yerde yatan cansız bedenine bakıp da işte bu olması gereken demek ne acı. Şimdi düşünüyorum da Galip Dede için basit bir denklem olan hayat, Selim Han için ne kadar da karmaşık. Biri beyaz bir pöstekinin üzerinde, her şeyin aşk etrafında döndüğüne inanan bir derviş diğeri zümrüdü ankada cihan fatihi. Birbiriyle kesişen iki dünya arasında bu kadar çelişki olabilir mi? "

"Yorma kendini. Her şey nihayete erince kabullenmeye çalışmak sorgulamaktan daha kolaydır. Bu kısa hayatta cevabı bulunacak sorular değil bunlar, Elvan. Yirmi yıl önce Lüleci Sokağı'nda karşılaştığımız geceyi hatırlıyor musun?"

Yirmi yıldır hiç konuşulmamış bir mevzuydu bu. Sanki Elvan ile Gülizar'ın bilinçaltları bu konuyu konuşmamak için bir anlaşma yapmışlardı. Yirmi yıl sonra bu anlaşmanın Gülizar tarafından bozulması ne garipti. Yüzü kızaran Elvan usulca "Hatırlıyorum," diyebildi.

"Yirmi yıl önce Lüleci Sokağı'nda Mehmet'i de bağrıma basıp ölümün bir adım ötesindeyken sen karşıma çıkmasaydın bu gün evladının ve kendinin canına kıyan bir anne olarak Hakk'ın huzurunda hesapta olacaktım. Akıl terazisi hayatın bu garip döngüsünü kavrayacak güçte değil. Allah insanı bu çelişkiler yumağında koşturmak için çok yönlü yaratmış. Aklın almıyorsa düşünme, kalbin kaldırmıyorsa tartma. Kalp aklın, ruh da bedenin zıddı ama aynı zamanda birbirlerinin varlık sebebi. Lüleci Sokağı'ndaki o geceyi yirmi yıldır hiç sorgulamadım. Beni ölüm kalesinin son burcuna taşıyan kaderi sorgulamadım. Kabul etmek bazen kurtuluşun tek sebebi olabilir. Allah senin gibi bir çelebiyi gönderdi de ömrümün geri kalan kısmında idrakimi terk ederek Galip Dede'nin idrakine sığındım. O gece günahsız olarak benimle ölüme yürüyen Mehmet şimdi bir derviş. Yirmi yıl öncesini sorgulamadım ama içimde hep bir korku taşıdım. Çocuklarımın kaderi de babalarının kaderine benzer diye içim içimi yedi. O korkum Galip'le şimdi gerçek oldu."

Elvan bir suçlu gibi gözlerini Gülizar'dan aldı. Karşı tepelerdeki sis içinde gözüken Adalet Kulesi'ne uzun süre baktı. Efendisi o kulenin gölgesinde esirdi. Bostancı kemendinden tir tir titriyor olmalıydı.

"Senin bu işte bir suçun yok Elvan. Galip oldum olası böyle pervasızdı. Sanırım bu acıyı yaşamak bizim kaderimiz. Her gün kendimi avutmak için yüzlerce sebep bulsam da biliyorum ki padişah bir gün 'sefer' deyince her şey bir cam sürahinin yere düştüğü zaman dağıldığı gibi tuz buz olacak. Biz acı bir kaderi yudumlarken o bir çocuk coşkunluğuyla uçup gidecek. Kendini, Hayber kalesinin kapısını söküp atan Hazreti Ali zannedecek. Öyle olmadığını ona kim anlatacak?"

"Bir zamanlar biz de öyle değil miydik?"

Gülizar suskundu.

☪

Elvan, Mercan'ın camlı bölmesinde günlerce bu konuşmayı düşündü. Hep aynı sorular aynı anlamsız cevaplarla beyninde gezindi. Mehmet'le iskelede kucaklaşan, şakalaşan bir yeniçeri neferinin kendine doğru gelmekte olduğunu gördüğünde kalbi yerinden çıkacakmış gibi atmaya başladı. Ayağa fırlayıp yeniçeri kıyafetleri içindeki yüzü seçmeye çalıştı. Başındaki beyaz keçe külah üzerinde burma tülbent sarılıydı yeniçerinin. Trabzon bezinden gömleği üzerinde, etekleri topuklarına kadar inen, kolları geniş çuhadan bir dolama giymişti. Dolamasının uçları dürülmüş belindeki pamuk kuşağın içine sokulmuştu. Dizleri altına kadar inen çağşırının ucu baldırlarını saran bez parçasıyla sıkıca sarılmıştı. Belindeki kırmızı pamuk kuşağın içine sokulu meşin silahlıkta bir saldırma bir de piştov takılıydı. Kuşağından sarkan kaşıklığı ve tuzluğu boştu. Çıplak ayaklarında kırmızısı göz alan Galata yemenileri vardı.

"Galip oğlum!"

"Babacığım."

Esirlikten dönen bir savaşçıyla babasının kucaklaşması gibi gözyaşlarıyla birbirlerine sarıldılar. Elvan oğlunu ilk kez bu kıyafet içinde görüyordu. Galip'in üzerindeki kıyafetler yeniçerilerin gündelik giydikleri alelade bir kıyafetti. 'Cenk sahrasında beden zırhı, üsküf ve körüklü çizmeleriyle nasıl heybetli görünür acaba?' diye içinden geçirdi Elvan. Durup durup Galip'e bakıyor, 'maşallah' demekten kendini alamıyordu. Üçü birlikte özel bölmede otururken Süleyman Usta da ocağın başından kopup koca göbeğini sallaya sallaya geldi. Galip'i evladı gibi bağrına bastı. Ensesine bir tokat atıp omuzlarından tutup silkeleyerek tekrar tekrar bağrına bastı.

"Hele... Bugünleri de görecek miydik kerata?"

"Allah daha ne günler gösterecek Süleyman Usta. Anası bu haylazı böyle bağrımıza bastığımızı görürse bir daha yüzümüze bakmaz." diye söylendi Elvan. Ana lafıyla ortamdaki coşkunluk bir anda söndü.

"Ağabey sen neler yapıyorsun? Süleyman Usta'yla günü akşam etmek zor olmuyor mu?"

Mehmet utancından bu soruya cevap vermedi, zoraki bir tebessümle Süleyman Usta'nın yüzüne baktı.

"Kalk bakalım Mehmet, kalk! Ocak ağalarından Galip Ağa'ya nargilesini hazırlayıp kahvesini pişirelim." diye şaka yollu sitem etti Süleyman Usta

Galip ayağa fırlayarak Süleyman Usta'nın ellerine sarıldı.

"Sen otur ustam. Biz ağabeyim ile hazırlarız."

İki kardeş odadan çıkarak ocağın başına geçtiler. Bu sırada Berber İsmail Mercan'a yeni gelmişti, işe başlamak için tıraş takımlarını hazırlıyordu. Galip'i görünce içi içine sığmaz oldu. Bir anlık parlayan bu sevgi kısa zamanda söndü. Ona bakarken içinde kabuklanan yarası hoyrat bir elle yeniden kanatılmıştı. Kimsesizliğin içini ezen acısını Galip'e bakarken daha iyi hissetmeye başladı. Bu özentiden olacak Kara Tahsin'in peşinde belinde piştovla Galata'da gezmekten ayrı bir haz duyuyordu. Ocak başında kahve hazırlarken onlara yardım etti İsmail. Galip'in üç günlük askerlik hatıralarını anlatması bir saat sürdü.

"Oğul, otuz yıl ocağa hizmet ettim de anlatacak bu kadar hatıram olmadı." diye Galip'e takıldı Elvan.

"Şimdikiler böyledir pirim, üç günde otuz yıllık hatıra biriktiriyorlar." Süleyman Usta'yla Pir Elvan oturdukları taburelerden düşecekmiş gibi gülüyorlardı. Galip yediği bu lafların acısını çıkartmak için uzun süre fırsat kolladıysa da iki ihtiyar ağzına sakız olacak bir söz vermedi. İlerleyen saatlerde herkes işinin başına çekilince Elvan, Mehmet, Galip baş başa kaldılar.

"Oğul, Allah'ı şahit tutarak soruyorum; Selim Han'ın hal işine karışan yoldaşlarınla yürüdün mü?"

"Ben onun sayesinde ocaklı oldum baba, kafamı da alsalardı bu işe alet olmazdım."

Elvan'ın omuzlarından günlerdir taşıdığı bir yük kalktı. Selim Han'ın hal işine ne kadar üzülmüşse Galip'in bu işe karışmamasına da o kadar sevindi.

"Baba! Buraya senin ve anamın rızasını almaya geldim."

"Gene ne rızası bu Galip? Bu sefer de yeniçeri ağası olmaya mı karar verdin, yeni padişahı tebdil-i kıyafet Mercan'da yakalarım diye mi umdun?"

"Daha müşkül bir yola girmeye karar verdim baba."

"Söylesene oğul, lafı uzatıp durmasana..."

"Ben ocaklı yoldaşlarım gibi Bektaşi olmaya karar verdim. Sen de Bektaşi'sin beni anlarsın. Ama anama bu durumu nasıl söyleyeceğimi bilemiyorum. O hep ağabeyimle benim Mevlevi dervişi olmamızı arzu ederdi."

"Yola girmek müşkül bir iştir oğul. Erkânı zordur, girene girme derlerde çıkana çıkma bile demezler. Girenin malı çıkanın canı derler, bunları iyice düşündün mü?"

"Düşündüm baba."

"O zaman ağabeyinle var ananın huzuruna, yüreğine indirmeden usulünce söyle. O senin, elinde pala, belinde piştovla gezmeni istemezdi, gideceğin yola karışacağını sanmam."

Elvan'ın elini öpüp iki kardeş evin yolunu tuttular. Galip, anasının yüreği bir kuş gibi çırpınırken isteğini araya öyle bir ustalıkla sıkıştırdı ki Gülizar'ın sevinci bu konuyu düşünmesine bile fırsat vermedi. Günü anasının dizi dibinde bir kedi gibi sırnaşarak geçirdi. Kışlaya gitmek için ayrıldığında güneşin ışıkları karşı tepeleri turuncuya boyamıştı.

Sonraki üç gün büyük bir karmaşanın içinde hazırlıklarla geçti. Gülizar Bektaşi olmadığı ve Bektaşileri çok sevmediği için oğlunu evinin cümle kapısından dualarla uğurladı. Bektaşiliği üstlendiği gizli görevleri için kabul ettiği Domuzkapısı tekkesine geldiğinde içini saran huzursuzluğa oğlunun hatırına katlanmaya çalışıyordu Elvan. Takiyye ile geçen yirmi yılın bütün hatıraları oturduğu postun üzerinde gözlerinin önünden geçti Elvan'ın. Mehmet, babanın özel izniyle, Berber İsmail ise göğsünü gere gere tekkeye girdi. Renk renk postlar tespih taneleri gibi dizilmiş, hepsi bir yerde Hak erenlerin beyaz renkli pöstekisine bağlanmıştı. Baba, gözleri yarı kapalı postta ayakta duruyor tüm canlar göz ucuyla onu takip ediyordu.

Galip'le İsmail eşiğin dışında elleri önde bağlı olarak bekliyorlardı.

"Hak erenler dergâhına, kırklar meclisine geldik. Destur var mıdır Pir baba?"

"Gelen kimdir?"

"İsimsiz ve şekilsiz olmayı murat eden bir kurban..."

"Rehberi kimdir?"

"Benim, Hak erenler" diye seslendi İsmail.

"Gelin."

İsmail eşiğe basmadan içeri girdi. Galip göz ucuyla İsmail'e bakıyor, o ne yapıyorsa aynısını yapmaya çalışıyordu. Galip ayağını eşikten içeri atınca sol tarafta Horasan postu üzerinde ayakta duran babayı gördü. İnce yüzü göğsüne sarkan beyaz sakallarla sanki sünmüş gibi duruyordu ihtiyarın. Zayıf bedenini saran siyah bir cübbenin içinde her an yıkılacakmış gibiydi. Horasan postunun solunda *çerağlık* ve *taht* denen üç basamaklı bir kürsü vardı. Kürsünün hemen yanı başında *gaip erenler postu* üzerinde bir derviş karanlığa karışmış bir mum gibi ayaktaydı. Meydanın sağında ve solunda Horasan postundan başka on bir hizmet sahibinin makamı on bir post daha vardı. Galip bir gece önceden bu postları ve makam sahiplerini ezberlemişti. Farkında olmadan dudakları ezber ettiği bu dersi tekrarlıyordu.

"Horasan postu, aşçı postu, ekmekçi postu, nakip postu, atacı postu, meydancı postu. türbedar postu, kilerci postu, kahveci postu, kurbancı postu, ayakçı postu, mihman evi postu." Sonuncu post, Hızır postuydu. Gözünü Hızır postundan alınca sağ kulağına mengüş takılı, mücerret ikrarı vermiş dervişleri gördü. Bu dervişler on iki hizmet makamında oturmuş on iki dervişten hemen sonra saf tutmuşlardı.

Birinin elinde ibrik, diğerinin elinde leğen, iki derviş içeri girdi. Ellerindekileri babanın postu önüne koyup elleri önde bağlı, posta arkalarını dönmeden geri geri yürüyerek safa girip iki büklüm oturdular. İsmail ve Galip yavaş adımlarla ilerleyerek postun önünde durdular.

"Talibe 'gelme gelme' denildi mi?"

"Denildi Hak erenler."

"Gelmeye razıysa gidemeyeceği söylendi mi?"

"Söylendi Hak erenler."

"Gelenin malı gidenin canı dendi mi?"

"Denildi Hak erenler."

"Erenler meclisinde tekrar soralım. Yolun erkânı, rehberin tarafından sana anlatıldı. Hak erenler huzurunda söyle oğul; rıza meclisine girmek muradında mısın?"

"Hak erenler huzurunda, erenler ceminde yolun erkânını bilir ve dahi kabul ederim."

"Bismi Şâh, Allah Allah! Haydar'ın râhında temin oldu çâk. Yüz sürüp dergâhına eyledik Hak. pirimiz üstadımız Selmân-ı Pâk. Ber-cemâl-i Muhammed. İmam Hasan ve İmam Hüseyin, Ali ra salavât. "

İsmail eline ibriği aldı, Galip'in ellerine su dökmeye başladı.

"Ey talip! Hakk'ın yasak kıldığı ne kadar şeye dokundun ise cümlesi elin suyu ile akıp ellerin pak olsun. Bu, Muhammed (s.a.v.) sünnetidir."

Galip ağzına su verince;

"Ey talip! Ağız hakikati söylemek içindir. Bugüne kadar ağzından ne kadar kötü kelam çıkmış ise bu su ile aksın, ağzın bundan sonra pak olsun. Bundan sonra ağzından küfür çıkmasın. Bu, Muhammed (s.a.v.) sünnetidir."

Galip burnuna su verince;

"Ey talip! Ana rahmine düştüğün andan beri burnuna gelen kötü kokular def ola. Bu, Muhammed (s.a.v.) sünnetidir."

Galip yüzünü yıkarken baba biraz öne eğilerek konuşmasına devam etti.

"Ey talip! Bu, rahm-ı maderden bu âna vuku bulan hayâsızlıklardan kurtulman içindir. Bu, Cenab-ı Hakk'ın farzıdır."

(...)

"Ey talip! Bu ta ezelden bu güne kolunu uzandığın tüm günahlardan kurtulman içindir. Kollarını yıkamak Cenab-ı Hakk'ın farzıdır."

(...)

"Ey talip! Ta ezelden beri işlediğin günahlardan arınmak için başını mesh edersin. Bu, Cenab-ı Hakk'ın farzıdır."

İsmail elindeki güğümü Galip'e uzattı. Galip ayaklarını kendi döktüğü su ile yıkadı.

"Ey talip! Ta ezelden bugüne ne kadar yanlış yol yürümüş isen hepsinden temizlenmek için ayaklarını yıkarsın. Bu abdest İmam Cafer Sadık erkânındandır."

Baba iki adım geri atarak postun üzerine çıktı.

"Hu erenler."

"Hu... Hak erenler."

"Oğul iki rekât namaza dur, bu senin cenaze namazındır. Ölmeden kendini hesaba çek ki yarın Hak huzurunda rüsva olmayasın.

Galip iki rekât namaz kıldı. Zihni binlerce bilinmez arasında doğruyu arayan bir biçare gibiydi. Namazdan kalkınca İsmail'le beraber meydana geldi. Galip postun önüne İsmail de kapı ardında başka bir posta oturdu.

"Erenler, bu canı kendinize yoldaş bilir misiniz?"

"Dünya ahret can yoldaşımızdır Hak erenler."

"Ey can! Hakk'ın rızasından, tarikat yolundan, imamlarımız yolundan kıl kadar ayrılmayacak, pirimiz Hacı Bektaş Hünkâr yolunda sabır ve sadakatle yürüyecek, tembih ve ikazlarımıza sadık kalacaksın."

"Allah, eyvallah... Hak erenler."

"Erenler! Bizim yolumuzda mürşide varmaya bir rehber gerektir. Postta oturan bütün canlar iman sahibidir, var rehberini rızanla seç."

Galip ayağa kalktı. Horasan postuna arkasını dönmeden geriye üç adım attı. Sonra dönerek kapı arkasında postta iki büklüm oturan İsmail'in önünde diz çöktü. İsmail ayağa kalkarak kapı ağzında duran yün ipi alıp Galip'in boynuna bağladı. Baba, bu sırada dualar ediyordu. Uzun dualardan sonra İsmail ipin diğer ucundan tutarak Galip'i postun önüne getirdi.

"Hu erenler, Hu Hak erenler."

"Hu."

"Bismi Şah. Allah Allah Eyvallah... Eli erde, özü darda, yüzü yerde, Hak huzurunda, Muhammed Ali Divanında, pirimiz Hünkâr Hacı Bektaşı Veli meydanında, on iki imam ve on dört masum-u pak efendilerimizin dostlarına dost, düşmanlarına ırak olmak kavliyle ve Hak erenlerin verdiği nasihatle hareket etmek üzere başı açık, yalınayak, boynu bağlı erenler meydanında Hünkâr Hacı Bektaşı Veli yoluna vermek üzere Galip adında bir koç kurbanımız vardır. Hak erenler ne buyurur? Getirelim mi?"

"Ne dersiniz erenler? Bu can, başı açık, yalınayak, boynu bağlı olarak erenler meydanına gelmiş, kul olmayı ister."

Bu sefer tüm postlarda oturanlar teker teker 'kabul' dedi. Galip posta karşı dizleri üzere çöktü. Baba uzunca bir dua okuduktan sonra Galip'e döndü.

"Ey can! Allah, Muhammed, Ali, on iki imama iman getir. Mezhebini bil. Mürşidini Ali, rehberini Muhammed (s.a.v.) bil. Haram yeme, harama bakma. Yalan söyleme. Şehvetten ve dedikodudan uzak dur. Eline, beline, diline sahip ol. Bu dünyanın nasıl bir bilinen bir de bilinmeyen yüzü varsa bu sözünde pek çok anlamı vardır. Eline yani iline, yani devletine sahip ol. Beline yani nesebine yoluna sahip ol. Diline yani kitabına mukaddesatına sahip ol. Sözü yumuşak söyle, hoş görülü ol. Bir canın günahını ulu orta konuşma. Hak edebi makbul kılmıştır. Edep insanın tamamıdır. Tüm yoldaşlarınla özellikle de rehberinle ekmek ve tuz hakkına riayet et. "

Galip ayağa kalkarak posta arkasını dönmeden geri geri yürüdü. Elvan ve Mehmet'in arasında boş olan posta oturdu. İki eli omuzlarına çapraz bağlanmıştı ve başı hafifçe sağ omzuna düşmüştü.

On sekiz bin âlem vecd içinde dönüyordu Galip'in yüreğinde.

-8-

Güneş; doğarken icra ettiği ışık oyunlarını aynı renk ve tonlarda tekrar icra ederek İstanbul'dan yavaş yavaş el çekiyordu. Ayvansaray, Balat, Langa, Kazlıçeşme, Yedikule civarındaki hanların ve yeşil koruluklarının içine saklanmışçasına inşa edilen şerbethanelerde gece için hazırlıklar öğleden beri devam etmekteydi. Meyhane gediklileri, gül çehre yârini bekleyen yeni yetme âşıklar misali özlemle karanlığın tüm şehrin üzerini örtmesini bekliyorlardı. Ustalarından evvel davranan çıraklar, kalfalar yeni yeni filizlenen göğüs kıllarına mavi boncuklar takmış, ince bıyıklarının uçlarını özenle kıvırarak şerbethanelerdeki yerlerini almışlardı bile. Birkaç kadehten sonra ustalarıyla yüz göz olmamak için yavaş yavaş çekilmeye başlamıştı kalfalar.

Karanlık, yüzünü iyiden iyiye belli etmeye başlayınca iskelelerde seyyar gezen meyhaneciler de yavaş yavaş işe çıkmaya başlamışlardı. Yemişçi iskelesi her zamanki gibi kalabalıktı. İskelede gezinen Deli Âşık'ın gözleri ise her zamanki gibi yaşlı Ermeni'yi arıyordu. Huzursuzdu. Sevan'ı görünce sinirleri bir anda yatıştı. Ettiği bütün küfürleri unutarak yanına gelmesini bekledi. Deli Âşık namıyla meşk âlemlerinin tatlı mezesiydi. Ne deliydi ne de âşık. Her gün yaka paça cenk ettiği kaderin ona oynadığı oyundan sıkılmış kendini hem deliliğe hem de âşıklığa vurmuştu. Barba İspiro'nun mekânını keşfedeli birkaç hafta olmuştu. Sevan'ın şarabını tatmadan meşk âlemine gitmek istemiyordu.

Allah vergisi tatlı bir sohbeti vardı Deli Âşık'ın. Kızınca ise dili zehirli bir yılan gibi edep bilmez olurdu. Kırk nesli birden bir cümlede aradan çıkartırdı.

"Nerde kaldın be mastori?"

Meyhaneci yumuşak bir ses tonuyla tebessüm ederek Deli Âşık'a takıldı.

"Çatladın mı Deli Âşık. Geldik işte."

"Doldur bakalım mastori bademizi."

Beline sardığı koyun bağırsağının içi kızılca şarap doluydu Sevan'ın. Sırtındaki uzun cübbeyi maharetle arkaya doğru atarak cübbenin iç cebine asılmış kadehi aldı. Beline üç tur atarak sardığı bağırsağın ucuna takılı musluğu açarak kadehi doldurdu. Bütün bunları Deli Âşık'ın yüzüne bakarken yaptı Sevan. Eli maharetle öyle hızlı işliyordu ki seyirlikti. Deli Âşık bir dikişte bitirdi badeyi. Sevan cebinden çıkarttığı bir avuç leblebiyi eline zorla tutuşturarak uzaklaştı.

El çabukluğuyla kadehi kar gibi beyaz bir tülbentle öylesine hızlı sildi ki bu temizlik işini Deli Âşık bile görmedi. Leblebileri yemeden yumruğuyla ağzının kenarına akmış şarabı hızlıca temizledi Sümbül. "Yumruk mezesi" derdi bu temizlik işine. Leblebileri birer birer ağzına atarken bir yandan da yalana yalana yürüyordu.

Nefesi küflenmiş orman kuytusu gibi kokuyordu Âşık'ın. Burnunun ucu kırmızılaşmış, bıyıkları sararmıştı. Devamlı kokan nefesine bir ateş tutan olsa havaya uçması içten bile değildi. Üzerinde ilk halini hatırlamadığı kadar eski bir ceket vardı. Ceketi çıplak vücuduna giymişti. Ayakları deniz cenginden döndüğü günden beri çıplaktı. Şalvarı, üzerine dökülen yağlardan artık taşlaşmıştı. Saçı ve sakalından yüzü hemen hemen kapanmış sadece ince alnı gözükmekteydi.

Her adım atışında terk edilmiş bir şehrin yalnızlığı sarıyordu etrafını. Kör, sağır bir sessizlik içinde mayalanan bir yalnızlık... Şehrin yalnızlığıyla yürüyerek karanlık sokaklara daldı. Zihni yön duygusunu kaybetmiş olsa da ayakları her gün yürüdüğü yerleri rahatlıkla bulabiliyordu.

Bir yeniçeri zorbası olan Kara Tahsin de aynı saatlerde yanında Burunsuz Mustafa ve İsmail'le birlikte Küllük'e geldi. Kollarında mavi boncuklarla süslenmiş ceylan derisi iri bileklikler, omzunda hindkari bir şal vardı. Siyah şalvarını kırmızı kadife bir acem kuşağıyla sarmıştı. Elindeki iri siyah taşlı tespihi koparacakmış gibi çekiyordu. Pazıları ipek içliğini gerdirmiş, her an patlatacakmış gibi duruyordu. Durmadan bıyıklarının ucunu parmaklarıyla düzeltiyordu. Burunsuz Mustafa ise daha çelimsiz fakat kırk tilkiyi bir vadide birbirine değdirmeden dolaştıracak kadar kurnazdı. Yanaklarına âdeta yapışmış burnu sanki yerinde yoktu. Küçük siyah gözleri bir çukura düşmüş gibiydi. Burnundan dolayı sesi boğuk çıktığı için fazla konuşmamayı tercih ediyordu. Son günlerde boğaz yamakların İstanbul'a hâkim olmasıyla Galata'ya yanaşan gemilerden devletin aldığı gümrük vergisinden daha fazla haraç almaktaydılar. Kara Tahsin ve Burunsuz Mustafa Galata'nın yeni efendileriydiler.

Küllük'te öğleden beri süren hazırlıklar tamamlanmıştı. Yeniçeri eskileri, kalyoncular, tellaklar, natırlar, ırgatlar, uşaklar keselerinin hacimlerine göre yerlerini almışlardı. Lüle çubuklar doldurulmuş ateş oğlanlar şamdanları masalara yavaş yavaş taşımaya başlamıştı. Meyhane tavanından kalın urganlarla sarkıtılan devasa kandiller pedimular tarafından yakılmıştı. "Pedimu ateş" sesi duyuldukça ateş oğlanların elleri ayakları daha hızlı işlemeye başlamıştı. Keyf ehlinin beklemeye tahammülü olmazdı. "Pedimu" lafı müşterinin ağzından çıkmadan ateş oğlanlar başında belirir narı özenle lülelere yerleştirirlerdi. Palikarların elleri ise seyirlik bir maharetle işlerdi. Alınlarına düşen kâkülleri başlarındaki kırmızı dolamadan dışarı taşmıştı pedimuların. Uçları yağlanmış, buhurlanmış kıvır kıvır zülüfleri dolamalardan sarkan siyah kaytanlarla oynaşıyordu. Kar gibi beyaz keten gömlekten sarkmış göğüs kılları meltemle salınan çimenler gibiydi. Her adım atışlarında ayrı bir yöne salınan kara şalvarlarını sıkı sıkıya kara kuşaklarla sarmışlardı. Önden kavuşur sırma işlemeli fermaneleri rengârenkti. Gümüş işleme galata işi takunyaları raks eden köçekler gibi ses çıkartıyordu. Vücutları yay gibi esnekti. Kâkülünden topuğuna kadar nezaket ırmağında yıkanmış oğlanlardı.

Küllük, yeniçeri zorba başlarının ve kahvehane işleten bitirim tayfasının her gece dem tutuğu bir meyhaneydi. Meyhaneler boğaz yamaklarının İstanbul'a yürüdüğü günlerde kapatılmış, sonradan sonraya gelenlerin kendileriyle işi olmadığı öğrenilince açılmaya başlanmıştı. Turnacı Ömer, Kız Mustafa, Babadağlı, Galatalı, yanlarındaki bıçkın gençlerle birer birer sofra kurarak mekân tuttular Küllük'te. Ateş oğlanlardan biri elindeki fitil ile orta şamdanı yakmak için Barba İspiro'dan emir bekliyordu. İspiro'nun uzunca ömründeki en huzursuz gecelerden biriydi. Yamakların meyhaneyi basma ve şeriatın emrine göre hepsini orta şamdanın ipiyle sallandırma ihtimali, içindeki korkuyu daha da büyütüyordu. Kara Tahsin ve Burunsuz Mustafa'nın meyhaneye gelmesi içini biraz da olsa serinletmişti. Şimdi her biri bir köşede yer tutan bu zorbalardan hangisinden izin alarak muhabbeti başlatacağını düşünüyordu. Yapacağı en ufak bir hatada bir ömür eşelendiği 'Küllük'ün başına yıkılmakla kalmayacağını çok iyi biliyordu. Orta şamdanın yanması, meyhanede muhabbetinin başlaması anlamına geliyordu.

"Çakalları çek baba, yol açsınlar..." diye naralanarak Küllük'e küfelik bir ayyaş gibi girdi Deli Âşık.

İspiro'nun imdadına Deli Âşık yetişmişti. Galatalı'nın o meşhur naralarını dahi bastıracak bir narayla öyle bir girdi ki meyhaneye Sümbül, tüm zorbalar gülmemek için kendini tutarak ayağa kalktı. Pek çok gece oynanan bir oyun yeniden oynanıyor, fakat sanki ilk defa oynanıyormuş gibi meyhane gediklilerini gülmekten kırıp geçiriyordu.

"Buyur Deli Âşık, benim soframa otur."

"Benim sofram Deli Âşık'ın şanına daha layık."

Zorbalar teker teker Deli Âşık'ı sofralarına davet ettiler. Uzun uzun sofraları inceledi Âşık. Muhabbet başlamadan dem tutmuştu. İspiro, Deli Âşık'ın önüne gelerek yerlere kadar eğildi. Yunan tragedyalarındaki alaylı sahnelerden birini canlandırarak zorbaların hışmından korunmayı amaçlıyordu Barba İspiro. Bir delinin emri kimseyi incitmez diye düşünüyordu.

"Muhabbet için yol verir misin Âşık Baba?"

Deli Âşık elini havada bir iki tur attırarak ateş oğlana seslendi.

"Hey pedimu! Yol ver muhabbete..."

Meyhanenin canına bir anda kan yürüdü sanki. O ölü, karanlık mekân orta şamdanın ve diğer çıraların canlandırılmasıyla bir anda sirk yerine döndü. Her gün tekrarlanan bir oyun ilk defa oynanıyormuş gibi ciddiyetle oynanıyordu.

Işıkların yanmasıyla palikarlar gümüş bir tepsi içine sıralanmış ağaçtan oyma tuzlukları masalara bıraktılar. Tuz bereketti ve masada oturanların ekmek tuz hakkına riayet etmeleri için bir hatırlatıcıydı.

"Sofranız bereketli olsun, ağam."

"Sağol, bereket cümlemizi kuşatsın."

Barba İspiro omzuna kar beyazı bir peşkir atmış, bir orkestrayı yönetir gibi meyhaneyi yönetiyordu. Bir el işaretiyle palikarlar bir yöne bir başka işaretiyle de ateş oğlanlar bir başka yöne koşturuyordu. İçerdeki dumanlar açık camlardan içeri süzülen bahar yeli ile ince kıvrımlarla uçuşuyordu.

Ateş oğlan, orta şamdanı tutuşturunca şarap testileri, palikarların maharetli ellerinde sofralara yetiştirildi. Masa muhabbetleri fısıltılarla başladı. Üzümlü, fıstıklı iç harcında terbiye edilmiş iç dolmaları ikram edildi müşterilere. Lahana turşusu, beyaz peynir, zeytin... Mezeler zorbalara ayrı, ayak takımına ayrı dağıtılıyordu.

Çığırtma ustasının bastığı ilk nota, uğultuyu bıçakla keser gibi kesti. Kendine dönen gözlerin de etkisiyle inceden inceye hünerini göstermeye başladı. Kâh uzun hava çekti kâh uzun saçlarını cezbeye gelmiş derviş gibi salladı.

Çığırtma ustası durunca masa başı uğultuları yavaş yavaş yükselerek büyük gürültülere dönüşmeye başladı. Deli Âşık, Erdek şarabını içtikçe maniler anlattı, koşmalar çağırdı. Susunca curalar, rübablar söz aldı. Zilli maşalar vuruldukça Kıpti köçekler ince bilekleri üzerinde dönerek uzun saçlarını rüzgârda uçurdular. Kıpti köçeklere çingene köçekler nispet etti. Kâh havada perendeler atarak uçuştular kâh ince endamlı kızlar gibi gerdan kırdılar. Acem raksı, hint raksı, bin bir hünerli hareketle icra edildi. Uzun saçlarını uçurum kenarında fırtınaya salmış gibi kaygısızca âlemden âleme uçtu köçekler. Gümüş topuklu takunyalarını insanın kalbine saplar gibi arsızca şaklattılar. Ter bir yandan uçtu, saçlar bir yandan. Çubuklardan kıvrım kıvrım yükselen dumanlara ise sevda sözleri yarenlik etti. Deli Âşık anlattıkça içti, içtikçe anlattı.

Barba İspiro her faslı ayyaşların piri Bekri Mustafa'nın namıyla açıyordu. Şarap testileri boşaldıkça duvarın yarısını kapatan koca fıçının tıpası koca bir tokmakla dövülerek açılıyor, insanı boğacakmışçasına akan şarap ahşap kovalara dolduruluyordu. Kovalar boşandı mı koca tokmaklar Bekri Mustafa'nın adıyla tekrar işlemeye başlıyordu.

Meyhane görmemişlerin yüzünü kızartacak bin bir sululukla muhabbet akıp gitti. Bıyıklarını balta kesmez âdem ejderhaları kuzuya, çakallar ise birer aslana dönüştü. Bastırılmış arzular, sözler cerahat gibi akmaya başladı. Gevşeyen ağızlardan çıkan sözler Hak tanımaz, edep bilmez bir noktaya yetişti. Köçeklere, ateş oğlanlara, palikarlara el kol hareketleri başladı.

İspiro artık orkestrayı yönetemiyor büyük bir sabırsızlıkla yeniçeri kolunun gelmesini bekliyordu. Zorbaların tavırlarından kalkmaya niyetli olmadıklarını anlayan Barba İspiro ateş oğlanlardan birini sokağa gözcü çıkardı. Ateş oğlan orta direkte asılı çıngırağın bağlı olduğu ipi eline almış, yeniçeri kolunun geçmesini bekliyordu. İspiro bir boşluğunu bulup Kara Tahsin'e yanaştı.

"Ağa, kol geçmek üzeredir."

"Geçsin Barba. Kol eski beylerine hürmetsizlik etmez. Başın sakin olsun"

"Aman ağam size lafımız mı olur? Şu ayak takımı çekilse bari..."

"Olur, Barba olur. Bizim görüşeceklerimiz var zaten. Ayak takımı ile divan kurulmaz. Biz Selim Han mıyız ki ayak takımıyla divan kuralım? Kol geçsin, bakarız çaresine."

Ateş oğlan, ipi çekince meyhanede sohbet bir anda kesildi. Bu çıngırak sesi meyhanenin kapanma saatinin geldiğini bildirirdi. Sessizlik ise yeniçeri koluna hürmeti ifade ederdi. Ellerindeki ışıklarla kapıya doğru yaklaşan yeniçeri, Barba'nın duyacağı şekilde;

"Gördük görmezlendik Barba, keyifler daim ola..."

İspiro tekmil vermeye koşan acemi nefer gibi koca göbeğini sallaya sallaya kapıya vardı. Kadife keseye koyduğu birkaç altını hürmetle uzattı.

"Keyf ehli! Bekri Mustafa'nın yoldaşları, keyiflerine baksınlar Barba. Onlara bu gece ne gam ne keder ne de korku..."

"Sağ olasınız yiğitler."

Kol uzaklaşınca zorbalar hariç meyhane boşaldı. Yemenilerine yan basan keyf ehli fırtınaya yakalanmış yaprak gibi gecenin karanlığında uçuşmaya yeni başlamışlardı ki Küllük'ün yeni misafiri içeri girdi. Elvan içeri girince Berber İsmail oturduğu yerden kalkarak kapı ardında bir iskemleye çöktü. Deli

Âşık bir köşede elindeki kadehi havaya kaldırmış ağzını bulmaya çalışıyordu. Meyhaneyi boşaltan keyif ehlini görünce ayağa kalkmaya çalıştıysa da boş bir çuval gibi yere yığıldı. Birkaç kez tekrar uğraştıysa da her seferinde daha büyük bir gürültüyle kendini yerde buluyordu. Elvan ayakta öylece durmuş Deli Âşık'a bakıyordu. Sonra ona doğru yürüyerek kalkmasına yardımcı oldu. Sümbül, büyük bir boşlukta adım atıyordu sanki. Bir ayağı diğerinin yanını bulamıyordu bir türlü. Onu omuzlayarak yer minderlerinin serili olduğu bir köşeye herhangi bir eşyayı bırakır gibi bıraktı Elvan. Sonra Kara Tahsin'in sofrasına yürüyerek oturdu. Meyhane kısa zamanda boşalmıştı. Mastoriler hareketlendilerse de Elvan sağ elini kalbine koyarak onları durdurdu.

"Afilli bir nargile hazırlayın, kömbeti..."

"Şarabı, saz âlemlerini terk etmişsin Elvan?"

"Doğrudur... Feleğin tekeri her daim döner, Tahsin'im. Ne o teker olup önüme çıkanı ezerim ne de altında kalır da ezilirim. Ben felekle kavgamı bitirdim, sıramı savdım. Gülizar'a sözüm var. Tövbeliyim."

Burunsuz Mustafa, şeytan çarpmış gibi ağzının içinde dönmeyen diliyle cebelleşerek konuşmaya çalıştı.

"Pir olmaya heveslenmiş bu, Tahsin'im." Sonra insanın içini bulandıran bir kahkahayla kendini kaybetti.

"Pirlik, Hacı Bektaş makamıdır Mustafa. Hepimiz o kapının sadık bir itiyiz... Kapı itinden pir olmaz, pire yaran olur."

"Hak erenler aşkına sakin olun." diye alaylı bir ses tonuyla ikisinin arasına girdi Kara Tahsin.

"Doğru dersin Tahsin'im, fıçıda durduğu gibi durmuyor bu meret. Adamı şeytan gibi çarpıyor."

Gözlerine kan oturmuştu Mustafa'nın. Bir ara hırıltılı bir sesle bir şeyler söylenmeye başladı. "Öyle sermestim ki; idrak etmezem dünya nedir! Ben kimim, saki olan kimdir, mey-i sahba nedir, Tahsin'im?"

Elvan başını sallayarak;

"Allah sonumuzu hayır ede Kara Tahsin. Bu kendini bilmezler bir gün başımızı koltuğumuza vermese bari."

Burunsuz Mustafa laf sanki başkasına söylenmiş gibi hiç oralı olmadan şarapla ilgileniyordu.

"Kabakçı ayak divanı kuracakmış diye duydum, doğru mudur?"

"Doğru duymuşsun."

"Sultan Mustafa ne iş görür?"

Kara Tahsin korkuyla etrafına bakındı. Kulak kabartan birilerinin olup olmadığını kontrol etti.

"Bu olacak iş midir Tahsin'im? Padişah dururken Kabakçı'nın divan kurması nasıl bir kepazeliktir?"

"Divanı Kabakçı kuracak, sen bana kızıyorsun. Bırak da divanı mivanı sen beni dinle. Bugün Kabakçı Mustafa, çavuşlarıyla bizim Burunsuz'un kahvehanesini ziyarete geldi. Limana yanaşan gemilerden, Galata'nın güzel manzarası için direk geçenlerden seyir parası alma işini bizim Burunsuz'a teklif etti. Sen şimdi Kabakçı padişah mı ki diye sorarsın, sen sormadan ben söyleyeyim; Kabakçı çavuş artık Boğaz'ın yeni efendisi."

"Zağarcıbaşı olmamış mıydı o?"

"O da var. Bırak şimdi Kabakçı'nın unvanlarını. Biz bu işe seni de katmak isteriz, ne dersin?"

"Neden?"

Bir anda ortam sessizleşti. Burunsuz Mustafa iyice mayalanmış, afazik bakışlarla Elvan'a bakıyordu.

"Selimileri böyle mi satın alıyorsunuz?"

Rengi barut rengine döndüyse de içinde ateş topuna dönen öfkeye gem vurmayı bildi Kara Tahsin. Hırsla önünde dolu olan kadehi bir nefeste içti.

"Bunlar bizim icat ettiğimiz işler mi ki böyle ağır laf edersin Elvan?" Biraz duraksadıktan sonra konuşmaya devam etti Kara Tahsin.

"Dünden bugüne bu işler böyle dönüyor; bu kervan böyle yol alıyor. Selim Han'ın etrafını saran Nizam-ı Cedid ağaları, İrad-ı Cedid hazinesini yağmalarken Selim Han'ın olanlardan haberi yok muydu? Halk açlıktan kırılırken 'İstanbul zengin şehridir, buraya çulsuz ahali ne gerektir' diyenler onlar değil miydi?"

"Feleğin sillesi şimdi biz mi olacağız dersin Tahsin'im? Şimdi insanları ezme, sömürme sırası bizde mi diyorsun?"

"Bunca yıl bu devlet için gece demedin gündüz demedin koşturdun. Beşinci ortanın çorbacısı oldun da metrislerde, kan çukurlarında düşmanla boğaz boğaza boğuştun. Ömrünün ahirinde biraz da olsa rahat yaşamayı kendine çok mu görürsün? Çok görürsün bilirim... Ama yirmi yıldır ardın sıra bir tek gün bile sual sormadan seni bekleyen kadını biraz da olsun rahat yaşatmak istemez misin?"

"Benim kendimle de devletle de işim iki gün önce bitti. Selim Han, cellât kemendi korkusuyla tir tir titrerken benim sefa sürmem olacak iş midir?"

"Galip'i neden ocağa yazdırdın o zaman?"

"O içimde ayrı bir yara, örseleme. Beni boş verin, siz yeni düzenin yeni ağaları olun. Bir gün devran ters dönüp de ipte sallanacağınız güne kadar sefanızı sürün."

"Bizim gibilere yatakta ölüm olmaz Elvan. Boynumuz ya yağlı ilmek görür ya da kılıç.

Burunsuz Mustafa ip lafını duyunca bir anda uyandı.

"Bizi ipte sallandırmaya kimin gücü yeter Elvan?"

"İbrahim Kethüda da senin gibi derdi bir zamanlar."

Kara Tahsin birden ayağa kalktı. Kalkarken Burunsuz'u da kolundan yakalamış boş bir çuval gibi havalandırmıştı.

"Bize müsaade," dedi. Sesi pütür pütürdü. Öfkesinden zor yutkunuyor, zor nefes alıyordu. Burunsuz kendini toparlamaya çalışırken Tahsin Elvan'a döndü,

"Konuştuklarımız..."

"Burada kalır. Başını sakin tut. Yalnız..." "Yalnız..." diye üsteledi Tahsin.

"İsmail'i bu işlere bulaştırma. Onu kendinle sürükleme. Kaderin onu nereye çekeceğine kader karar versin, sen sebep olma."

Tahsin ilk defa yaptığı işin bir kabahat olduğunu kabul etmiş gibi başını eğerek "Tamam" dedi. Üçü de arkalarına bile bakmadan çıktılar. Barba İspiro omzundaki beyaz havluyla alnını ve ensesini silerek Elvan'ın yanına geldi. Masaya oturdu ama hiçbir şey sormadı. "İki kahve yapın!" diye seslendi. Sesi Küllük'ün boş salonunda dalga dalga yayıldı. Palikarlar, ateş oğlanlar, çığırtma ustası, köçekler uzun gecenin bir an önce bitmesini ve herkesin odasına çekilmesi iştahlı bakışlarla beklemekteydiler. Deli Âşık uzandığı yerden ateş oğlanların dürtüklemeleri sonucu uyanmış, ayağa kakmaya çalışıyordu. Gençlerin omuz vermesiyle yarım yamalak da olsa doğrulmayı becermişti.

"Beybaba buyur, bir acı kahvemizi iç."

Deli Âşık sanki bu teklifi bekliyordu. İyice dem tutmuştu tutmasına ama zihni hala canlıydı. Beynini kemiren düşünceler bir değirmen taşı gibi dönmekteydi. Sonbahar rüzgârları çıplak ovaları tokatlıyordu yüreğinde. Tabureye oturunca düştü düşecekti.

"Seni bu kadar kahrettiren, bu kadar içmene sebep olan nedir, beybaba?"

İçmeye sebep mi yok?" Bunu öylesine söylemişti ki halinde tavrında köpek taşlayan çocukların pervasızlığı vardı.

"Sebep kalmasa 'şerefe' kadeh tokuşturulur, değil mi baba?"

"Dünyanın düzeni böyle..."

Bu dünya sanki kıyısında durduğu bir uçurum kenarıydı. Bu düzeni kuranları sanki hiç tanımamış, onları hiç görmemişti. Kelimeler ağzında kördüğüm olmuş gibiydi. Elvan Barba'ya eğilerek;

"Sade kendi değil dili de sarhoş olmuş çelebinin." dedi.

Deli Âşık uzun mesafeler alıp da bir vadide dinlenmeye duran bir ırmak gibiydi. Bakışlarında yalvaran bir eziklik, bir melankoli vardı. Hissiz duygusuz, ıssız bir adamdı şimdi. Akan zaman içinde duran bir eşyaydı.

"Daldın, Âşık baba."

"Öyle oldu. Dalar dalar giderim bazen. Hayatın bir anlamı kalmayınca matem yeri gibi görünür her yer."

"Anlat hele... Anlat da acının ortağı olalım. Bir yüreğe ağır gelen iki yüreğin kârı olur belki..."

"Her yürek kendi acısını tanır. Kendi acısında pişmek ister. Acı paylaşılmaz."

Barba geciken kahvelere bakmak bahanesiyle sofradan kalktı. Bilmediği fakat az çok tahmin ettiği hikâyeyi dinlemek istemiyordu. Her gün yüzlerce sarhoş ağızdan cerahat gibi akan hikâyeler dinlerdi Barba. Önceleri gerçekten dinlerdi. Zamanla insanların ve hikâyelerin birbirine benzediğini görünce onları dinliyormuş gibi yapmaya başladı. Sonra da olabildiğince bu birbirine benzeyen hikâyelerden uzaklaştı.

Deli Âşık lafa bir yerden girebilse gerisi çorap söküğü gibi gelecekti. Bir anda her şeyi anlatsa tutunduğu son dalı da kıracakmış gibi geliyordu. Söze başlamadan Barba iki kahve fincanını sofraya koyup hızla oradan uzaklaştı.

"Yıllarca önceydi. Kaç yıl onu bilmiyorum. Bana göre birbirinin aynısı bin yıl. Cenk dediler. Padişaha yurt gerektir deyip hep bir ağızdan 'padişahım çok yaşa diye!' ünledik. Öyle ünledik ki derya ortasında ciğerlerimiz su topladı. Arkamda altı aylık karımı bırakmıştım, altı aylık gebe karımı. Bir oğlum olacaktı. Nereden biliyordum bilmiyorum, bir oğlum olacaktı. Kaptan paşanın pusulası şimal yönüne dönünce o yöne, garba dönünce biz de onunla aynı yöne döndük. Dillerini bilmediğimiz insanların yaşadığı nice kıyılarda demirledik. Kaptan paşa, 'bu toprakların hepsi padişahımızın mülkü' dedikçe biz hayretten küçük dilimizi yutacak olduk. Dünyanın sonuna da gitsek bizim topraklardan çıkamayacakmışız gibi geliyordu. Ama bir gün bizim olmayan kıyılara ulaştık. Cenk oldu, cenk değil sanki dünyanın altı üstüne geldi de kıyamet koptu. Karanlık bir mahzende gözümü açtığımda ayakları zincirli zindan arkadaşlarımla tanıştım. Esir düşmüş, küreğe mahkûm edilmiştim. Beş yılım bir küreğin sapına yapışık geçti. Beş yıl aynı tahtaların üzerinde oturdum, yemek yedim, uyudum. Sırtıma bir yılan gibi ıslık çalarak inip kalkan kırbaçların izleri kayboldu kaybolmasına ama elimi o yaraların olduğu yerlere her attığımda aynı acıyı duyarım. Hiçbir şeyim yoktu artık. Üzerimdeki elbise lif lif döküldükçe bedenim de onunla beraber çürüyordu. Esirlik zordu. Esirlikte sadece hayallerle yaşar insan. Ümitle bir de. Ümit insanı uyuşturan bir iksir gibi, her an her saniye o iksiri yudumlayıp bilinmeyen bir dünyada yaşamayınca bir hayvan leşi gibi hissediyor insan kendini. Mehmet'imi işte bu gerçekte olmayan dünyada, hayallerimde büyüttüm."

"Mehmet mi?"

"Giderken karıma, oğlum olursa adını Mehmet koy demiştim."

"Eee?"

"Dönünce onları bulamadım. Sanki arkamda bıraktığım her şey hayaldi de ben başka bir dünyadan oraya gelmiştim."

"Kimsen yok mu?"

Deli Âşık kimsesizliğine hiç bu kadar içlenmemişti. Göğüs kafesinden bir of bıraktı Küllük'ün koca salonuna. Gözlerini yakan birkaç damla yaş, kirli sakalları arasında kayboldu.

"Ne benim ne de Gülizar'ın birbirimizden gayrı tutunacak dalımız yoktu. Felek ah felek..."

Kendi burcunda akan zaman bir anda durdu. Bu adam o muydu? Gülizar'ın bir ömür beklediği, kendinin ise dönmemesi için dualar ettiği adam karşısında duran bu adam mıydı? Sahip olduğu her şeyin asıl sahibi bir tarla sıçanı kadar mide bulandıran bu adam mıydı? Bir an aklından geçen 'tarla sıçanı' benzetmesi için kalbi daraldı. Cezbeye gelmiş bir derviş gibi tövbeler etti.

"Adın nedir, Âşık baba?"

Sesinde ağlamaklı bir ton vardı Elvan'ın. Sanki 'Sümbül' dememesi için yalvaran bir eziklik.

"Sümbül diyorlardı bir zamanlar, her şeyini kaybedince önce deli oldu sonra da âşık. Deli olmasa, âşık olmasa feleğin bu kahpe oyununa nasıl katlanabilirdi zavallı Sümbül?"

Kendinden bir başka adamdan bahseder gibi bahsediyordu.

"Ben o köstebek yuvasından kurtulunca hep hayallerimde büyüttüğüm oğlumu ve karımı bulur da yaşadıklarımı unuturum diye umut ediyordum. Oysa felekte boş durmamış ben gidince, bana yeni bir hayat hazırlamıştı. Bazen keşke esirlikten hiç kurtulmasam da onların hep beni beklediği hayalleri içinde yaşasaydım diyorum. Bedenim acı çekmeye alışmıştı da ruhumun acılarına katlanamadım."

Elvan yanı başında duran bu adama pek çok soru sormak, hayatına dair ne varsa öğrenmek istiyor, ama elini ayağını saran asabiyetten bir türlü kurtulamıyordu. Hayatının üzerini örten kader perdesinin kalkması, onu huzursuz etmişti. Karşısında oturan bu adamın nerede oturduğunu merak etmeye başladı. Onu, hayatından uzak tutması için onu tanıması gerekiyordu. Onu acı ırmağında yıkayan kader, acılarının mükâfatını vermek için mi karşısına çıkarmıştı bu gece? Felek, oyunun son perdesinde kendine yeni bir oyun mu hazırlıyordu?

"Nerede oturuyorsun Âşık baba?"

"Ölüler evinde. Madem bu dünyada yerim yok, insanlarla beraber yaşamamın da bir anlamı yok diye düşünüp evimi ölüler evine taşıdım."

"Nerede olduğunu söylersen gitmene yardımcı olurum."

"Karşıda."

"Sana bir sandal lazım. Hadi beraber kalkalım seni bir sandala bindireyim."

"Bana acıdın mı? Oysa ben senin adını bile sormadım. Bunları bana acı diye anlatmadım."

"Acımak bir yana hikâyen beni çok sarstı, Âşık baba. Hepimiz ete kemiğe bürünmüş ölümü bekleyen zavallı canlar değil miyiz?"

İki zavallı can birbirine tutunarak kalktılar. İkisi de sarhoştu. Ser hoş olmaya bade bahaneydi; Elvan bir damla içmeden Sümbül'den daha sarhoş olmuştu. Yürüdüler, yürüdüler... Hiç konuşmadan yürüdüler. Elvan kayıkçının eline iki altın sıkıştırırken kulağına da bir şeyler fısıldadı.

Kayık deryaya açılınca keyf ehlinin piri Bekri Mustafa'nın hikâyesini ballandıra ballandıra anlatmaya başladı Sümbül.

"İyi dinle kayıkçı. Pirimiz Bekri Mustafa bir gün iki gamsız almış kayığına. Tenhada bir testi çıkartıp birkaç yudum almış. Yolcular; 'Bu nedir içersin babalık?' diye sormuşlarsa da pirimiz oralı olmamış. Duymuş da duymazlanmış anlayacağın. Israrcı olunca yolcular; 'Size gelmez şeydir, badedir' demiş. Israr etmişlerse de vermemiş pirimiz. 'Sizi şeytan çarpar gibi çarpar bu meret. Kolay gem yemez bir iksirdir bu.' Israr ısrar... Dayanamamış pirimiz. Yolcular birer yudum alınca sormuşlar; 'Bre densiz bilmez misin bu iblis sidiğini içmek yasaktır?' 'Bilirim' demiş yarım ağız pirimiz. 'Kim bilir, kim görür bizi bu koca deryada' diye de eklemiş. İhtiyar olanı; 'Bre densiz, bizi bilmez tanımaz mısın?' diye sormuş. 'Siz kimlersiniz?' diye sormuş pirimiz de. 'Ben sadrazamım, yanımdaki de cihangir Murat Han'dır' demiş ihtiyar. Pirimiz şarabın mestliğiyle, 'Bre gamsızlar! Ben kolay gem yemez bir iksirdir, sizi şeytan çarpar gibi çarpar demedim mi! Bak bir yudum alınca sen sadrazam oldun yanındaki oğlancık da cihangir Murat Han... Testiyi bitirince ne olursunuz bilen yok.'"

Kayıkçı sarhoşun muhabbetini Elvan'dan aldığı iki altının hatırına hiç kesmeden dinledi. Uzun servilerin sardığı bir yamaçta Deli Âşık'ı indirdi. Birbirine omuz vermiş servilerin arasından boy vermeye çalışan ay ışığı beyaz mermer taşları aydınlatıyordu. Çeşitli boy ve ebatlardaki taşlar toprağın karnına saplanmış muskalar gibiydiler. Kimisi dimdik duruyordu kimisi de iki büklümdü. Yüzlerce tarzda dolama sarıklar... Yusufi, hindi, suzi, acem dolamalar...

Toprağın karnını deşen mezar soyucular, ölülere saygı duymayan içiciler, âşıklarıyla oynaşan işveli yosmalar her gün gördüğü fakat kıyısından geçip gittiği kişilerdi Sümbül'ün. Bu taştan ormanı saran servileri tek tek tanırdı. Dallarını, yapraklarını, yüreklerini kanatan bıçak izlerini, fırtınalarda kırılmış kollarını, hâsılı her şeylerini bilirdi Sümbül. Onlarla konuşur, başından geçenleri anlatır, fikirlerini sorar yapraklarının hışırtılarından cevaplarını dinlerdi.

Tüm insanların korktuğu kaçtığı bu yer onun kendini en güvende hissettiği yerdi. Servilerle ne kadar iyi geçinirse mezar taşlarıyla da o kadar kavga ederdi Sümbül. Her sarık, her oyalı taş, her işaret... Koyun koyuna yatan ne kadar taş varsa hepsiyle teker teker kavga ederdi. Altında yatanları muhatap kabul etmez sabahlara kadar başlarındaki taşlarla atışırdı.

'Karanlık bir kedere mahkûm hergeleler', diye çıkışırdı onlara. Sonra ağzından çıkan sözlerden pişman olur sarılır, ağlar, özürler dilerdi. Birkaç adım atmaya kalmaz tekrar çıkışırdı taşlara.

"Kalkın ey ruhlar... Kalkın da ardı sıra nefeslerinizi tükettiğiniz şeylere bir bakın. Kalkın toz toprak olmuş eller, gözler, kulaklar... Kalkın... Öve öve göklere yücelttiğiniz, söve

söve yerin dibine geçirdiklerinizle bir yüzleşin. Kalkın da görün; birbirinizden sakladığınız altınlar, gümüşler şimdi kimleri büyülemekte. Kalkın ey lanetlenmiş ruhlar. Sarhoş Sümbül'e ağzının payını verin. Bakın dışarıdakilere; sanki buraya hiç gelmeyeceklermiş gibi kıyınızdan dahi geçmiyor, kafalarını çevirip size bakmıyorlar. Sizden korkuyorlar biliyor musunuz? Semtinize uğrayanınız kalmadı sarhoş Sümbül'den başka. Haaa... Bir de mezar soyucular var diyorsunuz. Karınlarınızı deşen haramzadeler... Fırtına olduğunuz günleri hatırlıyor musunuz? Kayaları döve döve bittiğiniz günleri... Bakın insanlar sizi görmemek için serviler dikiyor başuçlarınıza. Taştan hanelerinizi servilerden bir ormanla örtmüşler. Şimdi bana mı kızıyorsunuz? Yaşarken yüz kere yüzünüze vurulması gereken bu sözlerden dolayı bana mı kızıyorsunuz? Dinleyin, bakın... İki deniz arasında çığlık çığlığa uçuşan su kuşları bile sizin ağaçlarınıza konmuyor."

Gözleri kan deryasına dönmüştü Sümbül'ün. Bir nefeste sarf ettiği tüm sözlerden pişmanlık duydu.

"Bu kadar kızacak ne vardı şimdi?" diye kendini de azarlamaktan geri durmadı.

"Konuşup konuşup da pişman olmanın anlamı var mı Sümbül?"

Uzun süre gezindi taşlar arasında. Konuştu, konuştukça açıldı ama her söylediğine de bin pişman oldu.

Büyükçe bir çınarın gövdesini oyarak yaptığı kulübesine girip kendini uykunun kollarına bıraktı...

-9-

Boğazın sakin akan suları lacivert ile siyah arası bir renge bürünmüştü. Sokak köpekleri karanlık mahzenlerde yer tutmuş, sarhoş naraları kesilmişti. Ara ara geçen bekçilerin kaldırım taşlarını delercesine vurduğu sopalarının seslerinden saatin kaç olduğunu anlamaya çalışıyordu Elvan. Bekçi naralarından anlaşıldığı kadarıyla olaysız bir gece geçiyordu. Gece sessiz ve hareketsizdi. Hareket eden tek şey barut renkli bulutların arkasına saklanıp da çıkan aydı. Bir de Elvan'ın ayı takip eden gözleri... Sümbül'ün vahşi bir hayvanı anımsatan yüzü gözlerinin önüne dikildiğinde küf kokan nefesi de yüzüne vuruyordu Elvan'ın.

Karşı kıyıda, ciğerparesi Galip yeni odalardaydı. Ocağa ilk kaydolduğu günler sakin sakin akıp gidiyordu hafızasından. Sonra yürüyerek gittiği o uzun seferler. Birkaç çift çizmenin parçalandığı tozlu yollar, tatlı eğimlerle birbirine ekli çıplak dağlar, ormanlar, insanın içini ürperten koyaklar... Bir ara bacakları arasında dolanan Ak Sungur'u fark etti Elvan. Asya bozkırlarında onu bulduğu gün daha dün gibiydi. Ak Sungur'u kucağına aldı. Büyüklükte bir insanın yarısı kadar olan yırtıcı, ömrünün en verimli günlerinde, ama bir insan uysallığındaydı. Bir kartopu büyüklüğündeki bu kuş geçen zaman içinde kanatlarını açınca iki metreyi geçen bir yırtıcıya nasıl dönmüştü? O gece olanları Ak Sungur'a anlattı. Anlatırken ağlıyordu Elvan. Kuş, ihtiyarın anlattıklarını sanki anlıyormuş gibi dinliyordu. Elvan'ın zihni Küllük'te karşılaştığı Sümbül'de olsa da gözleri hep iki noktadaydı. Yeni odalar ve Adalet kulesi. Birinde Selim mahkûmdu, diğerinde Galip. Ya Mehmet'le Gülizar? Her şey düğüm üstüne düğüm olmuştu. 'Aklın almıyorsa düşünme, kalbin kaldırmıyorsa tartma Elvan.' Gülizar'ın sesi geldi bir anda kulaklarına. Ne aklı alıyordu ne de kalbi kaldırıyordu ama düşünmekten de kendini alamıyordu. Felaket anlarında zaman neden böyle direnirdi? Oysa mutlu anlar bir nefes gibi hızla geçerdi.

Ay kendi burcunda seyahatini tamamlayınca güneşin her yanı saran kızıl şuleleri önce turuncuya dönmüş, karşı tepelerden sahile yetişene kadar da safran sarısına kesmişti. Durgun hareketsiz şehrin damarlarına kan yürümüş, şehirde nabız yavaş yavaş atmaya başlamıştı. Oturduğu minderde Ak Sungur'un küçük ısırıklarıyla kendine geldi Elvan. Bir çocuk coşkunluğuyla Elvan'ı tırmalıyor, bir an önce kendini dışarı bırakmasını istiyordu. Cam bölmeden çıkınca iskeleye doğru birkaç adım atıp meyilli yamaçtan havalandı Ak Sungur. Oynaşan ışık kümeleri arasında boğazın suları üzerinde kayar gibi akmaya başladı. Uçtu, uçtu, uçtu... Ne Frenk yalıları önünde bir hareketlilik vardı ne de Defterdar Burnu'nda. Kuruçeşme sahilinde her gün denizi seyreden hüzünlü kadın da yoktu. Her gün gözlerinin görmeye alıştığı onlarca şey başkalaşmıştı. Ak Sungur'un havalanışını seyreden Elvan içeri girerek Süleyman Usta'yı uyandırdı. Birlikte kahvaltı ederlerken Berber İsmail geldi. O da kahvaltı etmemiş, bir bekâr için zorlu olan bu işi halletmek için iştahlı iştahlı sinidekileri yalayıp yutmaya başlamıştı. Elvan bir yandan kahvaltı ediyor gözünün kuyruğu ile de İsmail'i takip ediyordu.

"Ağanla görüşeyim ister misin?"

"Ne için pirim?"

"Geceleri burada kal. Ustaya da can yoldaşı olursun."

Süleyman Usta yalnızlığın verdiği sıkıntıyla öylesine heyecanlandı ki;

"Ne iyi olur pirim. Geceler yalnız geçmek bilmiyor." dedi. Bu aşırı heyecanı dikkatini çekince de yaşından başından utanıp başını önüne eğdi.

"Bak! Süleyman Usta da yalnız, sen de. Ne dersin ha?"

"Olur. Ağam izin verirse, benim için de iyi olur."

Elvan'ın asıl gayesi Kara Tahsin'in tahsilât işlerinden İsmail'i uzak tutmaktı.

"Orası seni tasalandırmasın, Kara Tahsin beni kırmaz. Hem meşk âlemlerinden de biraz uzak kalırsın."

"Olur pirim."

Süleyman Usta bir çocuk gibi sevinmiş, heyecanla "Yaşa İsmail!" diye sarılıp yanaklarından öpmüştü onu.

"Yalnızlık çekilir dert değil pirim."

Sessizleştiler. Sadece bardakların, çatalların bir de muhabbet kuşlarının sesi duyuluyordu. Kahvaltı masası toplanırken Mehmet geldi. Mehmet'i görünce Elvan'ın kalbi ritminin dışına taşarak atmaya başladı. İçini saran utanç duygusu beyaz sakallarının sardığı yüzünü pembeye kesmişti.

"Anam seni çok merak etti, baba. Bütün gece burada olduğunu bilsem onu da alır getirirdim."

"Kadın kısmının ne işi var oğlum burada?"

"Öyle deme. Bütün gece gözünü kırpmadan cümle kapısına baktı. Anama da bir haller oldu bu aralar. Eskiden aylar, yıllar seni beklerdik de o her şey yolundaymış gibi davranırdı. Şimdi bir gün eve gelmeyince ne yapacağını bilemez oluyor."

"Galip'tendir o Mehmet'im, Galip'ten. Geçer..."

Geçer derken Mehmet'i öyle bir bağrına basışı vardı ki içi bir lav yığını gibi aktı Elvan'ın. "Geçer... Geçer..."

Sonra sessizleşti Elvan.

"Kabakçı divan kuracakmış, beraber gidelim mi?" diye konuyu başka yöne çekti.

"Olur baba. İsmail'le dün konuşmuştuk, Süleyman Usta izin verirse beraber gidecektik."

"Tamam, İsmail de gelsin. Süleyman Usta'nın keyfi yerindeyken izin almak için fırsatı kaçırmayın."

Yol boyu Elvan, bir suçlu gibi ayaklarının uçlarına bakarak yürüdü. Mehmet ile İsmail onu arkadan takip ediyorlardı. İmparatorluk tarihinde ilk kez oynanacak bir ortaoyununu seyretmek isteyen insanlar, meydanı hınca hınç doldurmuştu. Kalabalıktan, insanı içine çeken bir huzursuzluk, bir homurdanma yükseliyordu. Meydana yeniçeri odalarının birinden çıkartıldığı belli olan bir divan konmuştu. Bir civelek divana kadife bir örtü sermekle meşguldü.

Kabakçı, kısa bir dalgalanmadan sonra meydana geldi. Çapulalarını çıkartıp kadife örtü serili divana kasım kasım kasılarak kuruldu. Sol ayağı kabasının altında sağ ayağı dizden kırma, kollarıysa divanın iki yanındaydı. Yeniçeri ihtiyarlarından Kâtip Ali Efendi sağında, en yakını Pazarlı ile Oflu da sol tarafında el pençe duruyorlardı. Diğer çavuşlar da ardı sıra saf olmuşlardı. Yeniçerilerden sefere gitmeyen bir grup Kabakçı'nın sağında, Boğaz yamakları da solunda saf tutmuşlardı. Kabakçı'nın çıplak ayakları yürüdüğü yolların tozunu tutmuş, tırnaklarının altı kir bağlamıştı. Bu haliyle meydana hükmetmek içindeki coşkunluğu daha da arttırıyordu.

Elvan'ın gözleri yeniçeriler içinde Galip'i arıyordu. Galip yoktu. Bu oyunun içinde kendisi bir seyirci olarak bulunuyordu, ama Galip o saflarda olsa bu oyunun bir parçası olacaktı. Galip'i görmemek Elvan'ı mutlu etmişti. Akıp giden hayatın içinde böyle inceliklere dikkat ettiği için Galip'i daha çok sevmekle kalmıyor, bunu kendi genlerini taşımasına veriyordu. İçi bir yanıyla böyle bir çocuksu coşkunluğu yaşıyor bir yanıyla da bu komedinin oynanmasını yine kendi suçu olarak görüyordu. Hemen yanındaki Mehmet'le İsmail daha çok meydanın cümbüşüyle ilgiliydiler.

Kâtip Ali Efendi üç kez kuru kuru öksürdü. Tüm gözler kendinde toplanıp kalabalığın uğultusu kesilince konuşmaya başladı.

"Ey ahali! Devlete hizmeti geçmiş şahbaz dilâverler! Umur görmüş ulular! Sultan Mustafa'nın da izniyle, Mustafa Çavuş bugün kalyoncuların, yeniçerilerin, boğaz yamaklarının ve halkın dilekçelerini kabul edecektir. 'Muvafıktır' dediğince o dilekçe sahibi muradına erecek, 'olmaz' dediği iş olmayacaktır."

Ali Efendi sözünü bitirince boğaz yamaklarından ergen sivilceleri yenice sönmüş bir oğlan meydanın boşluğuna yürüyerek elindeki kâğıdı Kâtip Efendi'ye uzattı. Dilekçede yamaklara yirmişer akçe zam isteniyordu. Kabakçı devlet hazinesinin sınırsız olduğunu düşünerek 'muvafıktır' demek için doğrulduğunda Ali Efendi ondan evvel davrandı. Kabakçı'ya doğru eğilerek;

"Devlet harp halindedir çavuşum. Bu zam günde kırk bin akçe eder." dedi. Kabakçı bu büyük rakamları aklında evirip çevirecek adam değildi. Bir noktadan sonra akçe onun için az veya çok akçe demekti. Kırk bin akçenin bir yılda ne kadar ettiğini hesap etmeye çalıştıysa da bundan vazgeçti. Devletin yamaklara verecek kırk bin akçesinin olmaması tuhafına gitti. Bunu Ali Efendi'ye sormaya niyetlendiyse de uğultularla dalgalanan kalabalığı fark edince bundan vazgeçti. Bu dalgalanmayı durdurmak için acilen bir karar vermesi gerekiyordu.

"Ne yapacağız?"

"Efendim! Yamaklar yeniçeri nizamına tabi olduklarından ve yeniçeri ağası Pehlivan Ağa seferde olduğundan onun vekili olan sekbanbaşına bu işi havale etmek münasiptir. Bu dilekçeyi rical-i devlete danışmadan kabul edersek yeniçerilerin, kalyoncuların, topçuların, cebecilerin dilekçeleri hazır yazılmış olarak ellerindedir. Onları da kabul etmek zorunda kalırız. Kabul etmezsek bir pala cengi başlar ki etraf Nuh tufanından çıkmışa döner."

"Deme uşağım..."

Kabakçı alnında biriken terleri elinin tersiyle sildi. "Devlet işleri ne zor işlermiş." diye geçirdi içinden. Yirmi akçelik zammı dahi yapamayınca kasılması biraz söndü. Ayak tırnaklarının altında biriken kirleri görünce divanda gittikçe küçülmeye başladı.

"Hemen bir meclis kur, sekbanbaşına yolla. Meclisimiz dağılmadan ondan cevap beklediğimizi söylemeyi unutmasınlar."

Sonra tekrar arkasına yaslanarak sinirli bir ses tonuyla;

"Sıradakini çağırın." dedi.

Uzun pos bıyıkları bir hilal gibi ağzını çeviren, kara yüzlü bir adam meydan boşluğuna yürümeye başladı. Sanki biri itmiş de iradesi dışında meydana çıkmış gibi tereddüt içindeydi adam. Kara şalvarının içinde bacakları sıtmaya yakalanmış gibi titriyor, bir ileri bir geri attığı adımlarla kararsızca ilerliyordu.

"Yaklaş!" diye ünledi Kabakçı. Bu ses, adamı korkutmakla kalmadı, kalabalığın uğultusunu da kesti. İri kemikli, uzun boyluydu adam. Elmacık kemikleri, güneş yanığı yüzünü gerdirmişti. Adam ne için orada olduğunu unutmuş gibiydi. Kâtip Efendi'nin havada asılı kalan elini fark ettiğinde, sanki bir ateşmiş de ondan kurtulmak istiyormuş gibi hızlıca elindeki kağıdı uzattı. Ali Efendi, adamın tavırlarındaki gariplikten şüphelenmiş, dilekçeyi içinden okumaya başlamıştı.

"Oku, Kâtip Efendi oku... Meclisten gizlimiz mi vardır?"

Kabakçı'nın sesiyle ürperdi Kâtip Efendi. Elvan, Yemişçi iskelesinde hamalbaşı olan bu adamı gülerek izlerken, dilekçede ne yazdığını Kabakçı'dan daha fazla merak ediyordu. Pis kokan bir nefes kulaklarını yalayıp yüzüne yayılınca arkasına döndü. Kara Tahsin içkili nefesi, şehla bakışıyla karşısındaydı. Burnu ve kulakları kırmızılaşmış, damarları siyaha yüz tutmuştu.

"Bu baldırı çıplağın kurduğu divana geleceğine rüyamda görsem inanmazdım."

"Temaşa var dediler geldik, ötesinde bir şey arama."

"Senin hamalbaşı korkudan düştü düşecek. Kırk sırık hamalını ayağını yere vurarak kontrol eden hamalbaşı altına kaçırmış mıdır dersin?"

"Bu zıkkımı gündüz vakti içme bari."

Ali Efendi'nin sesiyle ikisi de sustu.

Hamalbaşı, kimi sarraf kimi toptancı on kadar Ermeni ve Yahudi'nin meydana getirilerek parçalanmasını istiyordu.

"Ne için paralanmalarını istersin bu adamların?" diye sordu Kabakçı. Sanki karşısındaki adam, on kelle değil de herhangi bir şey istiyor da Kabakçı sırf meraktan bunun nedenini öğrenmek istiyordu. İfadesi bu kadar soğuk, gerçeklikten bu kadar uzaktı. Hamalbaşı faizcilikten karaborsacılığa onlarca sebebi ardı ardına sıraladı. Kabakçı, adamın konuşmalarını dinlemiyor, kalabalığa bir güç gösterisi yapmanın hesaplarını yapıyordu. Sonra birden Selim Han'a gönderdiği listeyi hatırladı. Karşısındaki adam kim oluyordu da ona liste sunma hakkını kendinde bulabiliyordu? Bir güç gösterisi için on insan canı biraz abartılı geliyordu. Yine bir karara varamamış, Kâtip Ali Efendi'ye dönmüştü.

"Ne yapacağız Kâtip Efendi?" diye sordu.

"Mustafa Çavuşum! Muhtemelen hamalbaşının bu adamlarla yarım kalmış bir hesabı var. İkinci ihtimal daha vahim; Ermeni ve Yahudi milleti ekseri ticaretle uğraşır. Bunların mallarına konmaya çalışan diğer tüccarların bir oyunu da olabilir."

"Sahi bunu niye düşünemedim?" diye kendini ayıpladı Kabakçı.

"Günahsız on adamın başını almaktansa bu densizi ibret olsun diye meydanda falakaya yatırmak daha iyi değil midir?"

"Öyledir çavuşum."

"Tiz eli sopa tutan üç tüvana delikanlıya teslim edin bu densizi. Gözünün yaşına bakılmasın."

Kâtip Efendi her şeyi önceden düşünmüştü. Üç yeniçeri, hamalbaşını meydanın bir köşesinde falakaya yatırdı. Adam böğrüne mızrak yemiş bir ayı gibi böğürüyordu. Sesi Aksaray'dan Boğaz'ın öte yakasına ulaşıyordu. Hamalbaşı böğürmekle kalmıyor, araya yalvarmalar sıkıştırıp affını istiyordu. Kabakçı, mermerden yontulmuş bir heykel gibi divanda duruyor, adamın yalvarışlarını dinliyordu. O an içine bir tohum düştü ki filizlenip koca çınar olması bir nefes mesabesindeydi. Bu duygu, daha önce tanıdığı, bildiği bir şeye benzemiyordu. Ayı gibi böğüren adamın hayatı iki dudağı arasındaydı. Bu haz veren duygu aynı zamanda yakıcı bir kırbaç sesi gibi ürkütücüydü. Kim bu adamı onun elinden alabilirdi? 'Hiç kimse.' İçindeki ses böyle söylüyordu. Gözleri kapalı bunları düşünürken atının üzengisinden tutarak imparatorluk tahtına oturttuğu Mustafa Han geldi gözlerinin önüne. O duygunun sarhoşluğuyla o bile gözüne bir kapıkulu gibi gözüktü. İçinde kana susamış bir canavar, kalbinin pompaladığı kanla bütün bedenine yayılıyordu. O yayıldıkça, yakıcı bir sıkıntı da yüreğini bir mengeneye almıştı.

Vicdanının bu ağır baskısına daha fazla dayanamayıp "Durun!" diye bağırdı. Bir mecnun gibi kendinden geçmişti. "Bu kadarı kâfi..." Eli matruş sakalındaydı. İçinden biraz önce duyduğu sesten başka bir ses, hamalbaşını onun elinden alan kudreti fısıldıyordu ruhuna. Bir zaman peygamber karşısında bir kâfir elindeki kılıca dayanıp da "Seni benim elimden şimdi kim alacak?" diye bağırdığında "Allah" diye karşılık vermişti peygamber. Korkudan elindeki kılıcı düşüren kâfir peygamberin aynı sorusuna karşılık verememiş sadece; "İyi ve kötü arasındaki taksimde kötü olan sen olma." diyebilmişti. Yine yenilmişti. Mazide kalan bu hatırayı içine fısıldayan da kimdi? Hamalbaşının ayaklarını, öküz nallar gibi havaya diktikleri falakadan çözdüklerinde kimse yardım etmeye koşmadı. Adam şişen ayaklarının üzerine basamadığından sürüne sürüne ölümden uzaklaştı.

"Sıradaki!" diye seslendi Kâtip. Sesi derin bir kuyudan geliyor gibiydi. Hamalbaşının çığlıkları hala kulağındaydı. Trabzon bezinden krem-kestane renkli çizgili peştamal kuşanmış tüysüz bir oğlan, ayağındaki takunyaları arsızca yere vurarak Kabakçı'nın önünde durdu. Tellak olduğu ilk bakışta anlaşılıyordu. Şıkırdım oğlan dilekçe uzatmak yerine Kabakçı'dan izin alarak konuşmak istedi. Kabakçı'nın izni ile konuşmaya başladı.

"Paşa baba! Huzuruna böyle çıktığım için beni affet. Dilim ile ikrar etmeden halim anlaşılmaz da derdim içimde kahrımdan ölürüm, paşa baba. Başım yoluna kurban paşa babacığım! Beşiktaş'taki İskele hamamında tellakım."

"Kısa kes be adam! Halinden ne olduğun ortada, meramın ne ise onu söyle."

Tellak lafı gereksiz yere biraz uzatmış olduğunu fark edip direk konuya girdi.

"Bizim hamamcı ağa Selimidir. Nizam-ı Cedid'in onca ağası gelir ak pak olurdu da birinden hamam akçesi ve kese-sabun akçesi almazdı. Devlet işi siyaset ederlerdi. Son günlerde de Selim Han'ın tekrar tahta çıkması için pek çok siyaset ederlerken kulağımla duydum."

Kabakçı, yıldırım çarpmış gibi ayaklandı. Yüz kasları gerilmiş, bakışları mızrak temreni gibi keskinleşmişti. Matruş sakalı havalanmış, yüzündeki bıçak izi selin yardığı bir vadi gibi belirginleşmişti. Kıyıcı adamların ihanet karşısında tutuldukları öfke nöbetine kapılmıştı.

"Tiz varın o haini alın getirin!"

Hamalbaşını falakaya yatıran üç tüvana yeniçeri ok gibi fırlayıp yola koyuldular.

"Sen de şöyle bir kenara çekil, ağan gelince burada ol."

Tellak teşrifat gösterileriyle geri çekildi. Elvan, hamamcı Samurkaş Mustafa'yı iyi tanırdı. Kendi işinde, ekmeğinin peşinde babacan bir adamdı. Kara Tahsin, içki kokan nefesiyle Elvan'ın ense dibinde gülmelerine devan ediyor, bir yandan da Elvan'ın duyabileceği şekilde fısıldıyordu.

"Sultan Mustafa gelse Samurkaş'ı elinden alamaz Kabakçı'nın. Kabakçı her korkağın yaptığı gibi ibret temaşası olsun diye kanına girecek Samurkaş'ın."

Elvan bu kanlı olaya Mehmet'in şahit olmasını istemiyordu. Yanında duran Mehmet'e dönerek;

"Kardeşin ortalıklarda gözükmez, bir yol kahvehaneye var da orada mı bir bak." dedi.

Mehmet, bu zamansız istekteki maksadı anladığından itiraz etmeden oradan ayrıldı. İsmail de onunla gitti. İkisi de böyle kanlı bir olaya şahit olmak istemiyordu.

"Sıradaki!" dedi sakin bir tonla Kâtip Efendi.

Sümbül'ün gözleri kanlı, saçı başı aylarca insan eli görmemiş gibi dağınıktı. Ayaklarının biri çok uğraşmasına rağmen diğerinin yanına gelmiyor, rüzgâr önünde titreyip uçuşan bir gazel gibi boşlukta uçuyordu. İlk olarak burnunun ucundaki kırmızılık dikkat çekiyordu.

"Bezmi ey saki yine pür-tumturak etmez misin?

İş ayağa düştü sen teşmiri sâk etmez misin?"

Ağız boşluğunda dönen bu lafları kendinden başka duyan yoktu. Sesi sanki uzaklardan kendine geliyordu da hem söyleniyor hem de söylendiklerine kulak kesilerek ara ara duruyordu. Elindeki buruşmuş dilekçeyi kâtibe uzattıktan sonra başındaki şapkayı alıp yerlere kadar eğildi. Başında olmayan bir şapkayı varmış gibi tutması meydanda gülüşmelere sebep oldu. Günlük kıyafetini tamamlayan pelerini ayaklarının altına düştüğünden kalkarken kendini zor toparladı. Okumaya başladığı metin ham bir meyve gibi boğazına dikildi kâtibin. Meydanda uğultular daha da artıyor, histeri nöbeti gibi abartılı kahkahalara dönüyordu. Kalabalığın kahkahası arasında bir nefeste okundu dilekçe.

"Ne ister bu deli?" diye sordu Kabakçı. Yüzünde bir hayret ifadesi vardı.

"Zincir ister efendim. Bir de iyi bir kötek."

"Yoo... Zincir olmaz, olamaz." diye itiraz etti Sümbül.

"Zincir olmaz."

Bir an sırtına inip kalkan kırbaç şakırtıları kulaklarında gezinmeye başladı. Karanlık mahzendeki zincir sesleri, kırbaç şaklamalarına karışmıştı.

"Zincir olmaz."

Köşeye sıkışmış vahşi bir hayvan gibiydi. Arkasını güvenli bir kayalığa vermek ister gibi geri geri yürümeye başladı.

"Alın bu deliyi, meclisimizi murdar etti!"

Yamaklar yerinden kıpırdamamıştı ki Elvan Sümbül'ün dibinde bitti. Palalarını çekmiş yamaklar arasında kalınca ne yapacağını bilemeden Sümbül'ü kenara doğru sürüklemeye başladı. Meydandaki sessizlik kısa sürmüş, sanki yeni bir perde açılıyormuş gibi bakışlar başka yöne dönmüştü. Samurkaş yarı üryan, belinde peştamalıyla tekme tokat kalabalığın içine düşünce kendini kaybeden birkaç kişinin daha yumruklarının, tekmelerinin hedefi oldu. Pehlivan yapılı adamın bıyıkları yolunmuş, saçı başı çarpılmış gibi dikelmişti. Yüzünde yaşasa bir ömür silinmeyecek bir utanç, kılıç yarası gibi derince belirginleşmişti. Bir şey anlatmaya çalışmaktan çoktan vazgeçmiş, kaderin bu kabullenilmez hükmüne çoktan teslim olmuştu. "Hakkım Hüda divanına... Hak divanına..." diye içini ve acısını meydana kustu Samurkaş. Hırpalanmaktan edep yerleri açılmıştı. Bir yandan peştamalını tutmaya bir yandan da başını korumaya çalışıyordu.

Kalabalık, bu şehrin alışık olduğu eski bir oyunu yüzyıllar sonra yeniden oynuyor; aslanların önüne parçalanmak için atılan bir adamın çaresizliğiyle alay ediyordu. Ölümle alay etmekti aslında bu. İnsan bilincinin karanlık köşelerinde yatan o korkuyu bastırmak, insan kıyıcılığının korkaklıktan kaynaklandığını yeniden ilan etmekti. Meydanın yarısı Samurkaş'ı tanırdı. Tanıyanlar onun suçsuz bir adam olduğunu da bilirdi. Kabakçı, tanımadığı bu adamın suçsuzluğunu, tellağın gözlerindeki şeytani mutluluktan anlamıştı. Kesin kararına rağmen Samurkaş'a söz hakkı verdi. Kalabalığa dünya var oldu beri uygulanan adaleti göstermesi gerekiyordu. Adaletin tanımı kısa ve oldukça anlaşılırdı: "Güçlü olanın sözü geçer." Bunu göstermeliydi.

Sakin bir ses tonuyla hakkındaki suçlamaları anlattı. Adam, Kabakçı'nın ifadesindeki yumuşaklıktan cesaret alarak kendini savunması gerektiğine karar verdi. Hakk'ın adaletine sığınmıştı sığınmasına ama ölüm bu kadar yakınken ağzından çıkanların ne hükmü olabilirdi? Kendini savunmalıydı. Eğer yaşarsa kötü giden her şeyi yoluna koymak için bir fırsatı olabilirdi. Kötü giden şeyler bir yana hayat güzeldi. Hayatın güzel olduğuna hiç bu kadar inanmamıştı Samurkaş. Kendini savundu... Uçurumun kenarındayken bir mucize bekliyordu. Hızır, mavi boşluğun içinden uçarak gelecek ve onu ölümün kıyısından uzaklara götürecekti. Buna inanıyordu. Ne kadar yalvardığını, ne kadar yemin ettiğini hatırlamıyordu.

Suçsuz olduğunu bilen herkes artık ondan sıkılmış, bir an önce adaletin tecelli etmesini bekliyordu. İnip kalkan hançerleri gördüğünde artık hiçbir şey hissetmiyordu. Meydan yavaş yavaş kararıyor, sesler batan gün gibi yavaş yavaş kayboluyordu. Suçsuz yere öldürülmekten fazla bir sermayesi olmadan, bilmediği fakat korktuğu bir dünyaya doğru yol alıyordu Samurkaş.

Can uçunca beden bir yığın gibi kalır ardında. Samurkaş'ın ardında bıraktığı yığın, bir köpek leşi gibi sürüklenerek çıkartıldı meydandan. Meydan artık Kabakçı'nındı. Bu ibret temaşasından en karlı çıkan da şüphesiz Sümbül olmuştu. Samurkaş'ın cesedi sürüklenirken o da oluşan bu karmaşadan istifade etmiş, Elvan'ın omuz vermesiyle ölümden uzaklaşmıştı.

İnsanın en önemli ihtiyaçlarından biri olan ve tatmin edilmesi gereken(!) 'vahşet' adalet olarak tecelli etmiş, meydan başka bir oyuna hazır hale gelmişti. Bir kadın, erkek topluluğu arasından meydana aktı. Hayal denen sihirli âlemin kapısı aralandı da efsunlu bir karanlık o kapıdan yüreklere boşandı. Bu öylesine derin bir karanlıktı ki varlığını hissetmek göz değil gönül işiydi. İşveli yosma sanki yürümüyor, su yüzünde kayıyordu. Kâtip Efendi'nin dudakları dilekçeyi okusa da gönlü kor ateşlerde yanıyordu. O sırada meydandaki yüzlerce yeniçerinin kulağında Hünkâr Hacı Bektaş'ın vasiyeti çınladı. "İnsanın içinde yatan canavarı uyandırmayın..."

Kâtip Efendi okumayı bitirince Kabakçı derin bir uykudan uyanır gibi sarsıldı. Dizleri üzerine çökmüş olarak;

"Nedir kızım meramın?" diye sordu.

Kadın ayakları altında kalan eteğini toplama bahanesiyle hafifçe kaldırınca ölüm sessizliği çökmüş meydanda bu sefer hevesler uğultulu bir dalgalanmaya döndü.

"Çavuş babacığım! Divan kurduğunu duydum, derdime çare, olsa olsa çavuş babacığım olur diye huzuruna geldim. Subaşı defterlisiyim*, çavuş baba. Kaderin alnıma çaldığı bu kara leke beni bir civanın delisi olmaktan azade kılmadı. Tersane tazısı diye nam salan Kalyoncu Mustafa'ya bu gönlüm vurgundur. Ben burada toplanan cümle ümmetin ve senin huzurunda tövbe ederim. Ferman senin çavuş babacığım. Subaşı defterinden kaydımı sildir, babacığım."

Kabakçı divana gömüldü. Kanında gezen ateş bir anda sönmüştü. Kalabalık, hayal denen bataklıktan çıkamamıştı henüz. Samurkaş'ın kanı, subaşı defterlisi işveli yosmanın pembe pa-

---

* Zabıtada kayıtlı fahişe.

buçları altında kalmış cismi de canı da birkaç dakika içinde unutulup gitmişti.

"Bu nigar hatun tövbekâr olsun, tersane tazısı da onu nikâhlasın."

Kabakçı böyle buyurdu kalabalığa. Kadın sevinçle Kabakçı'nın elini öpmek için ileri atıldıysa da çavuşların öne çıkmasıyla durmak zorunda kaldı.

"Allah seni başımızdan eksik etmesin çavuş babacığım."

Kabakçı'nın ayak divanı, 'gün akşamlı' olana kadar sürdü. Ebubekir Efendi bir köşede, Ubeydullah Kuşmani bir başka köşede, imparatorluğun resmi vakanüvisleri divanın hemen ardında olanları kayıt altına aldı. Gündüz yazılanlar gece kahvehanelerdeki hikâyecilerin ağzındaydı. Ballandıra ballandıra anlattı âşıklar, destancılar o gün olanları. Suskun olan tek yer Mercan'dı o gece...

BASTI İSTANBUL'U DAĞ CİVANLARI

ALEMDAR PAŞA'NIN PEHLİVANLARI

-10-

Rusçuk

Tepelerin eteklerine kadar inen sis her yanı kaplamıştı. Ovayı saran at kişnemeleri kılıç sesleriyle bir armoni oluşturmuştu. Devlerle cenk eden âdem evlatlarının amansız mücadele günlerini anlatan efsanelerden bir sayfa gibiydi talim meydanı... Rusçuk askerleri yarı bellerine kadar soyunmuş kılıç talimi yapıyorlardı. Yağdan azade vücutlarından terler, çiçek yapraklarından süzülen çiğ taneleri gibi akıyordu. Sisin içinde dörtnala ilerleyen ulağa yol vermek için aralandı savaşçılar. Cehennem zebanilerinden ürkmüş gibi giden atın durmasını dahi beklemeden uçarcasına üzerinden atladı süvari. Sundurmanın altında ellerini önünden birleştirmiş olarak duran Alemdar Mustafa, heyecanla gelecek atlıyı bekliyordu.

Süvari diz çökerek Alemdar'ı selamladı.

"Geldin mi şahbazım?"

"Allah'ın izni ile paşa baba."

"Haberler iyidir inşallah?"

"Ordu karargâhı mahşer yeri paşa baba... Yeniçeriler yine ayaklanmış; ama bu sefer Pehlivan Paşa'yı istemeyiz diye... Pehlivan Ağa'nın, paşalık hilati giydikten sonra hali tavrı pek değişmiş, zulmünden kimse nefes alamaz olmuş paşa baba. Yeni serdar, ordu karargâhı yağmalanacak diye çaresizlikten iki büklüm. Alemdar Mustafa Paşa bir gözükse herkes köşesine siner diye paşaların ağzını arar durur."

Alemdar'ın yay gibi gergin yüzüne ince bir tebessüm yayıldı. Bir görünmesinin her şeyi düzelteceği ümidi içindeki cihangiri biraz daha gem almaz kılmıştı.

"Desene işler karışık şahbazım."

"Karışık ki düzelme ihtimali de yok paşa baba... Urumeli ve İstanbul, Ruslara satılmış diye bir laf dolaşır karargâhta paşa baba."

Alemdar kendini tutamayarak gülmeye başladı.

"Kim satmış şahbazım?"

"Devletlûlar..."

"Kaça satıldığını da söylediler mi şahbazım?"

Ulak beklemediği bu soru karşısında bir suç işlemiş gibi yüzü kızardı

"Başka önemli bir şey var mı?"

"Yolda gelirken Edirne'ye giden bir grup gördüm. Uzaktan biraz takip ettim. Gece gibi karanlık bir adam vardı içlerinde. Korumaları pek ihtişamlıydı."

Alemdar'ın yüzündeki çizgiler bir anda değişti.

"Kaftanlı mıydı?"

"Kaftanlıydı, paşa baba. Saraylıya benzerlerdi."

"Sen hiç saraylı gördün mü şahbazım?"

Ulak başını önüne eğdi.

"Ağzın kementli olsun şahbazım. Var biraz dinlen."

Elini omzuna koyarak yüzüne tebessüm etti Alemdar. Ulak yol yorgunluğunu unutup içi içine sığmaz olarak ayrıldı.

Alemdar, konağın salonuna doğru yürürken kafasını sallayarak gülüyordu. "İstanbul ve Urumeli satılmış ha... Vay kahpe Urus dölleri vay... Ne oyun icra ederler böyle köçek işi... Vay kahpe Urus dölleri..."

☪

Ilık bir meltem, deniz dalgası gibi ardı ardına sıralanmış yamaçlardan ovayı saran çayırlara doğru akıyordu. Güneş yenice parçaladığı bulutların arasından cilveli bir maşuk gibi yüzünü bir gösteriyor bir kayboluyordu. Dağların koynuna giren vadi boyunca dörtnala sürdü atını Elvan. Ak Sungur mavi boşlukta daireler çiziyordu. Gölgesi her daim Elvan'ın omuzlarına düşüyordu. Öbek öbek ağaçlık alanlardan yüreğinde büyüyen korkuyla geçti. Ay ışığında ışıl ışıl bir ovaya indiğinde atı eşkin gidişle Rusçuk ayanı Alemdar Mustafa Paşa'nın çiftliğine girdi. Çiftlik uzaktan görününce atın gemini alarak kamp ateşi yaktı. Gece yarısı çiftliğe girmesinin imkânı yoktu.

Sabah ezanı ile birlikte çiftliğe vardı Elvan.

Alemdar sabah namazından döndüğünde konağın kapısına çekilmiş atı görünce;

"More, kimdir gelen? Sabahın bu saatinde kuzgun gibi başımıza tüneyen kimdir?"

İki nöbetçi, elleri kementle bağlı bir ihtiyarı sundurmanın altından çıkartarak Alemdar'ın ayakları dibine boş bir çuval gibi attılar. Nöbetçilere direnen Elvan, biraz hırpalanmıştı. Ağzından burnundan akan kanlar aksakalını kızıla kesmişti.

"Bre nizamsızlar! Ne istersiniz bu ihtiyardan?" diye çıkıştı nöbetçilere Alemdar.

"Pek yaman bir ihtiyar, ağam. Üçümüzü sabah sabah acemi talimi ettirir gibi talim ettirdi."

"Bak hele! Kimsin sen, more?"

"İstanbul'dan geliyorum. Üç gündür yoldayım..."

"Canına mı susadın ihtiyar, böyle tek başına yollara düşmüşsün?"

"Selim Han'ım için..."

"Ne dedin? Kimsin bre... Kimin karakulağısın?"

İhtiyar elini içliğine attığında, eski zaman destanlarından fırlamış da orada bitmiş iki dev, kılıçlarına davrandı. Kılıçların boyu Elvan'ın boyuyla hemen hemen denkti. Alemdar elini kaldırınca durdular. Kalkan kılıçlardan korkan Elvan yorgunluğun da vermiş olduğu halsizlikle az daha bayılacaktı.

"Korkma... De bakalım kimsin?"

"Adım Elvan'dır. Pir Elvan derler..."

"Hacı Bektaş köçeği misin?"

"Sadık bir yaranı, kapısının itiyiz."

Alemdar'ın bir adım arkasında duran Serdar Paşa'nın gözlerinin içine gözlerini dikmiş bakıyordu Elvan.

"Serdar Paşa, ordunun başında değildir."

"Bre ihtiyar bu seni ne ilgilendirir? De bakalım, ne istiyorsun?"

Elvan koynundan çıkarttığı fındık büyüklüğündeki elmas taşlı yüzüğü Alemdar'a uzattı.

"Hatice Sultan salık verdi. Sahibi bu yüzüğü tanır dedi..."

"Bre ne yaman ihtiyarsın sen. Selim Han'a yolladığım yüzüğün sende ne işi var?"

"Tez yetişmesen Selim Han'ı katledecekler."

Alemdar'ın yüzüne kan hücum etti.

"Bre kim benim efendimin canına kıymaya cesaret edebilir! Leşini kuduz itlere yediririm!"

"Sakin ol Mustafa Paşam... Sakin ol... İhtiyarı bir dinleyelim..."

Alemdar yaranlarıyla bahçedeki büyük çınarın altındaki çardağa geçti. Elvan elini yüzünü yıkamış dağınıklığına bir çekidüzen vermişti.

Alemdar Paşa minderine oturarak çubuğundan birkaç yudum çekti.

"Pir Elvan buyur, otur..."

"Buralarda insanlar misafirlerini sırtında sopa kırarak mı karşılıyor, Alemdar Paşa?"

Alemdar adamlarının yaptığı kabalıktan utanarak;

"Yarı yanları insan olsa da yarı yanları da dağlıdır bu adamların. Kusura bakma."

Pir Elvan, Alemdar'ın tam karşısına oturdu. At sırtında birbirine giren kemikleri rahat minderde sızlamaya başlamıştı bile.

"Hatice Sultan'ın ricası üzerine buraya geldim... İstanbul'da olanları duymuşsunuzdur."

"Selim Han'ın tahttan çekildiğini biliyoruz. Sen gerisini anlat bize. Asiler ne yapmaktalar?"

"İstanbul'a namert eli değdi ki iflah olmamacasına. Köse namerdi çaşıtlarını bir saraya bir kışlaya sürmekte. Bir hırs gözünü bürümüş ki kanına girilmeyen zengin kalmadı İstanbul'da. Bir kulp takıp hepsini cellât kemendine vermekteler."

"Kabakçı divan kurmuş diye duyduk, aslı var mıdır?"

"Divan kurdu ki hem nasıl Alemdar Paşam! Han gibi kuruldu divana... Ayak divanıdır diye çığırtıcılar çıktı sokaklara. Düşmanını gammazlayandan, oynaşını yola getirmesi için iki tokat aşketmesini isteyen yosmaya kadar, bekâr hanlarından boşalan ne kadar haneberduş, evbaşı kallaş ipsiz sapsız varsa hepsi meydana toplandı. Bir görseydin, ağlanacak haldi."

"Musa Paşa, ne işler peşindedir?"

"Kırk tel sakalı var her teline bir şeytan düğüm atmış. İstanbul, bir olayla yatıp bir başkasıyla kalkıyor. Selim Han başa tekrar geçer diye eteklerinde ateş külüyle geziyorlar."

"İhtiyara içecek bir şeyler getirin!" diye bağırdı Alemdar.

"Bir de çubuk getirseler ağam... Dumansızlıktan beynim fırıl fırıl..."

"Anlat sen hele Pir Elvan. Tez çubuk getirin!"

Ak Sungur da hapsedildiği yerde daralmış çığlık çığlığa özgürlüğünü istemekteydi. Alemdar'ın kulakları bir bozkır tilkisinin kulakları gibi dikilmiş, sesin sahibini arıyordu. Elvan bu karmaşa arasında yol arkadaşını unuttuğu için utandı. Ak Sungur'u özgürlüğüne kavuşturan da yine Elvan oldu.

"Maşallah... Maşallah... Bu ne böyle ihtiyar?"

"Ağa baba! Biz ihtiyarla cenge tutuşmuşken başımızda bir cehennem zebanisi gibi dönmeye başladı bu yırtıcı. Pir Elvan'dan çok o uğraştırdı bizi."

"Nasıl baş ettiniz bu yırtıcıyla şahbazlarım?"

"Ağ attık paşa baba."

"Maşallah... Maşallah... Pir Elvan bu nedir böyle? Böylesini görmek daha nasip olmadı bana."

"Ardında bıraktığım dört çift gözden sonra en yakınımdır Alemdar ağam. Bir iş için gittiğimde Gence çölünde yakalamıştım. O zaman avuç içi kadardı."

"Seni Asya çölüne de Hatice Sultan mı gönderdi?"

"Yok, o zamanlar çocuktu o. Selim Han'ım yollamıştı."

"Yırtıcıya da bir şeyler verin. Bu ihtiyarın yanında avlanmayı unutmuştur o."

Gülüştüler. Ak Sungur yaramaz bir çocuk gibi tüm dikkatleri üzerine toplamıştı.

"Ne konuşuyorduk biz... Akıl koymaz insanda böyle güzellikler."

Alemdar, Ak Sungur'la ilgilenirken Elvan da anlatacaklarını kafasında şekillendirmişti.

"Bütün işin başı Musa Paşa'dır. Topal Müftü de onun yoldaşı. Gerçi her fırsatta birbirlerinin başını yemeye kalkıyorlar ama yine de iyi yaranlar. Yamaklar şeriatın hükümleri üç 'Frenk ağanın' ayakları altına düştü diye boğaz kalelerinden kopup gelseler de şimdilerde Galata'da hepsi günaha saplanmış durumdalar. Frenk tüccarlar, yamaklardan zarar görmemek ve haraç vermemek için evlerinin kapılarını bu baldırı çıplaklara açtı. Kızları o yiğit senin bu yiğit benim diye birbirinin saçını başını yolmakta. Venedik'ten getirtilmiş, insanın bakmaya kıyamayacağı divanlara çıplak ayaklarıyla bağdaş kurarak bir oturuyorlar ki gören cihan fethetmiş gaziler sanır bu yamakları... Devaimisk, güllü sakızlı şekerlemeler, çeşit çeşit şerbetler ikram edip cilve yapıyor ki bu Frenk kızları, müftüyü şeytana çevirmecesine... Yatılıya kalan yamaklar, Frenk usulü gece toplantılarına katılıyorlar. Nice beyzade ve paşazadeler bu yamaklara özenip kara bezden mintan ve don diktirip çıplak ayaklarıyla küheylan dehlemekteler... İstanbul'un durumu içler acısı Alemdar Ağa. At izi it izine karışmış. Galata'da Ceneviz konağı vardır... Serdar Paşa bilir..."

Serdar Paşa;

"Marşan'ın Konağı derler bilirim." diye onayladı Elvan'ı.

"İki güzel kızı vardır bu Fransız'ın. Kızları Büyükdere Çayırı'na gezmeye gittiğinde iki oğlancığı nefsine uydurup eve kapatmışlar. Kara don, kara mintan, çıplak ayakla bir Frenk muhabbetinin içinde bulmuşlar ki kendilerini iki yamak... Frenklerde maskeli muhabbet diye bir garip iş vardır. Bu iki oğlancığın da yüzlerine maske geçirip Frenklerin arasına katınca Bonapart'ın elçisi Sebastiyani de bunlara altın çerçeveli Bonapart nişanı takmış. Bir ortaoyunu icra eder gibi elçilikte devletle alay edilir oldu. Bununla kalsa, bu ebleh oğlanlar boğaz kalelerini yosma yuvasına çevirdiler. Bir felaket gelip İstanbul'u yerle bir eder diye ırz ehlinin elleri semada, dilleri duada... Ahali Allah'ın gazabını beklemek için evlere kapandı. Irz ehli kadınlar gündüz gözü kaldırılıp bekâr hanlarına kapatılmaya başlandı. Tepesi atan sergerdeler hamam basıp yarı üryan kadınları omuzlayıp kaçırmakta, gaza hediyesi gibi cariye yerine koymakta... İstanbul ahalisi malından vazgeçti de çoluk çocuğunu bu başıbozuklara kaptırmamak için evlerinin bahçesine derin kuyular kazar oldu."

Elvan anlattıkça Alemdar ve yaranları birbirlerine bakıyorlardı.

"Bre ihtiyar, bunamadıysan Mevla'nın gazabı pek yakındır."

"Öyledir Alemdar ağam... Hatice Sultan'ın selamıyla geldim dediydim... Bu günahın vebalinin bütün yükü seninle Serdar Paşa'nın boynunadır. Bu asileri durduracak bir kuvvet kalmadı sizden başka."

"İhtiyar! Bu kadar günahı bu omuzlar taşır mı? Bin şahbaz omuz verse yine taşıyamaz... Köse'yi anlat hele..."

"Köse, boğaz yamakları İstanbul'a gelince İbrahim Kethüda da dâhil kendine rakip saydığı yedi devletlûnun kavuğunu düşürdü."

Serdar Paşa, İbrahim Kethüda'nın öldürüldüğünden haberdardı, ama Alemdar'ın iyice gazaba gelmesi için yüzünde beliren hayret ifadesiyle sordu.

"İbrahim Kethüda öldürüldü mü?"

"Şaşırdın paşa baba... Bilmiyor muydun?"

"Anlat hele Elvan kardaş, anlat."

"Tüm devletlûlar Paşa Kapısı'nda toplantı halindeyken İbrahim Kethüda Nizam-ı Cedid askerlerinin başına geçelim deyince eski Rumeli kazaskeri Şemsettin Efendi 'bre kahpe, bre sefih' diye başlayıp küfürleri ardı arkasına dizmiş ki ucu ucuna eklesen sur-u sultaniyi üç kez fır dolanır... İbrahim Kethüda ile bahriye nazırı birlikte ayaklanıp Paşa Kapısı'ndan çıkmışlar ki Köse deyyusu da arkalarında. Meramı onları tutuklatıp kafalarını vurmakmış."

"Niye yapmamış o zaman?" diye sinirle söze girdi Alemdar.

"Cesaret edememiş diyorlar Alemdar ağam. İbrahim Kethüda'yı bir gün sonra Langa'da saklandığı evde yakalayıp meydana getirip katletmişler. Onlarca başsız vücut çınar ağacında asılı ayak takımı, devlete hizmeti geçmiş bu adamların üryan vücutlarında değnek talimi yapmakta. "

Elvan anlattıkça Alemdar'ın yüzü kararıyordu.

"Bre bu kahpe, padişahın edemeyeceği işleri nefes alıp verir gibi nasıl yapar? Hesabı olmaz mı bu pervasızlığının?"

"Ne hesabı Alemdar ağam... Köse'yi geç, Kabakçı denen itin cüreti dudak uçuklatır."

"İhtiyar sen afyon çeken bir cavlaki dervişi değilsin inşallah?"

Elvan bu soruya gülerek cevap verdi. Bir nefeste anlattıklarına kendinin bile inanası gelmiyordu.

"Bahriye nazırı da bu adamların elinden yakayı kurtaramadı."

"Hacı İbrahim de mi?" diye sordu Serdar Paşa.

"Hem kendisi hem de bir mahzende sakladığı serveti..."

"Bre bu Köse bu hızla hazineyi de zimmetine geçirmesin?"

"Olmayacak iş midir Alemdar ağam?" demekten kendini alamadı Elvan.

"Âl-i Osman'ın namusu ayaklar altındadır ha... Doğru söylersin pirim. Bu vebal bizim sırtımıza binmiştir. Şimdi bir fırsat kollamak lazımdır... Benim sevgili efendim Selim Han bu nizamsızların elinde mahpustur. Şu pençemle onları nizama sokmasam anamdan emdiğim süt haram olsun bana. Onlara da yaptıklarının aynısını yapıp meydandaki çınarda sallandırmazsam..."

"Bir de..."

Elvan, Alemdar'ın merakını arttırmak için sustu.

"Ne oldu pirim? Söylesene çatlatacak mısın beni?"

"Sultan Mustafa, saraydan çıkarttığı bir kara ağayı Pehlivan Paşa'ya yollamış diye duyduk."

Alemdar önünde açılan koridordan ulağının söylediklerini dinliyordu.

"Demek o gece gibi karanlık adam kara ağalardan biri. Bre bu zenci hayra iş görmek için çıkmamıştır saraydan."

"Kimse şüphelenmesin diye orduya altın götürür diye salık verildi ama önemli bir haber taşır bu ağa."

Elvan sessizleşti. Tüm bakışlar üzerine kilitlenmişti.

"Ne haberi taşır bu zenci, pirim?"

"Selim Han'ı boğduracaklar ama yeniçeri bu olayı nasıl karşılar diye bilmediklerinden Pehlivan'ı ikna etmek isterler."

"Pehlivan namussuzu ne der bu işe?"

"Efendim bunun hazırlıklarını önceden yaptılar. Serdar Paşa'ya karşı isyanın sebebi buydu. Pehlivan Ağa'ya birkaç hafta önce yeni kaftanlar gönderilerek Paşalık unvanı verildi. Hilatları boşuna Pehlivan'ın sırtına giydirmediler."

"Bu Köse namussuzsu çok akıllı, Pehlivan'ı önce satın aldı şimdi bu işe mecbur bırakıyor. Nizam-ı Cedid ağalarının servetlerine el konuldu, Selim'in ölümü onlara ne kazandırır, pirim."

Elvan, yüzünü Alemdar'dan döndü. Bu soruya vereceği cevap suyun yatağını değiştirirdi.

"Bunu bilemiyorum Alemdar Paşam. Fakir'in aklı bu kadar karmaşık siyaset işlerini kaldırmaz."

Alemdar, Elvan'ı üstelemedi. Bu sorunun cevabını Elvan'ın bildiğinden emindi.

"Yol yorgunusun pirim, biraz dinlen sonra yine konuşuruz."

Elvan ahşap konağın ikinci katındaki bir odada sabun kokan beyaz çarşaflara gömüldüğünde çıra gibi geçerek kendini uykunun kollarına bıraktı.

Ramiz Efendi, Tahsin Efendi ve Refik Efendi Alemdar'ın yaranları olarak bilinen üç çelebiydi. Selim'in yakını olan bu üç adamın hayatı şimdi tehlikedeydi. Selim katledilirse onların da cellât kemendinde can vermesi kaçınılmaz olacaktı. Alemdar, hepsinin tek çıkış noktasıydı. Bu durumun farkındaydı Alemdar. Elini hemen yanında oturan Ramiz Efendi'nin dizine koyarak;

"Serdar Paşa'nın iaşesini kesme vakti gelmiş midir?"

"Kavgaya giren yumruk hesabı yapmaz. Vakit geldi de geçiyor bile." diyerek Alemdar'ı daha da keyiflendirdi Ramiz Efendi.

"Kara Ağa'nın niyeti gerçekten de ihtiyarın dediği gibi mi?"

Ramiz Efendi karnına bir mızrak saplanmış gibi iki büklüm konuşmaya başladı.

"Zenci Ağa saraydan çıktıysa mahrem bir sır taşır Alemdar Paşam. Selim Han'ımızın hayatı tehlikededir. En evvel halletmemiz gereken iş budur."

"Niye böyle yüreğime hançer saplar gibi birden söylersin Ramiz Efendi?"

"Sarayın içini biraz bilseydin biz burada on kişi olsak da senin önüne geçemezdik paşa hazretleri."

Alemdar yerinden kalkıp kırmızı kadife kuşağının içine ellerini sokarak bahçede dolaşmaya başladı.

"Efendim tek yapmamız gereken yeterli sayıda askerle yola çıkmak."

"İyi dersin Tahsin Efendi, ama nasıl? Bir siyaset uydurmalıyız yoksa efendim Selim Han'ı biz varmadan öldürürler."

Eli sakalında bahçeyi eni boyu arşınlayan Alemdar *"Bir yolu olmalı,"* diye söyleniyordu.

"Bu sorunun cevabı ihtiyarda," diye düşündü. Onu konuşturmalıydı. *"Büyük bir sırrı taşıyor bu ihtiyar, büyük bir sır..."* diye söyleniyordu.

☪

Elvan ertesi günü kuşluk vaktine kadar nefessiz uyudu. Uyandığında kendini bir tüy gibi hafif hissediyordu. Ak Sungur çiftliğin yeni çocuğuydu artık. Herkes onu görmeye geliyor, ürkek bakışlarla önce uzaktan izliyor sonra yavaş yavaş yaklaşıp dokunmaya çalışıyordu. Çiftlikte geçirdiği ikinci günün akşamı Alemdar Elvan'ı yemeğe çağırttı. Akşamın serinliği iyiden iyiye hissedilir olmaya başlamıştı. Kırmızı ışığın yalazlandığı bulutlar, barut rengine dönmeye başlamıştı. Karşı tepelerden koyun sürüleri dizi dizi çitlerle çevrilmiş yataklara doğru ilerliyordu. Elvan uzun süre koyun sürülerini gözleriyle takip etti. Alemdar Mustafa'dan önce nar gibi kızarmış bir kuzu sinideki yerini aldı.

Alemdar elini kurulamak için uzatılan havluyu alırken aklı hep aynı ihtimaller arasında geziniyordu. *"Bu ihtiyar sır gibi bir adam, içi sırlarla dolu. Fakat halis ırmak çamurundan yapılmış bir testi gibi hiç sızmıyor."* Düzgün sakalı, hoyrat yüz ifadesi üzerinde emaneten duruyordu sanki Alemdar'ın. Aynadan baktığı yüzü başka birinin yüzü gibi görünüyordu kendine. "Sır o yüzükte," diye söylendi. Sofra başına geldiğinde Elvan'ı karşı tepelerde ilerleyen koyun sürülerini seyrederken buldu Alemdar. Selam verip Elvan'ın tam karşısına oturdu.

"Koca Osmanlı ordusunun iaşesini sağlamak kolay değil, pirim."

"Doğru dersin Alemdar ağam."

"Nasıl, rahat ettirebildik mi Pir Elvan'ı?"

"Selim Han olsaydı da halinden şikâyet edecek bir şey bulamazdı. Bu kadar rahat beni her zaman tedirgin eder."

"Vücudunu rahata alıştırmıyorsun."

"Evet... İşim böyle bir şeye engel."

"Ben laf gezdirip yol bulmakta zorlanırım, pirim. Beni yormadan olanları bir anlat hele..."

"Şu güzel kuzu ortadayken mi?"

Alemdar tebessüm etti. Karınları doyup da sofra toparlanana kadar bir kelime dahi konuşmadılar. Kahveler ve çubuklar gelince oyuna tutuşan çocuklar gibi şenlendiler.

"Kuzuyu hallettik, pirim."

"Dinle! Dinlerken akıbet ne ola diye düşünmeden dinle. Bu anlatacaklarım pek çok cenk görmüş gazilerin bile dizinin bağını çözer."

Sessizleşti Elvan. Alemdar'ın yüzündeki merak daha da artmıştı.

"Otuz yıl evveliydi. 'Dokuz Türkmen Beyi' Yenikapı Mevlevihanesi'nde şeyhin pöstekisi önünde diz kırdık. Dokuz Türkmen beyinden başka yanımızda bir de şehzade vardı. Gece yarısı şehzadeyi kafesten çıkartmamız zor olmamıştı... Tahttaki amcası onu evladı gibi sevip korurdu. Eğitimiyle yakından ilgilenirdi. Bir kalfa bize yardım etmişti bu iş için. Taşıdığımız soylu kan üzerine yemin edip şehzadeye biat ettik. O zamanlar İstanbul'da Masonlar adlı gizli bir örgüt çok güçlüydü. Kimse gerçek amaçlarının ne olduğunu bilmiyordu. Devletin damarlarına girmek için her şeyi yapıyorlardı. Padişah bu örgüte karşı oldukça lakayttı. Oysa bu örgüt bizi çok ilgilendiriyordu. Şehzadeye bağlı adamlarımızı, vezirleri harekete geçirip önce yönetimi ele geçirecektik. Abdülhamid Han adamlarımızdan Halil Hamit Paşa'yı beş yıl sonra sadrazamlığa atadı. Halil Hamit Paşa tam istediğimiz adamdı. Güçlü bir iradesi vardı. Devleti Şehzade Selim'in saltanatına hazırlamak için biçilmiş kaftandı. Halil Hamit Paşa'nın sadaretinde Masonların canına ot tıkamış, hepsini sindirmiştik. Fakat onların ve muhaliflerin jurnalleriyle Abdülhamid bizden haberdar oldu. Halil Hamit Paşa'yı sadrazamlıktan azledip sürgüne gönderdi. Onu kurtarmak için çok uğraştıysak da kesik başını ancak payitahta getirebildik. Biz şehzadeyi tahta çıkarmak için çalışırken Napolyon'la mektuplaşmaya başladık. Frenk diyarındaki gelişmeleri yakından takip ediyorduk. Selim Han tahta çıkınca Fransa'da 'İnkılâb-ı Kebir' denen büyük bir ayaklanma oldu. Bu ayaklanma sonunda iktidarı ele geçirenler daha önce duyulmamış sözler söylüyorlardı. 'Hürriyet, kardeşlik, eşitlik.' Bu sözler bizim sonumuz olabilirdi. Devlet-i Âliye yönetimi altındaki anasır gizliden gizliye kaynamaya başlamıştı bile. Her gün gizli bir örgütün izini bulup adamlarımızı içlerine yerleştiriyorduk. Sonra anladık ki o sözlerle böyle baş etmemiz mümkün değil. O sözler bizi sarsmadan biz yenilikler yaparak aramızdaki eşitsizlikleri, adaletsizlikleri kaldırmalıydık. Bu yenilikleri bir şekilde ülkemize getirmemin yollarını araştırdık. Frenk diyarına gönderdiğimiz bazı adamlar uzun yıllar oraları inceledi. Birbirimize hiç benzemiyorduk. Oradaki gelişmeleri aynen alsak devlet parçalanabilirdi. Selim Han tahta geçince hem Avusturya hem de Rusya ile harpteydik. İlk iş yenilikler için mağlubiyeti kabullenip sulh imzalamak oldu. Selim şehzadeyken, mektuplarını götürdüğüm Napolyon, o günlerde tüm Avrupa'da bir kasırga gibi esiyordu. Fazla sürmeden o kasırga Mısır kıyılarında esmeye başladı. Bir yandan yenilik planlarımızı sonuca ulaştırmaya çalışırken bir yandan da zayıflayan merkezi otoriteyi güçlendirmek için uğraşıyorduk. Ayanlar, beyler artık müstakil birer devlet olmuşlardı. Yeni orduyu kurmadan önce bir karar aldık. Gelişmenin önündeki en büyük engel yeniçeri ocağıydı. Onu hallettikten sonra Frenk usulü harp eden ordularla merkezden kopan ayanların, beylerin üzerine dönecektik. Bu yüzüğü bize gönderdiğin günü hatırlıyor musun?"

"Hatırlamaz olur muyum? Ben yüzüğü Selim Han'a yollamıştım ama sizden çıktı..."

"Selim Han'la biz biriz."

"Ayanları bir bir düşürürken beni neden ayrı tutacaktınız?"

"Sadakatin için. Rumeli sadık bir ayanın gizli kontrolünde olacaktı. Başını kaldıran olursa demir bir yumruk gibi başına sen inecektin."

"Ben de Mısır Hidivi'nin yaptığını yapmaya kalksaydım."

"Seni öldürürdük."

"Hidiv'e neden ilişemediniz?"

"Seni öldürünce yerine bir bey bulmak zor olmazdı. Hidiv'e iliştiğimizi düşün. O zaman Mısır Napolyon'un olurdu. Bu hikâyeyi dokuz Türkmen beyinden başka bilen tek kişi sensin. 'Neden ben?' diye sen sormadan ben söyleyeyim; yarım kalan bu işlerin tek yolu Selim Han'ı tahta çıkartmak ve bu işin tek yolu da sensin."

"Her şeyi halledebiliyorsunuz da bu işi neden halledemediniz?"

"Biz gücumüzü biliyoruz. Hedefimiz belli. Selim Han, Nizam-ı Cedid işini Köse'ye havale etmeseydi ben de sana bunları anlatıyor olmazdım."

"Selim Han'ı öldürünce eline ne geçecek bunların? Dün cevap vermemiştin."

"İstanbul'da ayrılıkçı çalışmalar yürüten onlarca gizli örgüt var. Amaçlarına ulaşmalarının tek yolu bu hantal merkezî yapının değişmemesi. Devlet eğer bu yapıyla devam ederse Fransa'dan yükselen bu sözler bizi yere düşen cam sürahi gibi tuzla buz edecek. Birliği sağlayan güç artık yok. Onlarca milletin birliği ise günübirlik menfaatler. Birbirimize girmemiz için araya bir kemik atılması yeterli."

"Birliği sağlayan güç yok dedin; nedir bu güç?"

"Bu o kadar uzun bir hikâye ki paşa hazretleri... Birliği sağlayan güç elinde asa, sırtında hırka bir grup dervişan... Anlatsam güler geçersin."

Anlatılanlar bir hikâye gibi gelmişti Alemdar'a.

"Benim kafam bu kadar işi almaya gelmez. Bunları bana anlatmasan da ben efendimi kurtarmak için yola çıkacaktım. Seni su sızdırmaz bir testi zannetmiştim ama tüm ömrünü birkaç dakikada anlattın."

"Yola çıkacağını biliyorum. Mesele yola çıkmak da değil, işi doğru sonuçlandırmakta. İstanbul çok âdem ejderhasını kuzuya çevirmiştir."

"Bizi de mi?"

"Eski bilgeler demiştir ki; üç şey vardır ki ateş gibi yakıcıdır. 'Krallarla arkadaşlık etmek, kadınlara sır vermek, bir de acaba zararı dokunur mu diye zehir içmek.' İktidar zehirdir, ona kavuşmak için krallarla arkadaşlık etmek gerek."

"Kadınlar?"

"Onu da İstanbul'da tecrübe edersin paşa hazretleri. Bütün güzellikler o zehirli sarmaşığın etrafında gezinir."

"Söyle bakalım o zaman ne yapacağız pirim?"

"Ordu karargâhında adamlarımız var, akşama yetişmez Pehlivan Ağa'nın kellesi kıl çuvalda İstanbul yoluna düşer."

"Pehlivan namussuzuna suikast mi düzenleyeceksiniz?"

"Kendi sarığını boynuna kendi dolayacak. Gücünün sınırlarını bilmeyen bütün gafillerin sonu böyledir. Zenci Nezir Selim Han'ın kellesini istemeye geldi ama bunda muvaffak olamayacak. Yeniçerinin kanı kaynıyor, kuduz köpekler gibi ağızlarından salya akarak İstanbul'a girerlerse şehri yağma ederler. Sana dün anlattıklarıma rahmet okutturacak çirkinliklerin önünü kimse alamaz. Yeniçeriyi sadece güç durdurabilir. Birinin fırtına gibi esip yüzlerinde şamar gibi patlaması gerek. Ordu birkaç güne varmaz geri dönüş için toparlanır."

"Bunu nereden biliyorsun?"

"Napolyon, Rusları yeni bir barış için masaya oturttu. Sen şimdi hazırlıklarını tamamla, Edirne kışlasında orduyu beklemeye başla. Adamlarımız yeni padişahın yanına sızmayı başardılar. Senin gelmene razı olmasa da yeniçerilerin şehri yağma etmesinden korktuğu için buna eninde sonunda razı olacaktır. Edirne'de padişah tarafından gönderilen kaftanı giyip yeniçeri nizamına tabi ol. Kendi başına yola çıkıp da işi kaba kuvvetle halletmeye çalışırsan sen yetişmeden Selim Han'ı boğarlar."

"Siyaset ne yaman işmiş, pirim. Farz et ki her şey senin dediğin gibi oldu. Asiler bizim geldiğimizi duyup sarayı basmaz mı?"

"Asiler, ben yola çıkarken yaptıkları işin karşılığını alıp boğaz kalelerine döndüler. Köse, bir bahaneyle İstanbul'dan ayrılıp meydanı Topal Müftü'ye bıraktı. İstanbul'da anlayacağın yeniçerinin önüne geçecek bir güç yok."

"İşin sonunu dün anlattın, başını bugün. Yaranlarımla bu konuyu görüşmem lazım."

"Görüş. Kiminle istersen onunla görüş. Ama unutma, fazla ihtiyatlı olmak, kılı kırk yarmak vakti değildir. Yaranlarından birini İstanbul'a yolla, padişahla temas etmeye çalışsın. Biz o bizi tanımadan ona yardımcı oluruz. Edirne sahrasında hilat giydikten sonra güvendiğin, canı çıksa da sır çıkmayacak kırk adamını gizlice yola çıkar. Sen Edirne sahrasından hareket etmeden onlar sana Kabakçı'nın başını getirirlerse herkes bir anda siner. Korku her şeyi yönetir Alemdar Paşa."

Uzun süren bir sessizlik oldu. Alemdar bütün anlatılanları tekrar terazide tarttı.

"Dediğinden başka çıkar yol gözükmez, pirim."

"Gözükseydi sana gelmezdim paşa hazretleri. Eğer başarırsak Selim Han bu iyiliğinin altında kalmaz. Sadaret mührünün, komitacıların ve yeniçerilerin başına demir yumruk gibi inecek birinde olması gerek."

"Bana rüşvet teklif etme, pirim. Ben sadaret mührü için mertlik kalasından çıkacak adam değilim. Bu işi efendimi kurtarmak ve ona bu zulmü reva görenlerden hesap sormak için yapacağım."

Elvan son cümlesinden dolayı pişmandı. Alemdar'ın elini tutup gönlünü almak istedi.

"Demek ki sana gelmekle doğru yapmışım, paşa hazretleri."

"Bir daha kendi dünyasında yaşayan bir kadının adını kullanma."

Elvan tebessüm etti.

"Ben gece yarısı yola çıkacağım Alemdar Paşam."

"Seni İstanbul'da nerede bulurum?"

"Ben seni bulurum. Senin yakınında olacağız ama ne olur bizi arama."

Alemdar, en çok da Ak Sungur'dan ayrıldığına üzüldü. Elvan'ın ayrılmasından sonra Edirne kışlağına gitmek için ordusuna hazırlık emri verdi. Sabah ordu karargâhından gelen ulak Pehlivan Paşa'nın çıkan bir isyanda öldürüldüğü haberini getirdi. Pehlivan Paşa'nın ölüm haberi Alemdar'ın içindeki endişeleri sildi. Pir Elvan'a artık inanıyordu.

Hava taşlaşmış tuz gibiydi. Küçük Çekmece Köprüsü'nden rüzgâr gibi geçti süvari. Yalçın kayalıklardan, çamur deryasına dönmüş ovalardan içindeki korkularla geçmişti. Gözlerine kadar sardığı sarığı rüzgârın etkisiyle havada uçuşuyordu. Dörtnala giden atının sağrılarına çizmeleriyle dokundukça at kanatlanıp uçacak gibi oluyordu. Edirne sahrasına girdiğinde boncuk boncuk terleyen at buhar olup uçacak gibiydi. İçliğine sakladığı küçük kâğıt aklına geldikçe içindeki korku daha da depreşiyordu. Edirne sahrasında, geri dönmek için harekete hazırlanan orduyla karşılaştı. Oysa ordunun döndüğünden kimsenin haberi yoktu.

Tunçtan demirden adamlar hareket için, önlerine geçmiş Alemdar'dan bir emir bekliyorlardı. Ulak on beş bin seçme savaşçının içine dalarken beyaz bayrağını çıkartmıştı.

"Alemdar Mustafa Paşa'yı arıyorum."

"Kimsin?"

Sesin geldiği yere döndü atlı. Karşısında duran kişi Alemdar Mustafa Paşa'ydı. Pervasız ve korkusuz bu adamın sesi ulağı korkuttu.

"Pir Elvan'ın emriyle geldim."

Elini içliğine atarak bir kâğıt çıkartıp Alemdar'a uzattı.

"Alemdar Mustafa Paşa'ya

Lazım geldiği gibi İstanbul'a gelmeniz için padişah efendimizin izni vardır. Vakit kaybetmeden İstanbul'a doğru yola çıkın."

"Başka bir şey göndermedi mi pirim?"

Ulak içliğinden ağzı mühürlü bir zarf daha çıkartıp Alemdar'a uzattı.

"İhtiyar tilki," diye tebessüm etti Alemdar. Yüzüne, mutlu olduğunu hem de çok mutlu olduğunu gösteren bir ifade oturdu. Ulağa bir kızıl kese vererek atını ordunun dışına doğru sürdü.

Küçük bir tepeye sırtını vermiş elli atlısıyla bekleyen Pınarhisar ayanı Hacı Ali, atını öne sürerek Alemdar'ı karşıladı.

"Hacı Ali vakit tamamdır. İstanbul yolu bize gözükür."

"Elli yiğidimle başımız yoluna kurban paşa baba."

Alemdar; cehennem kaçkını elli küheylan üzerinde ateş gibi bakan, elli âdem ejderhasına doğru sürdü atını.

"Gazanız mübarek olsun şahbazlarım."

"Başımız yoluna kurban paşa baba."

"Haydin... Göreyim sizi. Vazifenizi bitirmeden geri dönmeyin."

"Emrin olur paşa baba."

Alemdar mektubu Pınarhisar ayanına verdi.

"Bu iş çok önemli, mektup önemli bir yerden... Bu işi bitirmeden geri dönmeyin. Bu hizmetiniz dünya var oldukça hep hayırlı bir iş olarak anılacak Hacı Ali. Haydin gazanız mübarek olsun."

"Sağ olasın paşa baba."

Pınarhisar yiğitleri, kılıçlarını mavi gökle cenk eder gibi havaya kaldırdı. Hacı Ali ve birliğin rehberi Ketencioğlu önde, elli şahbaz yiğit arkada, yağız yeri titreterek karşı tepelere at sürdüler. Kâh eşkin gidişle kâh doludizgin, dağlar ovalar geçti avcı birliği. Gök dolmuş, yağmur bulutları yükünü inceden inceye dağlara, ovalara bırakmaya başlamıştı. Yürekleri ateş, bakışları kuzgundu süvarilerin. Kömürcü Pınarı, Çaptalan, Domuzdere ve Uskumru köyleri geçildi. Ne avcı birliği birini gördü ne de biri onları.

Keçi yollarında, ıssız koyaklarda at sürdüler. Kuru toprak yeşil vadilere, çıplak dağlar mavi sulara dönünce durdular.

Ketencioğlu sisler içinde kaybolmuş Rumeli Feneri'ni uzaktan görünce, içinde uyuyan öfke azgın bir sele döndü. Dizdarlığını yaptığı kaleden kovulduğu günden beri gözlerine uyku kuşu konmamıştı. Huzur ise uzak bir ülkede soluk bir hayaldi Ketencioğlu için.

Bir yılan gibi kıvrılan Boğaz, zümrüdî yeşil içinde kaybolmuştu. Ak pak suları, insan ruhunun ilk hali gibi temizdi.

Pınarhisar yiğitleri atlarının sırtında bu doyumsuz manzarayı seyrediyordu. Bilinmez bir yere bilinmez bir vazifeye gitmenin gururunu taşıyan seçilmişlerdi.

İki gündür yoldaydılar. İki gün... Ne bir şikâyet vardı ne de yılgınlık. Seçilmiş olmanın onuru çepeçevre sarmıştı her yanlarını.

"İyi dinlenin şahbazlarım. Gece bile uyurken biz uyanık olacağız."

"Emrin olur hacı ağa."

İşte güneş... Avcı birliğinin vazifelerini görmesi için o da sahneden çekiliyordu. Rumeli Hisarı'nın yüksek duvarları turuncu ışığa kesilmişti.

"Kalkın yiğitlerim, yarın o duvarlar kendi evinizin duvarları olacak."

Gecenin karanlığı bir perde gibi üzerlerine inince, avcı birliği yola çıktı. Ketencioğlu gecenin karanlığına rağmen bir sansar gibi yol alıyordu. Köyün kirli solgun ışıkları seçilmeye başlayınca, avcı birliği ayakkabılarını ve yemenilerini çıkararak bellerindeki kuşakların içine soktu. Ketencioğlu avcı birliğine göz olmuştu, dil olmuştu. Her bakışı, her hareketi bir emir gibiydi. Bir yılan gibi, sinsi bir kurt kadar ihtiyatlıydılar. Elli kişi değil de, bir tek âdem gölgesiydiler.

Titrek bir ışığın solmaya yüz tuttuğu kahvehaneye sessizce yaklaştılar. Hurşit Ağa, efendisinin bakışlarından emrini anlamış, keskin taşların tenini parçalamasına aldırmadan sürünmeye başlamıştı. El hareketlerinden üç kişinin içerde uyuduğu anlaşılıyordu. Ketencioğlu ardınca sürünen on avcıyla kahveyi bastı. İçerdekiler daha ışığı fark edemeden, üzerlerine çöken avcılarca etkisiz hale getirildiler. Kemikleri kırıldı kırılacak, yürekleri patladı patlayacaktı.

Boğazlarına dayanan palanın korkusuyla, konuşmakta birbiriyle yarışmaya başladı yamaklar.

"Kabakçı denen herif nerededir?"

"Konağında."

"O kadarı bize de malum köpoğlu. Konağı nerededir?"

Oduncu titreyen sesine hâkim olamıyor fakat baş korkusundan da konuştukça konuşmak istiyordu.

"Konağı, kalenin dışında beyim."

"Konakta kaç koruma var?"

"Yomralı Mustafa'yla beraber yedi sekiz kişiler."

"Doğru söyle kulağını alırım."

"Doğru derim beyim."

"Korumalar neden bu kadar az?"

"Düğün dernek kuruluydu bugün."

"Kimin düğünü?"

"Kabakçı Ağa'nın düğünü... Gelin kızın yakınları konakta misafir."

"Kalk!"

"Beyim... Beyi..."

"Kalk dedim. Bizimle gelecek yolu göstereceksin. Bir yanlış yaparsan imam efendi yarın talkımını verir."

Karakulak Hasan Beşe oduncuyu ayağından kalınca bir iple bağladı, ipin diğer ucunu da kendi beline sardı. İki mızrak temreni iki kürek kemiği arasına dayandı. Oduncu, bacakları titreye titreye avcıları Kabakçı'nın konağına getirdi. Konak, bir sarmaşığın duvarı sarması gibi sarıldı. Hacı Ali yanına kölesi Çerkez Hurşit, Karakulak Hasan Beşe, cellâdı Zeybek Mustafa'yı ve yedi avcıyı da alarak avlu kapısından gölge gibi içeri sızdılar. Ay ışığı bulutların arasından yüzünü bir gösteriyor bir kayboluyordu. Kararmış bir gümüş gibi yarı alacaydı hava. Bahçede üzerleri çıplak yatan sekiz nefer gözlerini açmadan etkisiz hale getirildi. Hacı Ali korkuyla açılmış gözlerle avcılara bakan yamaklara;

"Padişah fermanıyla geldim. Davrananın ciğerini kuduz köpeklere yediririm." dedi.

Avcılar konağın kapısına dayanarak omuz verdiler. Büyük bir gürültüyle çöken kapıyla birlikte içeri girdiler. Üst kattaki yatak odasına koşturan avcılar kapıyı omuzlayarak yalın kılıç içeri daldılar.

Zifiri karanlıkta yükselen çığlıklar arasında Ketencioğlu'nun yaktığı fenerle Kabakçı'nın korkudan açılmış gözleriyle karşılaştılar. Kabakçı kale dizdarlığından aldığı Ketencioğlu'nu karşısında görünce beyni istim taşı gibi dönmeye başladı. Gelinliği başucunda asılı Zeynep öylece donakaldı. Gözlerinin önündeki en son görüntü lambanın ışığı oldu. Zeybek Mustafa bir kaplan gibi atılıp palasıyla Kabakçı'nın başını düşürdü. Ketencioğlu ayaklarının dibine düşen başı alarak elindeki kızıl çuvala koydu. Yanı başında başsız yatan kocasının akan kanları mengenede sıkışmış bilincini bir anda çözdü Zeynep'in. Cismi canı, bir çığlık olup gecenin karanlığına aktı. Öyle ki yüreklerine korku misafir olmamış avcılar bile bu çığlıkla ürperdiler. Ketencioğlu on Kırcalı askeriyle Kabakçı'nın başını alarak yola çıktı.

Ordu Çorlu'ya yeni varmıştı. Alemdar Mustafa, sadrazamın çadırına misafirdi. İçeri giren asker yere diz vurup temenna etti.

"Ketencioğlu adında biri sizinle görüşmek ister Alemdar Paşam."

Sadrazama dönen Alemdar;

"Sadıklarımdandır, izniniz olursa..."

"İçeri alın."

Ketencioğlu içeri girdi. Hiç durmadan at sürerek gelmişti. Üzerinde dağlar varmış gibi yorgundu. Önce sadrazamın sonra da Alemdar Paşa'nın eteğini öpüp birkaç adım geri çekildi. Kızıl torbayı açarak kesik başı çıkartıp havaya kaldırdı.

"Emrin yerine geldi paşa baba. Bak..." dedi.

Alemdar'a dönen sadrazam;

"Alemdar Paşam, kimin kellesidir bu?" diye sordu.

Yüzündeki tebessümle sadrazama dönen Alemdar;

"Kabakçı denen kuduz köpeğin paşa hazretleri."

"Kabakçı'nın mı?"

O an koca bir boşlukta asılı kalmış gibi ürperdi sadrazam. Bir şeyler demek istedi de sesi çıkmaz oldu.

"Hacı Ali?"

"Kaleye kapandılar paşa baba."

"Tiz yardım yola çıkarın yiğitlerime."

Ketencioğlu temenna ederek, çıkmak istediğini bildirdi.

"Bir emriniz var mıdır paşa baba?"

"Yoktur şahbazım... Şahbazımı rahat ettirin, yol yorgunudur."

Alemdar önündeki en büyük kaleyi İstanbul'a girmeden yıkmıştı. İstanbul'a kendinden evvel geliş haberi ve Kabakçı'nın başının alındığı haberi yetişince her yeri haraca kesen zorba başları, bin altına başlarını sokacak sıçan deliği aramaya başladılar. İstanbul'da işler şimdiden yoluna girmeye başlamıştı bile. İstanbul'u haraca kesen paşalar, kırk dereden su getirerek Alemdar'ın geri döndürülmesi için padişaha dil döküyorlardı. Ordunun Silivri'yi geçtiği haberi geldiğindeyse 'şehrin kapılarını kapatalım' diyerek padişahı daha önce verdiği karardan döndürmeye çalıştılar. Sultan Mustafa hiçbirini dinlemedi. Alemdar'ın, şehri yaban otları gibi saran asilerden temizleyeceğine inanıyordu. Kabakçı'nın başı Alemdar'ın İstanbul'a giriş vizesi olmuştu. Padişahtan ümit kesenler, Alemdar'ın kılıcının bozulan adalet terazisini tekrar dengeye getireceğine inanmaya başlamışlardı.

☪

Köse Kâhya, İncirli Çiftliği'ne gelindiğinde Alemdar'ın çadırına girdi. Alemdar yol yorgunluğunu atmak için istirahat ediyordu.

"Efendim rahatsız ettim."

"Gel bakalım kâhya."

"Efendim! Padişah efendimiz, Davutpaşa'da sancak-ı şerifi karşılamaya gelecekler."

"Usul müdür?"

"Usuldür efendim. Sancak uğurlandığı gibi karşılanmak zorundadır da..."

"İyi."

"Şeyhülislam ve devlet erkânı buraya gelmekteler."

"Onlar neden Davutpaşa'ya gelmiyor da, ta buralara kadar geliyor?"

"Şeyhülislam gelişimizden şüphelidir diye düşünürüm."

"Sen bu işleri iyi bilirsin kâhya, ne yapmak icap eder?"

"Gereğinden fazla saygı göstermek gerek. Ulema efendiler saygı görmeye alışkındırlar. Neden geldiğinizi merak edip ağzınızı aramaya kalkacaklardır. Bu ulema kısmını hafife almaya gelmez efendim. Halinizden, tavırlarınızdan niyetinizi anlarlar. Padişahı dünya gözüyle görmek muradımızdır derseniz fazla da üstelemezler."

"Topal Müftü bu söze kanar mı dersin kâhya?"

"Şehre girene kadar en azından... Kabakçı'nın başının alınması onları dehşetli bir korkunun kucağına atmıştır. Cesaretimi mazur görün ağam, amma padişahın ismi ve korkusu koca imparatorluğu yönetir. Güç, zihinlere aşılmaz bir duvar gibi işlenirse insanlar gerçekten o duvarın aşılmaz olduğunu düşünüp aşmaya dahi teşebbüs etmezler. Güç ulu orta yerde ispatlanmaya kalkılırsa o duvar çöker. Şimdi sizin adınız İstanbul'da padişahın adının da üstündedir, bunu iyi değerlendirmek lazımdır ağam."

"İlk halledilmesi gereken iş nedir, kâhya?"

"Efendim fitnenin başı Musa Paşa oyunun dışında kaldı sayılır, asilerin başı Kabakçı melunun da başı yanımızda padişaha hediye gider. Geriye yıkılması gereken bir duvar kalıyor. İlk halledilmesi gereken kişi şeyhülislamdır."

"Doğru dersin kâhya. Yaranlarımızı ikaz et uyanık olsunlar."

Kâhya asıl söylemek istediğini söylemeye cesaret edememiş temenna ederek çadırdan çıkmak için dönmüştü ki Alemdar'ın sesiyle geri döndü.

"Asıl meramını demedin kâhya."

Kâhya boynunu bükerek sessiz kaldı.

"Kaç yıllık sadığımsın, ben senin halinden, tavrından anlarım kâhya. Söyle bakalım..."

"Efendim! Tedbir alsak da..."

Alemdar kâhyasını nasıl tanıyorsa kâhya da Alemdar'ı öyle tanıyordu.

"Sultan Mustafa, Davutpaşa'ya geldiğinde, tutuklayıp Selim Han'ı tahta çıkartana kadar kışlada alıkoysak."

Alemdar hiç düşünmeden;

"Bre kâhya! İyi dersin de böyle kahpelikle iş görmek bize yakışır mı? Yaranlarımla yeminim var, Selim Han'ı tahta çıkartacağız ama devlet erkânının ortak kararıyla. Topal Müftü gelince sen yanından ayrılma da yanlış bir iş yapıp işleri çıkmaza sokmayalım. "

"Efendim siz en iyisini bilirsiniz."

Alemdar yerinden kalkarak kâhyanın yanına gitti, elini omzuna koyarak; "Hiddet ile devlet işi görülmez kâhya. Neredeyse bir ömrü beraber tamamladık. Seni kendimi bildiğim gibi bilir, sadakatinden şüphe etmem. Sözümüzü yerine getirip... Neyse hele o günler bir gelsin."

Şeyhülislamın gelişi gecikmedi. Alemdar hemen yanında yaranları ve kâhyasıyla çadırının dışında karşıladı şeyhülislamı. Çadıra girince şeyhülislam başköşeyi Alemdar'a vermek istediyse de Alemdar bunu reddetti.

"Buyurun şeyhülislam efendi buyurun... Sizler hem başı büyük hem de işi büyük devlet erkânısınız. Oraya oturmak en evvel size yakışır." dedi.

Topal Ataullah 'başı büyük, işi büyük' lafından şüphelenip korkudan eli ayağı tutmaz oldu. Alemdar'ın etrafta tunçtan demirden adamlarmış gibi duran âdem ejderhalarını görünce de işin çoktan kendi iradesinin dışında kaldığını anladı. Yapacağı tek şey kalmıştı; Alemdar'ı gazaba getirmeden başını kurtarmak.

☪

Padişah âdet olduğu üzere Davutpaşa kışlasında sancak-ı şerifi karşıladı. Sadrazam, padişah elinden sorguç alırken ayak öpüp sancak-ı şerifi teslim etti. Sadrazamdan sonra Alemdar da ayak öpüp sadık olduğunu bildirdi. Padişahın emri üzere on beş bin kişilik ordusunun konaklaması için Çırpıcı Çayırı'na hareket etti ve karargâhını oraya kurdu.

İstanbul'da siyaset artık bıçak sırtında dönüyordu. Rusçuk yaranlarından Ramiz Efendi siyaseti bilen biriydi. Alemdar onun da yönlendirmesiyle önce Şeyhülislam Ataullah Efendi'yi azledip Bebek'teki yalısında gözetim altına aldı. Topal Ata'nın azmi, direnci bir anda kırıldı. Kapısına varılan devletli, direnç göstermeden köşesine çekilmeyi kabul etti. Eski düzenin bütün makamları kısa zamanda Alemdar'ın eline geçti. Alemdar sert bir poyraz gibi esiyordu İstanbul'da. Sadrazam Çelebi Mustafa Paşa, Alemdar'ın siyasetinden oldukça memnundu fakat Alemdar'ın gizli niyetini anlamayacak durumda değildi. İşleri yoluna koyunca Alemdar'ın Rusçuk'a döneceğini, meydanın kendisine kalacağını düşünüyordu.

-11-

Şanizade Konağı

Pir Elvan geceden beri yağan yağmuru odasının penceresinden izliyordu. Açık pencereden içeri giren toprak kokusunu derin derin içine çekti. Boğaz'ın suları her zamankinden daha coşkun akıyordu. Bugün uzun süreden beri planladığı fakat bir türlü fırsat bulamadığı bir ziyarete gidecekti. Her gün yaptığı gibi Ak Sungur'u özel bölmeden çıkarttı. Geniş kanatlarıyla boğazın sularına doğru havalanan Ak Sungur'u gözden kaybaluncaya kadar izledi.

"Sabah-ı şerifler hayır olsun pirim."

"Hayır, cümlemizi kuşatsın ustam."

Bu arada İsmail içeride kahvaltı hazırlamakla meşguldü. Kaşık, bardak tıkırtıları ara ara işitiliyordu.

"Bir tavla atmaya ne dersin usta?"

"Acemi talimi mi yapacağız gene pirim?"

"Göreceğiz bakalım."

Süleyman Usta sedef işlemeli özel tavlayı getirerek ortaya koydu. Sabahın serinliğinde üşüdüğünü fark eden Elvan üzerine bir şey almak için içeri girdi. Şanizade için hazırladığı özel bohçayı da alarak dışarı çıktı. Tavlayı her zamanki gibi Elvan kazandı. Kahvaltı faslını fazla uzatmadılar. İsmail de Süleyman Usta da yeni kurulan arkadaşlıklarından memnundu. İsmail, Süleyman Usta'ya can yoldaşı olmuştu. İsmail'in hayatı da kısa zamanda düzene girmiş, gece gezmeleri azalmıştı.

Güneşin sıcağı iyice hissedilmeye başlayınca Elvan yola çıktı. Kayıkla karşı kıyıya geçtikten sonra uzun bir yürüyüşle konağa geldi. Şanizade dostunu sıcak bir tebessümle karşıladı. Elvan'ın koltuğu altındaki atlas bohçayı görünce keyfi daha da yerine geldi. Konağın geniş salonuna oturdular.

"İstanbul... İstilalar, isyanlar, yangınlar, sel baskınları görmüş İstanbul... Cihan fatihleri görmüş İstanbul... Kâhin soluklarına nefes olmuş İstanbul... Sahipkıran kerametleriyle iman tazelemiş İstanbul... Sadabat kasırlarıyla yeryüzü cenneti olmuş İstanbul... Açlık, salgın hastalık, soysuzluk görmüş İstanbul... Bunca yaşadıklarına rağmen hiç bu kadar soysuzlaşmış mıydın? Bu kadar soysuzu sinende barındırmış mıydın?"

Elvan, elindeki kahve fincanını önündeki sehpaya koymak için uzandığında ellerinin titrediğini fark etti. Saatlerdir süren sohbette nefes almadan Şanizade, Ataullah Efendi'yi dinliyordu.

"Aman pirim... Seni de kendi içimin karanlıklarında boğdum."

"O nasıl kelam öyle... Üç gün aralıksız konuşsan da hiç şikâyet etmeden dinlerim de ağzımdan bir serzeniş cümlesi çıkmaz üstadım."

Karşılıklı tebessüm ettiler.

"Dumansızlık başına vurmuştur pirim."

"Hem nasıl..."

Elvan için istediği nargilenin hazırlanıp hazırlanmadığını öğrenmek için dışarı çıkan Şanizade kısa bir zaman sonra geri döndü. Bu sefer Elvan'ın yanına değil de karşısına oturdu.

Elvan yanında duran kırmızı atlası Şanizade'ye uzattı.

"Koca imparatorluğun vakanivüsü bu evraklardan haberdar olmadan mı göçsün gitsin?"

"Beni hep utandırıyorsun pirim. Yine neler getirdin?"

Elvan soruyla ilgilenmek yerine içeri getirilen nargileyle ilgilenmeye başladı. Şanizade kırmızı atlası, içinde kırılacak bir şey varmış gibi özenle açtı. İki kanadı sıkı sıkıya bağlanmış, el kısmından altın bir zincire asılı küçük makası eline aldı. Dudaklarında içten bir tebessüm vardı Şanizade'nin. İki kanadında da yazı vardı makasın. Eline bir büyüteç alarak yazıları okumaya çalıştı. Elvan makası eline alıp incelemişti de teferruatlarıyla hiç ilgilenmemişti.

"Selim... Diğer tarafında da İbrahim yazıyor. İbrahim Kethüda'nın koynundan mı çıkmış pirim?"

"Kethüda'yı paralarlarken koynundan düşmüş. Bizim Barba İspiro kalabalık çekildikten sonra almış."

"Bunun ne olduğunu bilir misin pirim?"

"Bir tılsım ama manasını bilmem."

"Selim Han'ın gözü benden başka birini görmesin tılsımı... Ahhh umut ah... İnsanlığın en büyük zehri..."

Elvan nargileden yeterince tütsülenmiş, zihnini toparlamıştı. Şanizade'ye bakarken elinde küçük deri kılıfından çıkartılmış gümüş hançeri gördü.

"O da bahriye nazırı Hacı İbrahim Efendi'nin koynundan çıkmış."

Şanizade, *"kılıç kesmez tılsımı"* diye mırıldandı.

"Ama işe yaramadı. Gizli Sıtma'nın saçını sakalını şifa niyetine yolmakla kalmadılar, kılıçla, teberle paramparça ettiler."

Şanizade elindeki kurşunu ışığa doğru kaldırarak baktı. Elvan gülerek;

"Yeniçeri fındığı mı?"

"Bu da kurşungeçirmez tılsımı mı?"

"Haliyle... En nadide parça içindedir, iyice bak."

Şanizade heyecanla kadife bezi açtı. Bir aslan heykelciği ile rulo halinde sarılmış bir kâğıt gördü.

"Hangisi?"

Elvan, aç bir bebeğin emziğe yapıştığı gibi nargilenin marpucuna yapışmıştı. Kaşıyla Şanizade'nin sağ elindeki ruloyu işaret etti.

"Bu ne?"

"Sır kâtibi Ahmet Efendi'nin koynundan çıkmış."

"Ne anlama geliyor pirim?"

"Düşmanlarımın gözüne aslan gibi kudretli ve haşmetli görüneyim tılsımı."

"Aslan tılsımı ha..." Bunu söylerken kahkahalarına hâkim olamadı Şanizade.

"Cellâtlarının gözüne aslan gibi gözükmüş müdür dersin?"

Elvan, hayır manasında kafasını iki yana sallayarak cevap verdi.

Şanizade elindeki ruloyu açarak okumaya başladı.

"Galata'nın Beşiktaş nahiyesinde Paşa Mahallesi'nde oturan Valide Sultan Kethüdası Yusuf Ağa hazretlerinin yalısında bir şeriat meclisi toplandı. Ahmet Ağa oğlu Sadullah Ağa huzurunda lisanıyla ikrar ederek 'Levh-i mahfuzda ne miktar yazılı ise ömrümün yedi senesini Yusuf Ağa hazretlerine bağışladım.' dedi. Malumdur ki Hazreti Âdem de ömründen bir miktarını Şit Aleyhiselam'a vermişti ve o da bu bağışı kabul etmişti, Yusuf Ağa hazretleri de o misale uyarak bu yedi yıllık ömür bağışını kabul eyledi, biz de onların isteği üzerine bu bağış ve kabul hüccetini yazıp mahkeme siciline kaydettik.

27 Rebiyülahir 1211 (30 Ekim 1786)

Galata Kadısı

Kavafzade Mustafa Emin

"Bu inanılır gibi değil..."

"İlk gördüğümde ben küçük dilimi yutacak gibi olmuştum."

Uzun süre salonda ses işitilmedi.

"Köse, Yusuf Ağa'nın terekesine otururken bu şeriat meclisinin kararından haberdar mıydı?"

"Olsa ne olacak ki azizim?"

Şanizade salondan çıkarak çalışmalarını sürdürdüğü odaya gitti. Elvan içeri sızan ışığın duvarlardaki oynaşmalarını seyrederek vakit geçirdi. Şanizade, kucağında bir sürü jurnalle çıkageldi.

"Bak pirim. Bunları bir okusan aklın havalanır da yere konmaya bin altın ister."

Elvan sayfaların içinde kaybolmuş gibiydi.

"Son günlerde yaşadıklarımızın kayıtları... Tabi bunlar pek bilinmeyenleri. Şimdi bunları düzene sokmakla meşgulüm."

Elvan elini sakalına atmış sıvazlarken imparatorluğun vakanüvisinin notlarını dikkatlice inceliyordu.

"Alemdar Ağa'yla neler konuştun pirim?"

Önce duyduklarını anlamamış gibi Şanizade'nin yüzüne baktı. Şanizade aynı yumuşak ses tonuyla sorusunu yeniledi.

"Alemdar Ağa mı?" diye geçiştirmeye çalıştı Elvan.

"Sen İstanbul'da olacaksın da bu kadar şeyi duymayacaksın ha... İhtiyar tilki."

"Kahvesiz edilir mi bunca kelam azizim?"

Şanizade tebessüm ediyordu ama tam karşısında oturan Elvan'ın suratı, ateşi geçmiş kül gibiydi.

"Söyle bakalım nasıl ikna ettin Alemdar'ı?"

"Ona güzel bir hikâye anlattım üstadım."

"Alemdar bir hikâyeyle İstanbul'a gelecek adam mı?"

"Çocuk gibi. Çocuklar şekere çok meraklı olurlar bilirsin."

"İlahi, pirim."

Uzun süre sustular.

"Kabakçı'nın ayak divanından kaçırarak götürdüğün deli kimdi pirim?"

Elvan bir rüyadan can havliyle uyanır gibi oldu. Deli Âşık'ın hayali paslı bir kama gibi saplandı beynine. Nefesi daraldı, yüzünün rengi uçtu.

"Ne oldu pirim? İyi misin?"

"İyiyim. Delinin biri ama iç parçalayıcı bir hikâyesi var. Barba'nın Küllük'te tanıdım. Neyse geçelim bunları, kahveleri tazelet de sana Alemdar'ı anlatayım."

Şanizade, Elvan'ın konuyu değiştirmek için bu teklifi yaptığını anlamıştı. Bu teklifte menfaatine çok şey olduğu için memnuniyetle ve meraklı bakışlarla Elvan'a bakıyordu.

-12-

Semayı saran davudi sesler kesilince konakların ahşap kapıları cızırtılarla birer birer açılmaya başladı. Dualar ve besmelelerle sokağa sol adımlarını atan insanlar zihinlere canlılık veren azotlu havayı derin derin içlerine çekiyorlardı. Sokaklar mütevekkil adımlarla namazgâhlara akan insanlarla dolmaya başlamıştı. Şehirde nabız yeni yeni atmaya başlamıştı ki Yedikule civarından Aksaray'a ilerleyen katarın önü sıra giden seğirdim ustasının insanın içini ürperten avazı duyuldu.

"Allah Allah... Celil-i Cebbar, Muin-i Settar...

Eskiden kuluyuz, yeniçeriyiz

Yanar oda girer semenderiyiz.

Pirimiz Hacı Bektaş.

Hacı Bektaş köçekleriyiz..."

İri yarı, etli yüzlü, küt burunlu, bıyıklarını balta kesmez ceberrut bir âdem ejderhasıydı seğirdim ustası. Sağ yanağında derince bir kılıç izi vardı. Uzun kâkülü yüzünü kapatsa da korkunç görüntüsünü gizleyemiyordu. Elindeki palayı cenk eder gibi havada sallayarak katırların önü sıra koşuyor, karakollukçulara katırları daha hızlı sürmeleri için emirler yağdırıyordu. Etraftaki meraklı bakışları azarlamaktan da geri durmuyordu. Siyah meşin feraceleri, nakışlı zincefleri ve başlarında altın işlemeli üsküf keçeleriyle ve ayaklarında körüklü çizmeleriyle seğirdim aşçıları göz dolduruyordu. Bellerine sardıkları işlemeli peştamalları üzerindeki zülfikar gibi keskin bıçaklarıyla etrafa korku salıyorlardı. Peştamallarının süsü olan altışar okkalık gümüş zincirler ve gümüş zilloplar her adım atışlarında sabahın sessizliğine ihtişam naraları salıyordu. Her biri bir ejderhaya gem vurmuş da onu susturmak için naralar atıyormuş gibi boş sokakları sese boğmuşlardı.

"Bre ne alık alık bakarsınız? İşiniz gücünüz yok mudur sizin?"

Katar koşar adımlarla Aksaray'a henüz varmıştı ki bir yeniçeri civeleği gaflette bulunup kafileyi seyredeyim derken katırların arasında kaldı. Ürken hayvanlar birbirine girince yirminci ortanın karakollukçu neferi öyle bir sarıldı ki civeleğin boynuna; kuşça canı bir anda kanatlanacak gibi oldu. Geri dönen seğirdim ustası havada salladığı palasını civeleğin göğsüne dayadı.

"Bre uğursuz it! Ocağın katarı önünden geçmeye nasıl cesaret edersin? Ocağın kısmetine mani olacaksın."

"Affet ağa... Maksadım ocağın kısmetine mani olmak değildi. Sizi seyredeyim derken gafil oldum."

"Gafil oldun haa! Vurayım mı boynunu, alayım mı o kuşça canını?"

"Aman ağa. Şanına yakışır mı senin, benim gibi bir gafilin boynunu vurmak... Elini bir yamağının kanıyla kirletmek..."

Etli suratını saran öfke bir anda kayboldu seğirdim ustasının. Balta kesmez bıyıklarının altından insanda güven hissi uyandıran bir tebessüm belirdi. Karakollukçular, korkudan titreyen civeleğe gülmemek için kendilerini zor tutuyorlardı.

Ahşap bir mescidin önünde birikmiş kalabalık olaya müdahil olmakta oldukça kararsızdı. Önlerinde uzun beyaz saçları akça gül işlemeli bir dolamanın altından sarkmış, nice cenk meydanında naralanmış, nice insanlar tanımış, nice güngörmüş bir pir-i fani vardı. seğirdim ustasının yumuşamasını da fırsat bilerek hemen fırladı ihtiyar. Elini içliğinin açık düğmelerinden sarkmış kıllarına vurarak;

"Destur ağalar..."

"Bre ihtiyar sen de kimsin? Hacivat gibi ne amansız çıkarsın meydana?"

"Cesaretimi mazur gör ağa. Aman dilerim... Aman... Garip bir kahveci yamağıdır bu gafil. Usul erkân bilmez bir civelek. Hatasını da bilir, af diler. Hem ocaklı da sayılır. Affetmek ağalık şanındandır."

Seğirdim ustası, korkudan titreyen civeleğe herhangi bir şeye bakar gibi bakıyordu. Kabarmış yüreği, palayı kavrayan eli hareketlendirmek için zorluyordu onu. İçindeki cengâver uyanmıştı. Kalabalığın yüreğine korku salmak ayrı bir haz veriyordu seğirdim ustasına.

"Kılıç artığı bir zavallıdır ağa... Nice cenk görmüş, nice imansızı imana getirmiş, nice düşmana diz çöktürmüş bu mübarek palayı bir yeniçeri civeleğine indirmek ağalık şanına yakışmaz."

Seğirdim ustasının ayakları dibinde yatan civelek oğlanın içliği parçalanmıştı. Omuz ucundan ak bir çadır üzerine pençeleriyle inen kartal dövmesi görünüyordu. Dövme o kadar ayrıntılı çizilmişti ki sanki frenk üstadlarından birinin eseriydi.

"Kim yaptı bu dövmeyi?"

"Nakkaşhanede Frenk resmine meraklı bir çırak..."

Seğirdim ustası kılıçla gömleği çekip alacakaranlıkta tam göremediği resme biraz daha dikkatlice baktı.

"Ulan densiz it! Bu bir kartal değil."

"Aman ağa, nasıl olur?"

"Bu bir Ak Sungur. Nerden bilirsin sen bu yırtıcıyı? Asya çöllerini ne zaman gördün de tanıdın bu kuşu? Doğru söyle. Nakkaşhane çıraklarının böyle bir kuşu tanıması da çizmesi de mümkün değildir."

Civeleğin sesi çatallaştı, korkudan konuşamaz oldu. Bir süre öylece donakaldı.

"Söyle ulan it! Konuşsana dilini mi yuttun?"

"Ağa ben çok az adam tanırım... Nakkaşhanede Frenk resmine hevesli bir çırak işidir."

"Bre usul erkân bilmez! Bilmez misin Frenk resmi günahtır?"

"Bilirim ağa..."

"Yıkıl! Bir daha gafil olma, boynunu vururum uğursuz it..."

Seğirdim ustasının ellerine yapışan civelek oğlan gözyaşları içinde onları öpüyordu. Boğazına düğümlenen hıçkırıklardan söyledikleri pek de anlaşılmıyordu.

Kalabalığa dönen seğirdim ustası, han edasıyla kükredi.

"Siz de yıkılın bre! Ocak et bekler."

Kalabalık ses çıkartmadan dağıldı. İhtiyar, civelek oğlanı yerden kaldırırken bir yandan da kendi kendine söyleniyordu. Öyle ki korkudan kendi sesini kendisi bile duymuyordu.

"Bre imansızlar! Bre soysuz kaltaban takımı! Bıçkın it sürüsü!"

İhtiyarın sövüp saydığından habersiz, üçüncü ortanın sakası sokakları inletircesine uzun gazelini çekiyor, palalar cenk eder gibi havada sallanıyordu.

"Kâkülü alnına taramış berber
Sol yanak üstünde beni var amber
Âşıklar olmuştur kol kol seferber
Hey gümüş topuklu afetim hey heeeeey!"

Tezgâhçılar sokağına açılan saçakları geniş ve kurşun kaplı kâgir kapıdan Et Meydanı'na girdi katar. Sakalar kapının girişindeki çeşmeden boşalan testilerini doldurmak için sıralanıyordu.

Kasap dükkânlarına indirilen etler Hıristiyan usta ve çıraklarca dükkânlara taşındı. Seğirdim ustası meydandaki büyük taşın üstüne çıkarak elini kulağına attı. Sesi Et Meydanı'nı sallıyordu.

"Allah Allah eyvallah…
Baş üryan, sine püryan, kılıç al kan
Bu meydanda nice başlar kesilir hiç olmaz soran!
Eyvallah eyvallah…"

"Huuuuuuu! Pir aşkına Huuuuuuu!" diye sadalandı nefer.

"Kahrımız kılıcımız düşmana ziyan
Kulluğumuz padişaha ayan.
Üçler, yediler, kırklar…
Gülbank-ı Muhammedi, nur-u Nebi, kerem-i Ali
pirimiz, hünkârımız Hacı Bektaş-ı Veli
Demine devranına hu diyelim!
Huuuuuu.
Huuuuuuuuu."

Hu sesleri semayı sarmıştı. Tüm ortaların çorbacıları kışla kapısında toplanmıştı. Kimisi elindeki tespihi şakırdatıyor kimisi de balta kesmez bıyıklarını parmak uçlarıyla düzeltip uçlarını buruyordu. Seğirdim ustası ciğeri su toplarcasına naralanınca, Et Meydanı'nda nefes sesi dahi kesildi. Seğirdim odaları aşçıları, talimhane kapısı önünde saf oldular. Hepsinin ayakları yalın başları açıktı. Üzerlerinde sadece birer göğüslük vardı. Baş usta, katarın önü sıra gelip katarın en önündeki hayvanın üzerindeki etten bir parça kesip eline aldı.

"Allah Allah Eyvallahhh!
Ezelden beri mestaneleriz
Nur-u ilahide pervaneleriz
Bir bölük bu cihanda divaneleriz
Sayılmayız parmakla
Tükenmeyiz kırılmakla
Eksilirse birimiz
Hadis olur binimiz."

Talimhanenin diğer ucunda tüm neferin gözü seğirdim aşçısındaydı. "Devam-ı devlete, saltanat nöbetinde bulunan Mustafa Han hazretlerinin saltanatının daim olmasına, Hacı Bektaş Ocağı'nın kıyamete kadar tütmesine... Ocak pirlerinin kıyamete kadar ocağın başında olmasıdır niyazımız. Mevla duamızı kabul buyura."

"Âmin... Âmin..."

"Cümle pirlerin ruhuna fatiha..."

Seğirdim aşçısının fatiha demesinden sonra sesler bıçakla kesildi.

"Davranın bre Hacı Bektaş köçekleri!"

Yalın ayak, sine üryan, yeşil çimler üzerinde koşan tunçtan, demirden adamlar, yeri sallıyor, Aksaray zelzeleye tutulmuş gibi titriyordu. Beşinci ortanın acemi neferi Giray, kalabalık arasından sıyrılarak en öne çıktı. Her adım atışında arkasındaki kalabalıkla arasını biraz daha açıyordu. Baş koyuna elini vurunca beşinci ortanın tüm neferi koşarak Giray'ı ve baş koyunu omuzlara alıp yeniçeri gülbankını okuyarak odalarına çekildiler. Et Meydanı'nda sabah şenliği tamamlanmış tüm nefer odalarına çekilmeye başlamıştı.

Galip orta odasına omuzlarda girdi. Koyun, kavurma olmak için çoktan orta mutfağına girmişti. Tüm ortaların çorbacıları, odabaşları, vekilharçları beşinci ortanın geniş salonuna gelerek Galip'i alnından öpüp tebrik ettiler. Ocaklı olduğunu ilk kez hissetmişti Galip. Ordu serhatlardan gelince kan uykusundan uyanmıştı yeniçeri kışlaları. Yağlı bıyıklarını parmak uçlarıyla temizleyerek kavurma tepsisi başından kalktı misafirler. Cambaz Kürt Yusuf ile Habib Odabaşı kahvaltıdan sonra yapılan terfi merasimine katılmak için kaldı. Beşinci ortanın imamı uzun dualar okudu. Beşinci ortanın çorbacısı, Galip'in sırtını sıvazlayıp kulağını çekti ve acemi neferlikten karakollukçu neferliğe terfi ettirdi. Galip artık sabahları Yedikule'den, Et Meydanı'na et taşıyan katara katılacaktı.

-13-

Sabahın erken saatleriydi. Alemdar Mustafa Paşa ardı sıra yürüyen on beş bin Kırcalı askeriyle şehre girdi. Yarımada sisler içindeydi. Süleymaniye'nin, Ayasofya'nın, Sultanahmet'in minareleri sis içinde göğün derinliklerine açılmışlardı. Renkli kıyafetleriyle yürüyen Rumeli askerini gören halk evlerine kapanıyordu. Sessizlik ve korku sokakların tek hâkimiydi. Dükkânlarını yeni açmış esnaf ses çıkartmadan kepenkleri kapatıp dikkat çekmeden ortalıktan kaybolma telaşındaydı. Çarşılar, hanlar, sokaklar ıpıssız olmasına rağmen kafes ardında, cam arkalarında binlerce meraklı göz, şehre giren askerleri takip ediyordu. Rumeli askerlerinin pusat şakırtıları boş sokakların duvarlarında yankılanıyordu. Korku şehrin damarlarında geziniyor, zehirli bir iksir gibi şehri kaskatı kesiyordu.

Alemdar, Bab-ı Âli kapısında durunca pusat şakırtıları da kesildi. Şimdi sadece nefes sesleri duyuluyordu. Korumalarıyla içeri giren Alemdar, boş koridorlarda kendi ayak seslerini dinleyerek yürüdü.

Sadrazam Çelebi Mehmet yaklaşan ayak seslerinden korkuya kapılmış istem dışı hareketlerle bir o yana bir bu yana gidip gelmeye başlamıştı. Yüreğinde gittikçe yükselen, göğüs kafesini zorlayan bir ağrı vardı. Taş duvarlar, masif kokulu ahşap kaplamalar nefesini kesiyordu. Tüm heybetiyle Alemdar karşısına dikilince canı boğazındaymış gibi hırıltılı nefes alıp vermeye başladı. Yüzü safran sarısına dönmüş dudaklarından kan çekilmişti.

"Bre paşa, mührü ver!"

Emir, çelik kadar sertti. Sadrazam, güz yaprağı gibi solgundu. Titreyen elleri koltuk altına sarkıttığı deri kılıfı bulana kadar vücudu tere boşandı. Aklı keçeleşmiş, şuuru donmuştu. Mührü Alemdar'a uzatırken titreyen eline mani olamıyordu. Mührü alan Alemdar önce ne yapacağını kestiremedi. Hemen sağında kendisine fısıldayarak konuşan Refik Efendi'ye doğru eğildi.

"Mührü Çavuşbaşı'na teslim etmek en münasibidir paşa hazretleri. Bab-ı Âli'nin muhafızıdır."

Alemdar elinde tuttuğu bir ateş topundan kurtulur gibi mührü Refik Efendi'ye uzattı.

"Sadrazam paşayı muhafız eşliğinde Çırpıcı Çayırı'nda ağırlayın. Canına halel gelmesin."

Sadrazam, canının güvende olduğunu duyunca rahat bir nefes aldı. Kanı damarlarında akmaya, donuk şuuru açılmaya başladı.

Yeni atanmış şeyhülislam Arapzade Arif Efendi, seslerden ürkmüş, bir odada gizlenmişti.

Alemdar sadrazamdan mührü alınca odadan çıkarak koridorda yürümeye başladı. Ayak sesleri boş koridorlarda yankılanıyor sesler etrafa korku saçıyordu.

"Ulemayı ayağa çağırmak makbul olmaz Refik Efendi, biz varalım."

Tebessüm ederek odadan içeri girdi Alemdar. Arapzade korkudan renk atmış yüzü beyaza dönmüştü.

"Hazırlan müftü efendi, görülecek devlet işleri vardır."

Arapzade bir şeyler söylemek için dikeldiyse de Alemdar'ın yüreğini ürperten sesiyle sustu.

"Arapoğlu musun nesin, kalk dedim!"

Arapzade getirilen ata binmek için hamle yaptıysa da titreyen bacakları vücudunu taşımadı. İki Kırcalı askeri, şeyhülislamı omuzlayıp ata bindirdi.

Alemdar, Alay Köşkü'nden saraya doğru ilerlemeye başlayınca sarayın içi can korkusuyla çırpınmaya başladı. Saray sakinlerinin hali, Ak Sungur'un büyük çınarın tepesine inerken dağılan kuş sürülerinden farksız değildi.

Soğukçeşme kapısından geçen Kırcalı askeri, Orta Kapı önüne gelince durdu. Geniş kanatlı kapının arkasında Alemdar'ın gür sesi yükseldi.

"Kızlarağası Mercan Ağa varsın gelsin! Padişaha sözümüz vardır."

Alemdar'ı kapı arkasında bekleyen Mercan Ağa siyaset gereği biraz bekledikten sonra kapıda göründü.

"Ne istersiniz?"

"Ağa! Devlet büyükleri, ulema, Anadolu beyleri ve dahi Rumeli ağaları, Selim Han efendimizin tahta çıkmasını istiyorlar. Var bunu müftü efendiyle birlikte padişaha bildir."

Arapzade boynuna bostancı kemendi geçirilmiş gibi daraldı. Nefes alıp veremez oldu.

"Efendim, beni..."

"Tiz var müftü efendi, devlet işidir."

Arapzade boynunu bükerek kapıya doğru yöneldi. Mercan Ağa'nın ardı sıra padişah huzuruna çıkmak için yürüdü.

Alemdar kapı önünde, bir anı bir ömür azap bilip, baharı yeni görmüş küheylan gibi toprağı tepelerken sarayın içinden duyulacak şekilde bağırmaya başladı.

"Bre nerde kaldı bu ağalar?!"

Açılan geniş kanatlardan Arapzade üstü başı perişan çıkınca Alemdar hışımla üzerine vardı. Şeyhülislamın ayaklarında gayret kalmayıp titremeye başladı. Korkudan dili şişmiş ağzının içinde dönmez olmuştu. İçeride hırpalandığı her halinden belliydi. Arapzade, Sultan Mustafa'nın elinden kendini zor kurtardığını anlatmaya çalışıyordu fakat ağzından çıkan hiçbir söz anlaşılmıyordu.

"Bre çift gönüllü, sen işi içerde farklı yöne çekip ağız değiştirdin."

Kapı arkasında koşuşturan bostancıların ayak sesleri duyuluyordu. Alemdar şeyhülislamın yakasını bırakıp;

"Bre koşturun şahbazlarım! Kazma kürek yetiştirin! Kapıları kırın! Çabuk olun! Bu alçaklar efendimin kanına girecekler..."

Ak Ağalar Kapısı inip kalkan darbelerle zelzeleye tutulmuş gibi sarsılmaya başladı. Binlerce asker yüklense de seddi Zülkarneyn kadar zorlu ve aşılmazdı kapı.

☪

Selim neye üflerken kafasını sağ omzuna yatırmıştı; kendinden geçmişçesine üflüyordu. Ne dışarıdaki devler ordusundan haberdardı ne de yaklaşan ölüm meleğinden. Refet Kadın baş ağrılarını unutmuş dışarıdan yükselen uğultulara dikkat kesilmişti. Bu sesler; her gün gördüğü kötü düşlerden biri miydi yoksa kendilerini içine çeken bir girdabın arsız homurtuları mıydı? Ayak sesleri uğultular arasında daha da belirginleşiyordu. Cezbeye tutulmuş bir meczup gibi ayağa fırlayarak çırpınmaya başladı Refet Kadın.

"Geliyorlar... Geliyorlar..."

Sesleri duyan cariyelerden biri temizlikle meşgul olduğu meşk odasından telaşla aşağı indi. Nefesi göğüs kafesini zorluyor kalbi yerinden fırlayacakmış gibi atıyordu cariyenin.

"Efendim! Kalkın sizi üst kata çıkartalım. Alemdar Paşa'nın ordusudur saray kapısındakiler, sizi tekrar tahta çıkartmak için geldiler."

Selim elindeki neyi bırakmadan ayağa kalktı. Başında; uzun saçlarını kapatmak için öylesine sarılmış bir sarık, ayaklarında mest, üzerinde soluk yeşil bir entari ve entarinin üzerinde de belden ve koldan kısa bir kürk vardı. Refet Kadın'ın omuzlarından tutarak;

"Dur hele, kendini ümitsiz kılma" dedi. Sonra cariyeye dönerek;

"Bunları nereden biliyorsun?" dedi.

Cariye bir an ne diyeceğini bilemedi. "Alemdar'ı çağıranlar sizin dostlarınız efendim" dedi. Selim, Pir Elvan'la yaptığı konuşmayı hatırladı. Sonra Cevri Kalfa geldi aklına. "Kafes ardında beni korumaya çalışanlar bunlar," diye fısıldadı.

Ayak sesleri kapının önünde kesildi. Odaya korkuyla birlikte bir sessizlik çöktü. Refet Kadın, Selim'in kolları arasında korkudan titriyordu. Cariyelerden Pakize, camın kenarında öylece kalakalmıştı. Üst kattan gelen cariye, ayaklarının altında dönen dünyada sadece ayakta kalmaya çalışıyordu. Sesler, uğultular çoktan anlamını yitirmişti.

Sedefli sofadan önlerine düşerek onlara yol gösteren cariye Peykidil, kapının yanında ellerini göğsünden kavuşturmuş duruyordu. Yüzünde eski bir hesaplaşmadan galip çıkmış bir kadının mağrur, donuk ifadesi vardı.

Zenci Nezir ile Gürcü Fettah bostancıların önündeydiler.

"Kırın!"

Koçbaşıyla yıkılan kapının ardında üç kadın ile Selim Han ayaktaydılar. Selim'in yüzü sapsarıydı. Dudaklarından kan çekilmiş gözleri koca bir çukurun içinde kaybolmuş gibiydi. Sakin görünmeye çalışıyordu. Ölümün kıyısındayken gözlerinin önüne annesi Mihrişah Sultan geldi. Kulaklarında annesinin elini öpmeye her gidişinde duyduğu 'aslanım' lafı bir boşluktan geliyordu sanki.

Birkaç saniyelik bu sessizlikte cariyelerden biri bayılmıştı.

"Cellât mısınız?"

Çatlamış dudaklarından dökülen bu titrek inilti yüzlerce rengin harmanlandığı kubbede eridi kayboldu.

Ak Ağalar Kapısı'nda sesler gittikçe yükseliyordu. Zenci Nezir huzursuzluğunun sardığı sesiyle birden boşandı;

"Bütün bu işler senin başının altından çıkıyor."

Cellâtlar, Selim Han'a yönelmek üzereyken cam kenarından olanları anlamsız bakışlarla seyreden Pakize'nin çığlığı odayı doldurdu.

"Kıymayın efendime!"

Kollarını iki yana açmış, bostancıların önüne bir set olmuştu Pakize. Refet Kadın ise kendini kaybetmişçesine bağırıyordu.

"İmdat! İmdaattt! Efendime kıyacaklar!"

Selim yükselen feryatlar arasında öylece duruyor, ölüm meleğinin nefesini yüzünde hissediyordu. Ölümü hoş karşılamak isteğinden olacak dudakları kıpırdadı. Şeyh Galip Dede'nin iki mısrası ile ölümü karşılamak istiyordu. Zihninde gezinen bu ses hayatının en anlamlı sözlerini fısıldıyordu.

"Bir şulesi var ki şem-i canım
Fanusuna sığmaz asumanın..."

Bostancılar kılıçlarını çekmişti. Pakize bir kenarda göğsüne inen tekmenin acısıyla kıvranıyordu. Refet Kadın karın boşluğuna inen bir tekmeyle sesi dahi çıkmadan olduğu yere yığıldı. Selim, sol elini, soktuğu haki kuşak içinden çıkartmaya dahi gerek duymadı. Işığı camlarda kaybolan bir kılıca elindeki neyle karşılık vermek için hamle yaptı. Kelime-i şehadet dudaklarının arasında tamamlanmadan yüzünün sağ tarafını biçen kılıç sakalından çenesine kadar inip yüzünü bir anda kızıla kesti. Gözleri henüz kapanmadan parlayan onlarca hançer son görüntü olarak dondu göz bebeklerinde.

Refet Kadın kanlar içindeki Selim Han'ın üzerine kapandı. Zenci Nezir saçlarından sürükleyerek bir kenara sürükledi Refet Kadın'ı.

Sedirin üzeriden hoyratça çekilen bir şilteye konan Selim Han bostancılar tarafından dışarı çıkartıldı.

Kanlar içindeki odaya uğursuz bir sessizlik çöktü. Refet Kadın düştüğü yerden son bir gayret kalkmaya çalışırken Peykidil'in gözleriyle karşılaştı. Peykidil, karanlık bir kahkaha arasında uzaklaşıyor, Refet Kadın elini uzatıyor fakat bir türlü yetişemiyordu. Kendini bıraktı Refet Kadın. Artık ne sesleri duyuyordu ne de bir şey düşünebiliyordu. Her gün gördüğü rüyalardan birinin içinde olduğuna inanıyordu. Sanki birazdan uyanınca her şey geçecek o efendisinin kucağına büzülüp hayallere dalacaktı. Sonra yılan ıslığını anımsatan o çığlıklar saplandı beynine. Peykidil'in kahkahası beyninin içinde başıboş geziniyordu.

Selim Han'ın odasından yükselen çığlıkları duyan Cevri Kalfa başı açık ayakları çıplak dairesinden fırladı. Odasının önündeki merdivenlerden yuvarlanır gibi indi. Ayaklarına dolaşan şalvarını büküp beline doladıktan sonra Altın Yol'da koşmaya başladı. Cinlerin 'meşveret yeri'nden geçerek Şehzade Mahmut'un hücresine daldı. Genç Şehzade, seslerin etkisinde odanın içinde bir kuş gibi çırpınıp duruyordu. Şehzade'nin elinden tutan Cevri Kalfa onu sürükler gibi küçük kafesinden çıkarttı. Altın Yol'dan geçerek kendi odasının bulunduğu merdivene yöneldiler. Merdivenleri hızla tırmanmaya başlamışlardı ki arkaları sıra koşuşturan birkaç kişinin ayak sesi duyuldu. Merdiven boşluğunda taş korkulukları siper ederek dönüp baktıklarında gelenlerin harem ağalarından Amber Ağa, Kasım Ağa ve Hafız İsa Ağa olduğunu gördüler.

Şehzade açılan kapıdan içeri girdi. Ağalar merdivene tırmanmaya fırsat bulamadan yalın kılıç bostancılar yetişti. Merdivende bir kılıç cengi başladı ki çeliğin o soğuk sesi Altın Yol'u sardı.

Cevri Kalfa kendini kaybetmişçesine dönüyordu fakat elinden bir şey gelmiyordu.

"Çekilin ağalar! Şehzade fermanlıdır." diye bağırsa da Nezir Ağa, merdiveni geçmeye muvaffak olamıyorlardı.

Dar merdivenlerde vuruşarak geri çekilmek zorunda kalan harem ağaları merdivenin sonunu yeni bulmuşlardı. Kasım Ağa koluna saplanan bir mızrakla yere yığıldı. Amber Ağa Cevri Kalfa'nın odasına kaçarak Şehzade'yi buldu. Bostancılar merdiveni boşaltmışken Cevri Kalfa zor taşıdığı bir mangalla yetişti. Avuçlarını külün içinde harmanlayıp merdiven boşluğuna, bostancıların üzerine serpiyordu. Bostancılar gözlerine kaçan küllerin de etkisiyle çırpınıp duruyorlardı. Cevri Kalfa bir yandan kül serpiyor bir yandan da içeri bağırıyordu.

"Şehzadeyi dama çıkartın... Şehzadeyi dama çıkartın..."

Amber Ağa ile Hafız İsa birbiri içine geçmiş dört odada başı kesik tavuk gibi dört dönüyor, bir kapıya bir dökme demir pencerelere saldırıyorlardı. Hayli uğraşsalar da pencere demirlerini yerinden bile oynatamadılar. Cevri Kalfa'nın sesini duyunca en içteki dördüncü odadan dama açılan kapağı fark ettiler. Amber Ağa Şehzade Mahmut'u omuzlayıp dama çıkartmaya çalışırken Cevri Kalfa'yı çiğneyerek geçen bostancılar da odaya daldılar. Hafız İsa 'Yektir Allah!' diye naralanıp bostancıların üzerine varınca Ebe Selim maharetle bir bıçak savurdu. Pazısına saplanan bıçağın acısıyla başını korkuluğun kenarına vuran şehzadenin kaşı açıldı. Amber Ağa yükünden kurtulmuş kılıcına davranmıştı ki Cevri Kalfa'nın sesi duyuldu.

"Bu taraftan aslanlarım, bu taraftan."

Ak Ağalar Kapısı kırılmış Alemdar'ın askerleri uğultularla içeri dolmaya başlamışlardı. Bostancılar gelenlerin Rumeli askeri olduğunu sanıp can derdine düştüler. Merdiven başında ellerinde kılıçlarla gelen Enderunluları tepeleyerek Altın Yol'dan her biri bir köşeye dağıldı.

Şehzade Mahmut'un yüzünü kan sarmıştı. Korkudan titriyordu. Yüzüne vuran serin hava kendini toparlamasına biraz yardımcı olsa da, damda çaresizce ne yapacağını bilemeden duruyordu. Sonra aklına ömrünce hep yanında ve yardımında olan lalası geldi.

"Lala... Lala... Lala..."

Yuvasından düşmüş küçük bir kuş gibi çırpınıyordu Şehzade.

Boş koridorlara, bir selin vadiye aktığı gibi akan Kırcalı askeri;

"Selim Han'ımızı isteriz... Selim Han'ımızı isteriz..." diye yabancısı oldukları koridorlarda koşturuyor, birbiri içine geçmiş dar koridorlar arasında Selim Han'ı arıyorlardı. Harem halkı korkudan ne yapacağını bilemez bir halde oradan oraya koşturuyor, girecek bir oda bulanlar gizlenmeye çalışıyorlardı.

Lala, odasında bulamadığı şehzadesini koridordan taşlığa, taşlıktan sofalara koşarak arıyordu. Şehzade'nin 'lala' diye yardım isteyen sesini duyunca sevinçten eli ayağı birbirine karışarak Altın Yol'a koştu.

Alemdar, kırılan Babüssade kapısından girip arz odasının kapısına gelince kanlar içinde yerde yatan Selim Han'ı gördü. Yırtıcı bir kaplan gibi gerilmiş sinirleri bir anda boşandı.

"Vay efendim... Ben seni tahta çıkartmak için ta Urumeli'nden geldim de... Seni bu halde mi bulacaktım. Vay efendim vay..."

Sarsılmaz bir dağ gibi saray kapısına dayanan adam hıçkırıklara boğulmuş ağlıyordu. Selim Han'ın kanlar içindeki naaşına kapandı Alemdar. Kırcalı askerleri hala 'Selim Han'ı isteriz,' diye odadan odaya koşturuyorlardı.

"Bre ben bu saray halkını kılıçtan geçirmez miyim?"

Alemdar'ın sesiyle ortalıkta ses kesildi. Rumeli askeri Selim Han'ı aramayı bırakmış Alemdar'ın etrafında toplanmaya başlamışlardı. Şimdi hepsi bir emir bekliyordu. Harem halkı korku içinde kaderlerine rıza göstermişti. Ne kaçacak bir yer kalmıştı ne de alınacak bir tedbir. Elvan, kontrolünü kaybetmiş Alemdar'a yanaştı.

"Efendim, ağlayacak vakit değildir..."

Alemdar, Elvan'ın gözlerine bakınca kendini toparladı.

"Olan oldu, Şehzade Mahmut'un hayatı tehlikededir. Şehzadeyi bulup tahta çıkartmalı. Selim Han'ın katline sebep olanları sonra bulup hal çaresine bakarsınız."

"Doğru dersin pirim... Çabuk şehzadeyi bulun."

Alemdar ayakta duracak durumda değildi. Arz odası önündeki revaklara doğru yürüdü. Korkuluğun kırılmış mermerine oturarak zihnini toparlamaya çalıştı. Etrafını yalın kılıç onlarca Kırcalı yiğidi sarmıştı. Elvan yerde kanlar içinde yatan Selim'in başından ayrılmamıştı. Ömrünü ömrüne kattığı adam yerde yatıyordu. Elvan'ın tüm ömrü, hayalleri, idealleriydi yerde yatan.

Lala, şehzadeyi damdan indirip kanlı yüzünü temizlemişti. Lalanın yanında şehzade kendini toparlamış, damdaki halinden eser kalmamıştı. Amcasının yerde yatan naaşını görünce gözleri doldu. Yanında şehzadeyle gelen lalayı görünce yerinden doğrulan Alemdar onlara doğru yürüdü.

"Abe bu oğlancık da kimdir?"

Şehzadenin ve lalanın ardı sıra yürüyen imam efendi, Alemdar'a yaklaşarak;

"Şehzade Mahmut efendimizdir." dedi.

Alemdar dağınık haline bir çekidüzen verdi. Rumeli askeri şaşkın şaşkın Şehzade Mahmut'a bakıyordu.

"Nevbet-i hilafet, Şehzade Mahmut efendimizindir. Biz biat ettik. Eksik olan işin tamamlanması sizinle olacaktır."

Alemdar hemen diz çöktü.

"Ben amcanızı tahta çıkartmak için ta nerelerden geldim ama onu bu halde buldum."

"Üzülme paşa, bunu yapanları bulup sana teslim edeceğim."

Şehzadenin mağrur tavrı Alemdar'ın çok hoşuna gitti. Şehzade Mahmut, Alemdar'ı bu tavrıyla etkisi altına almayı başarmıştı.

"Şimdi askerlerinin haremden çıkması için emir ver paşa!"

Alemdar'ın emriyle koridorlar bir anda boşandı. Alemdar'ın ordusu üzerindeki bu hâkimiyeti Mahmut'u tedirgin etse de belli etmedi.

"Siz de üzerinizdeki silahları çıkartın paşa. Biat için Hırka-i Saadet dairesine gireceğiz."

Alemdar hiç itiraz etmeden silahlarını çıkarttı. Selim Han'ın hediyesi olana hançeri çıkartmaya eli varmadı.

"Bu hançer amcanızın bana hediyesi. Onun acısı içimi kor gibi yakmaktayken bunu bana çok görmeyin efendim."

"Peki, kalsın paşa."

Hırka-i Saadet dairesinde kısa süren dua töreninden sonra;

"Halife olarak Resulullah'ın huzurunda Allah'a niyaz etmek isterim. Beni yalnız bırakın." diyerek herkesin dışarı çıkmasını istedi. Sultan Mahmut, Alemdar'ın Aslanhane'ye alınmasını ve kendisine ikramda bulunulmasını emretti. Bu, Alemdar'ı sadrazam olarak düşündüğünün bir işaretiydi.

Sultan Mahmut Hırka-i Saadet odasında dua için yalnız kalırken Alemdar da Aslanhane'de bir o yana bir bu yana gidip geliyordu. Bir ara kendine hitap ederek konuşan bir ses duydu.

"Ben tahttan indim mi ki şehzade tahta çıkıyor. Bu nasıl iştir, ağa?"

"Kimdir bu?"

İmam efendi;

"Mustafa Han'dır efendim."

"Hanlığı kalmamıştır onun. Nevbet-i hilafet Şehzade Mahmut efendimizindir demedin mi sen? Söyleyin ona kaybolsun, beni oraya getirtmesin..."

İmam efendi koşarak Mustafa Han'ı uzaklaştırmaya gitti. Sesler kesilmişti ki Valide Sultan'ın sesi duyuldu; küfürler bir biri ardına turna katarı gibi dizilmişti. Ciğeri yanmış bir ananın bir anda hatırlayabileceği ne kadar beddua varsa hepsini bir nefeste saydı Valide Sultan. Korkuyu tanımayan adam bir anda irkildi. Sesi kesilip de bir köşeye sindi. "Kadın şerrinden sen koru ya Rabbi!" diye dua ediyordu Alemdar. Valide Sultan uzaklaşınca biraz olsun rahatladı.

Harem ağalarından biri elinde tatlı hokkasıyla Aslanhane'ye çıkageldi. Hokkayı uzattı ama Alemdar zehirlenme korkusuyla tatlıya el sürmedi. Ağa bunun üzerine elindeki kaşıkla macunu iyice karıştırdıktan sonra bir kaşık yedi.

"Bre sen ne akıllı adamsın, aklımdan geçenleri okudun."

Ağa boynunu yana bükerek tebessüm etti.

Alemdar eline kaşığı alarak tüm macunu birkaç dakikada sildi süpürdü. Ağa, şaşkın gözlerle Alemdar'a bakıyordu. Usulen bir kaşık yemesi gereken macunun hepsini yedikten sonra bir kahve istedi Alemdar.

"Efendim hazırlıklar tamamdır. Sultan efendimiz sizi beklerler."

Sultan Mahmut Hırka-i Saadet dairesi önüne kurulmuş tahta oturmuştu. Önce Alemdar Mustafa Paşa önüne gelerek etek öpüp biat etti. Yeni padişah kırmızı kese içindeki Sadaret Mührü'nü Alemdar'a uzattı.

"İlk vezirim sensin Mustafa Paşa."

"Allah saltanatımızı kıyamete kadar daim kılsın sultanım."

"Âmin... Âmin..."

Alemdar temenna ederek padişahın yanına geçti. Alemdar'dan sonra Şeyhülislam Arapzade biat etti. Kızlarağası elleri önünde iki büklüm padişaha doğru biat etmeye yaklaşırken köpürüp onu boğazlamak için hareketlenmeye çalışan Alemdar'ı padişah durdurdu.

"Sakin ol paşa, şimdi sırası değil... Vakti gelince." dedi.

☪

Selim Han'ın kanına giren asilere güneşin yüzü gösterilmedi. Hepsi bir bir bulunarak boyunları vuruldu. Canlı olarak ele geçmeyenler ise korkudan yürekleri yarılmış, titreye titreye ölmüş olarak bulundular.

Cariye Peykidil ise gece yarısı Kız Kulesi'ne götürülerek boğduruldu ve ayaklarına taş bağlanan cesedi denize atıldı.

Artık devlet Sultan Mahmut'undu.

☪

Galip terfi ettiğini söylemek için Mercan'a geldiğinde Elvan'ı bitmiş bir halde buldu. Oğluna sarılıp tebessüm ederken bile gözlerinden özü zakkum olan damlalar aşağı süzülüyordu. "Ceddimin av hayvanları gibi kovalanarak öldürülmeleri kaderleri sanırdım, ama bu insanın yazgısıymış" diye söylendi. Nargilesini içerken bakışları uzun sürc karşı kıyılarda gezindi.

"Bitti" diyebildi kurumuş dudakları. "Bitti..."

Mehmet ve Süleyman Usta'yı çağırttı.

"Oğlum! Selim Han'ın ölümüyle birlikte benim de bu dünyadaki vazifem nihayet buldu."

"O nasıl söz öyle baba?"

"De bakalım usta, bu hayta çırağın şed kuşanma vakti midir?"

"Gün akşamlıdır pirim."

"Ustanın elini öp oğul."

Mehmet, Süleyman Usta'nın elini öptü.

"Hazırlıklara tez başlansın, usta. Dünya gözüyle Mehmet'in şed kuşandığını görelim."

"Baş üstüne pirim."

Galip Karakollukçu olduğu gün abisinin de şed kuşanacağını öğrenmişti. İki kardeş sarmaş dolaş dışarı çıkarken Süleyman Usta, Elvan'ın yanına oturdu.

"Her şey mutlak bir sona doğru akıyor pirim. Beni esir aldığın günü hatırlıyor musun?"

"Hatırlamaz olur muyum? Yay kirişle kafanı kırmıştım."

"Beraber yaşlandık pirim. Birbirimizin yüzüne bakarak yaşlandık. Her şey mutlak bir sona doğru akıyor. Zaman nasıl da akıp gidiyor pirim."

-14-

Alemdar'ın elçileri, imparatorluğun dört bir yanına ayanların İstanbul'a davet edildiğini bildiren fermanlar taşıyorlardı. Derebeyliklerini çoktan ilan etmiş, her biri han olma sevdasında olan ayanlar, daha önce kendilerine gönderilen padişah fermanlarını usulünce savuşturmuş olsalar da, Alemdar'ın davetini alınca elleri ayakları birbirine karışmış olarak İstanbul yoluna düştüler.

Cabbarzade Karaosmanoğlu, Serezli İsmail, Kalyoncu Mustafa, Ahmet Ağa... Daha önce sefere çıkacak orduya katılması için ferman getiren elçiyi tekme tokat kovup fermanı da yırtmış olan Kalyoncu Mustafa, beş bin askeriyle Çırpıcı Çayırı'na konmuş, Serezli İsmail on iki bin askerine Üsküdar'da çadır kurmuş, Karaosmanoğlu da beş bin seçme savaşçısıyla Davutpaşa Karargâhı'nın yolunu tutmuştu. İstanbul'un etrafında yüz bini aşkın asker çadır kurmuştu. Şehir korku içindeydi. Ayanların askerleriyle birlikte bir an önce geldikleri yerlere dönmelerini beklemekteydiler.

Sultan Mahmut kendi iradesiyle ayanların bir kaçını dahi İstanbul'a getiremeyeceğini çok iyi bildiğinden, gücü elinde bulunduran Alemdar'la iyi geçinme yolunu seçmiş gücü dengelemek için Enderunlular aracılığı ile yeniçerileri kontrol etmeye çalışıyordu. Yeniçeriler, bir kez daha şehrin teminatı olmuştu. Kahvehanelerdeki sohbetlerin yeni konusu ayanların askerleriyle şehri yağma edecekleriydi. Bu konuşmalar uzayıp gidince yeniçeriler meydana çıkıp "Ocak var oldukça kimse buna cesaret edemez, tekme tokat hepsini geldikleri yere kadar kovalarız." diyorlardı.

Alemdar ayanlarla uzun toplantılar yapıyor onları bir arada tutacak bir senet imzalamaya zorluyordu. Günlerce süren uzun toplantılar neticesinde onlarla uzlaşmaya varıp bir senet imzalattı. Senet padişaha getirilerek Enderun ağaları tarafından okundu. Sultan Mahmut öfkelense de, yüzünde bu ifadeyi saklamaya çalışarak metni sonuna kadar dinledi. İlk defa birileri padişahın yetkilerine dolaylı da olsa ortak oluyordu. Fermanı okumayı bitiren Enderunlu Ağa elindeki kâğıdı padişaha uzattı. Sultan Mahmut uzun süre hareketsiz olarak kâğıdı inceledi.

"Hünkârım bu senet, saltanatınızın istiklaline halel getirir, fakat bu aşamada reddi mümkün değildir. Şimdilik tasdik etmekle birlikte ilerde ilgasına bakmak lazım gelir."

"Doğru dersin ağa. Her şartta 'biz' diyerek, mülkümüzün ortağı olduklarını ifade ederler. Şimdilik ne istiyorlarsa vermek lazım ağa."

Ellerini önünde bağlayarak sofaya çıktı padişah. Selim Han'ın ayanlardan kurtulmak için gizli bir örgüt kurduğunu söyleyen Bektaşi şeyhi haklı olabilir miydi? Bu öyle de kolay bir iş değildi. Onun kurtulmaya çalıştığı adamlar Osmanlı mülkünün ortağı olabilir miydi?

"Ocaklılara her gün sözü sohbeti hoş Enderunlu yolla ağa. Şimdilik sadece gönüllerini hoş tutmaya bakalım. Rusçuk yaranlarının önünü serbest bırakmak gerek şimdilik. Her şey vakitlice olacak... Çarşılara, hanlara da tebdil kıyafet Enderunlu sadıklardan salın."

"Emriniz olur hünkârım."

"Dikkatli ol ağa; Bu ateşin bir iştir, el vurmaya değmez, maşa ile tutmak icap eder."

Ağa temenna ederek dışarı çıktı.

Sultan Mahmut'un o günden sonra aklını meşgul eden tek şey imzaladığı bu metindi. Önündeki en büyük engel ise Alemdar Mustafa Paşa'ydı.

☪

Alemdar eski düzenin bütün ağır taşlarını bir bir yerinden oynatıyor, yaranlarını onlardan boşalan yerlere atıyordu. Güç eline geçtikçe, etrafını ören menfaatçileri fark edemiyordu. Sabaha kadar süren eğlencelerden sonra Alemdar, cennet kaçkını gül çehre dilberler arasında şekerin suda eridiği gibi eriyordu. Ateşin bakışlı bu adam, cariyelerin isteği üzerine bazen silahlarını dahi kuşanmadan dışarı çıkıyor, divan toplantılarına katılıyordu. Ramiz Efendi ve Behiç Efendi deniz pulları gibi altın arasında yüzüyor, dünya nimetlerini hemen yarın kaybedecekmiş gibi âlemden âleme koşup esir pazarında en güzel cariyeleri satın alma yarışına giriyorlardı.

İkbal gözlerine kalın bir perde gibi inmekte gecikmedi. Artık sözlerinin üstüne söz edilmez adamlar olarak görüyorlardı kendilerini. Alemdar yeni kuracağı ordunun hazırlıklarını bile işret âlemlerinde müzakere ediyordu. Behiç Efendi'yi bu işe tayin ederken padişahtan hiçbir itiraz işitmiyor, üstüne üstlük teşvik de görüyordu.

Behiç Efendi yeni orduyla ilgili işleri yoluna koyup Alemdar'ı Levent Çifliği'ne davet edince büyük bir heyecan içinde kışlaya vardı. Sekban askerinin kıyafeti içinde en dikkat çeken şey başlıklarıydı. Yedi terekli çuha kalpak üzerine nergis ve kırmızı renk şallar sarılmıştı. Bu Rumeli başlığını görünce, Alemdar'ın içinde yeniçerileri tepeleyeceği günlerin hayali depreşti. Kurduğu ordunun padişahın ordusu olduğunu unutmuş gibiydi. Verdiği emirler akşamı bulmadan yerine getiriliyor, bunu da kendi yapmış gibi övünerek her yerde anlatıyordu. Alemdar farkında olmadan bir girdabın içine sürükleniyordu. Bu durumu fark eden kâhyası bir davet öncesi onunla konuşma kararı aldı.

"Efendim, sizinle uzun zamandır konuşmak istediklerim vardı."

"Buyur kâhya."

"Efendim ömrüm size hizmetle geçti. Bir gün bile siz efendimin güvenini sarsacak bir işe girmedim."

"Doğru dersin kâhya."

"Uzun zamandır düşünür, sizinle konuşmayı murat ederim fakat haddimi aşmaktan korkarım."

"Korkma, kâhya. Ne ise seni rahatsız eden söyle. Hak dostlarının, dervişlerine söylediği gibi söyle."

"Efendim, ben işlerin bu gidişini pek beğenmiyorum. Her şey kendiliğinden oluyor gibi yürüyorsa ve Sultan Mahmut her yapmak istediğinizi destekliyorsa bu yolun sonu bostancı kemendinde biter."

"Ne dersin sen kâhya."

"Hak dostlarının konuştuğu gibi konuş dedin. Ben koynunda akrep olduğunu söylüyorum."

"Kimmiş bu koynumdaki akrepler?"

"Yaranlarınız. Buranın düzenini sizden başka hepsi bilir de, menfaatlerine engel olunmasın diye hiçbiri sizi ikaz etmez. Efendim! Saraya bir padişah girerken, lüzum görülürse on sekiz şehzadenin cenazesi birden çıkar. Burada usul böyledir ve kimse bunu sorgulamaz. Âl-i Osman mülkünde saltanat ortak kabul etmez. "

"Ayanlarla imzalanan senedi diyorsan..."

"Padişah onu şimdilik kabul etti efendim. Yaranlarınız sizi İstanbul'a getirmeye ikna ederken neden şikâyet ettilerse şimdi hepsi aynı suçlara gömülmüş durumda. Sizi de arkaları sıra aynı kuyuya çekerler."

Aylardır ilk defa biri gerçekleri yüzüne karşı konuşuyordu. Daha önceki konuşmalarında kâhyaya hiç alınmayan Alemdar, bu konuşmadan pek memnun kalmamıştı. Bu konuşmadan dolayı yüreği kabarmış kan beynine sıçramıştı. O artık etrafında onu öven, yaptığı işleri alkışlayan insanlar görmekten hoşlanıyordu. Kâhya bunca yıllık emektarı olmasa 'Cellât!' diye bağırmaktan kendini almayacaktı.

"Korkma kâhya. Sen oldun olası hep böyle kılı kırk yarar, önüne gelenden şüphelenirsin. Bundan böyle korkudan azade ol."

Alemdar hızla odadan çıktı. Büyük salonda herkes eğlencenin başlaması için onu beklemekteydi. Eğlence tamamen Alemdar Mustafa Paşa'yı memnun etmek için düzenlenmişti. Gece uzadıkça uzadı. Alemdar, kâhyanın sözlerinin tesirinden bir türlü kurtulamıyordu. Behiç Efendi'nin kulağına eğilerek;

"Temaşa yetmez mi paşa?" dedi.

Behiç Efendi kısa sürede tüm misafirleri yolcu ettikten sonra geri geldi.

"Gel paşa gel. Seninle konuşacaklarım var."

"Buyurun paşa hazretleri."

"Behiç Efendi, bu İstanbul esnafı hep yeniçeridir değil mi?"

"Talim bilmez savaş sanatından anlamaz yeniçeridir paşa hazretleri."

"Talim bilmez nefer mi olurmuş?"

"Olmaz efendim."

"Tiz yoldan bu başıbozuk esnafı bir talime tabi tutup sonra işlerinin başına salmak lazımdır."

"Aman efendim bu ateşin bir iştir."

"İtiraz istemem ağa."

"Önümüz Ramazan. Ramazan'dan sonra bu işe girişsek."

"Münasiptir."

☪

Behiç Efendi, konaktan ayrılırken bu işin sonunu düşünmek bile istemiyordu. Ertesi gün şehir söylentilerle sıtmaya tutulmuş gibi sarsılmaya başladı. Ocaklıyla Alemdar'ı karşı karşıya getirecek bu söylentileri tebdil gezen Enderunlular, Alemdar'ı iyice köpürttü. Uzun süre, sessizlik içinde kışlalarında bekleyen yeniçeriler; odalarda, kahvehanelerde bu konudan başka bir şey konuşmaz oldu.

Beşinci ortanın neferleri de Mercan'da bu konuyu uzun uzun müzakere ediyor, akşam olunca da dağılıp gidiyorlardı. Elvan bu konuşmalardan Alemdar'ı haberdar etmek için Bab-ı Âli'ye gittiyse de bundan vazgeçip geri döndü.

-15-

Mehmet'in peştamal sarma merasiminin günü gelmiş çatmıştı. Günlerden beri süren heyecanlı hazırlıklar sanki bir rüyaydı Mehmet için. Gün öğlen olmuş ama Mehmet'in sabırsızlıkla beklediği İsmail henüz gelmemişti.

Onun limanda olduğunu tahmin ederek, Galata'nın çürümeye yüz tutmuş sokaklarından limana doğru yürümeye başladı Mehmet. Sokak köpekleri için yapılmış köpek kulübelerinden birkaçının başında oyalanarak vakit geçirdi. Yüksek kaldırımın başından limanı seyre koyuldu. Karşı yakada, birbiri omzuna binmiş gibi gözüken evlerin arasından mavi boşluğa doğru yükselen minareler, seyretmekle doyulmayacak kadar güzeldiler. Boğaz'da birbiriyle oynaşan yunuslar kâh yükseklere zıplıyor kâh karınları üzerine dönerek kıyıdaki çocuklara oyunlar sergiliyorlardı. Çıpacıların arsız bağırışları arasında, gemideki yüklerin indirildiği büyük vinçler bir kıyıya bir gemiye dönüyordu. Kantarcılar koca çuvalları kantardan alırken;

"Ala, kırk kantar Hacı Amber Çelebi'nin." diye bağırıyor, gözcüler bir köşeden büyük yükleri gözetliyor, at üzerindeki Müslüman ve Yahudi kâtipler kayıtları tutuyordu. Kırk kantarlık yüklere geçirilen yirmi sırığın başındaki kırk sırık hamalı, ayaklarındaki battal çizmelerin ökçeleriyle yere vurup, cezbeye gelmiş derviş gibi limanı titretiyorlardı. Hamal başının "Ya Hay!" nidasıyla ayaklarını yere vurup, hep bir ağızdan "Ya Hay!" diye bağırıyordu hamallar. Yükün ağırlığıyla eğilen sırıkların altında hamal başının ayak seslerini takip edip hep bir anda adım atıp bir anda duruyorlardı. Sırık hamalları yük omuzlayınca limanda hareketlilik bir anda duruyor, herkes bu devlerin ağır yüklerle alay etmelerini seyrediyordu. Onlarca Yahudi tüccar grup grup yığılmış yüklerin başında duruyordu. Geniş siyah takım elbiselerini kahverengi şeritlerin çekildiği fötr şapkaları tamamlıyordu. Pek çoğunun saçları yanlardan örgülüydü. Ermeniler, Rumlar, Levantenler kendilerine has kıyafetlerle arkalarında onlarca adamla bir sağa bir sola gidip geliyorlardı. Hepsinin yolu iskelenin en önemli binası olan ve giriş çıkışların kontrol edildiği taş binaya mutlaka düşüyordu. Bir ara İsmail'i binadan çıkarken gördü Mehmet. Koşarak 'yüksek kaldırımdan' aşağı indi. İsmail, yanaşan gemilerden birinin kaptanının binadan çağrıldığını söyledikten sonra geri döndü. Kendine bakan Mehmet'i görünce verdiği sözü hatırladı.

"Ne oldu? Boğaz yamakları geldikten sonra berber İsmail, gümrükbaşı mı oldu?"

"Dalga geçme, gel içeri."

"Gelemem."

"Neden?"

"Onca haramzadenin olduğu yere girmem. Pir Elvan'dan öğütlüyüm."

"Bak hele. Bekle o zaman, ağamdan izin alıp geleyim."

İsmail binaya girdiğinde gemiden yeni inen yolcular arasında bir gürültü koptu. İki Yahudi simsar gemiden yeni inen bir yolcuya sarılarak 'Yükün kaçaktır senin' diye sıkıştırıyordu. Yük arayıcıları yüzlerindeki sert ifadeyi hiç bozmadan, bellerindeki kuburluktan çıkardıkları şişlerle yükleri kontrol etmeye kalkınca adam dizleri üzere çöküp yalvarmaya başladı. Yahudi simsarlar, diz çökmüş yalvaran adamın üzerine üzerine giderek;

"Sende kaçkın gümrük vardır. Yükünü şişleyip bakacağız." diyorlardı.

Adam yalvardıkça Yahudi simsarlar ve seyirciler keyifleniyor işi daha da ileri götürüyorlardı.

"Boşa yalvarıp yemin etme."

Simsarlardan biri, yolcuyu ağız üstü yatırıp;

"Kıçındaki bu bohça nedir, kuyruk yağı saklamışsın sen."

"Bırakın ağalar garibi!"

İsmail'in her gün onlarca kişiye yapılan bu şakayı sonlandırması en çok da yüzükoyun yatmış adamı sevindirdi. Koşarak İsmail'in elini sıkarak, onun anlamadığı bir lisanda teşekkür etmeye başladı.

"Yazık, yapılanın şaka olduğunun farkında bile değil, çok büyük bir iyilik yaptığımı zannediyor." dedi.

Adamı başından savana kadar hayli zaman uğraştı İsmail. O sırada gemiden inmeye çalışan kara suratlı bir Kıpti ile kızı dikkatlerini çekti. Adamın üstü başı perişandı. Gömleği ve pantolonu lime lime olmuş, ayakkabılarının yarısını yürüdüğü yollarda bırakmıştı. Kız, üzerini örttüğü kirli örtünün altından ay gibi parlıyordu. Yüzü kemikliydi ve çizgileri çok düzgündü. Ürkek ürkek etrafına bakıyor, olup biteni anlamaya çalışıyordu. Kara yüzlü adam, kızı kolundan çekiştirerek yürüyordu. İsmail de, Mehmet de nefessiz, kıza bakıyor, her davranışını, her hareketini gözlerini ayırmadan izliyorlardı. Ne olduysa o anda oldu; İkisi de hummaya yakalanmış gibi sarsılmış, yaşadıkları boyuttan farklı bir boyuta geçmişlerdi. Köle ticaretinde aracılık yapan ve köle tüccarlarının limandaki işlerini takip eden bir adam, Kıpti ile kızına yaklaştı. Kıpti, simsarla kısa bir konuşma yaptıktan sonra üçü birlikte Galata'nın daracık sokaklarına doğru yürümeye başladılar.

İsmail ile Mehmet bir kayığa binerek ustalık töreni için eksik kalan alışverişi yapmak için Kapalı Çarşı'ya doğru yol aldılar.

-16-

Güneşin insanı uyuşturan sıcağı, saltanat şehrinden yavaş yavaş el çekmeye başlamıştı. Pir Elvan, ömrünün ahirinde oğlunun isteği üzerine posta oturmayı kabul etmişti. Hiçbir Bektaşi babası ona icazet vermediğinden posta oturmasını da kabul etmemiş, Mehmet'in kuşak sarma merasimine de gelmemişti. Günlerden beri devam eden hazırlıklarda en çok koşturan ise İsmail olmuştu.

Kayıklarla iskeleye yanaşan beşinci ortanın neferi 'orta' armasının ardı sıra ilerliyordu. Ak bir çadır üzerindeki bayrak resmini görünür bir yere koyduktan sonra elleri önlerinde bağlı saf oldular. Ocaklılar, ustalar, nakibler, çavuşlar rütbe ve yaşına göre yerlerini almış törenin başlamasını bekliyorlardı.

Yiğitbaşı önde, Mehmet arkada kalabalığa doğru yürümeye başladılar. Yiğitbaşının ardı sıra ustalar saf tutmuş, ellerini edeple önlerinden bağlamışlardı.

Yiğitbaşı kalabalığa iyice yaklaşınca durdu.

"Esselamu aleyküm ey ehl-i tarikat."

"Aleykümüsselam ya ehl-i şeriat."

"Esselamu aleyküm ey ehl-i marifet."

"Aleykümüsselam ya ehl-i tarikat."

"Esselamu aleyküm ey ehl-i hakikat."

"Aleykümüsselam ya ehl-i marifet."

Yiğitbaşı yavaş adımlarla yürüyerek posta oturdu. Ustalar, kalfalar da yaşına göre halka olup oturdular. Kahveci esnafı nakibi, Mehmet'in sağ elini sol eliyle tutup postun önüne getirdi.

"Gök kubbe altında, yağız yer üstünde, erenler meydanında peştamal kuşanmak için çırak huzurdadır."

Mehmet, posta arkasını dönmeden çıplak ayaklarıyla geri geri yürüyerek eşik ardında el pençe durdu. Sağında bir nakip, solunda bir çavuş duruyordu. Arkasında İsmail, elinde atlastan bir çuhayla bekliyordu.

İmam Efendi bir aşr-ı şerif okuduktan sonra 'Fatiha' dedi.

Yiğitbaşının onayıyla çırak huzura çağrıldı. Mehmet yürüyerek kapı eşiğine geldiğinde durdu.

"Eşiğine koymuşum ben can u ser
Ta vücudum ola safi hem çü ser
Eşiğimde hacetim budur benim
Kim Kılasın ben fakire bir nazer."

Eşiği sağ ayağıyla geçtikten sonra;

"Esselamu aleyküm ey erenler.
Ki dünya varlığını terk edenler."

Kalabalık, selamı içlerinden alıp sağ ellerini kalpleri üzerine koyarak salâvat getirdi.

Mehmet, yiğitbaşının önünde eğilerek el öpmek için izin istedi.

"Şemi tevfiki hidayettir yüzün
Sureti Hak'tan işarettir yüzün
Ehli tevhide beşarettir yüzün
Hacc u ihramu ziyarettir yüzün."

Yiğitbaşı memnun olduğunu bildirmek için tebessüm etti ve elini uzattı. Mehmet, yiğitbaşının elini öptükten sonra üç adım geri çekildi.

"Bu zatı posta müstahak gördük mü?"

Kalabalık hep bir ağızdan;

"Allah mübarek eyleye." dedi.

İmam efendi Fatiha-ı şerif okumaya başladı. İmam efendinin davudi sesi, yeni yeni düşmekte olan serinliğin içinde uçuşurken, Elvan gözyaşlarına hâkim olmak için dudaklarını ısırıyordu.

Camlı bölmeden töreni izleyen Gülizar;

"Keşki Sümbül olaydı da... Ne olurdu keşki burada olaydı..." diye gözyaşlarını siliyordu. Bir ara gözüne saçı sakalı birbirine karışmış meczup ilişti. Dizleri üzerine çökmüş, başını sağ omzu üzerine düşürmüştü meczup. Uzun süre gözlerini meczuptan alamadı Gülizar. İçi acıdı, tüm acıları bir anda yüreğine doldu. Kuru çöllerde kalmış gibi gözlerindeki ışık soluklaştı. Gözlerini meczuptan alıp kalabalığın üzerine saldı Gülizar. Denizden esen rüzgâr iyot kokusuyla yosun kokusunu taşıyordu Mercan'a.

"Allahu Ekber... Peygamberimiz Hz. Muhammed, Hz. Ebubekir, Hz. Ömer, Hz. Osman, Hz. Ali aşkına hu." Yiğitbaşının sözleriyle irkildi Gülizar.

"Huuuu..."

"Kerbela şehitleri, on iki imam aşkına hu."

"Huuu..."

Sağda duran nakip yüz yetmiş tarikatın kurucularını tek tek sayıp 'Fatiha' dedi.

Süleyman Usta oturduğu yerden kalkarak postun önüne geldi.

"Esselamu aleyküm ya ehl-i şeria."

"Ve aleyküm selam ya ehl-i tarika vel marife vel hakika."

Kırmızı atlası elleri üzerinde tutan İsmail, Süleyman Usta'ya yaklaştı. Usta kırmızı atlası açarak üstte duran simlerle işli ipek kuşağı aldı. Tekbir getirerek peştamalı bir tur attırıp düğüm attı. Yeniden tekbir getirerek ikinci düğümü attı. Üçüncü düğümde cemaat hep bir ağızdan tekbir getirdi.

Yiğitbaşı;

"Yürü! Allah yardımcın olsun. Postun mübarek olup kazancın helal olsun." dedi.

Elvan yiğitbaşının yanından kalkarak meydana geldi. Hemen arkasındaki Galip, bir bohça taşıyordu. İpekten, softan ve kutundan dikilmiş rengârenk kuşağı bohçanın içinden alarak Mehmet'in sağ koltuğu altından sol omzu üzerine geçirerek çapraz bağladı Elvan.

Birinci kuşakla usta olan Mehmet, ikinci kuşakla gedik sahibi olmuştu.

"Postun mübarek olsun, oğul."

Mehmet gözyaşlarına hâkim olamayan Elvan'ın elini öptükten sonra yaşlarına göre diğer ustaların da elini öptü.

Süleyman Usta, ustalık öğüdünü vermek için elini Mehmet'in omzuna koydu.

"Ey oğul! Evvela harama bakma, haram yeme, haram giyme, haram içme. Ekmek tuz hakkına dikkat et. Yanlış ölçme, yanlış tartma. İhtiyarları hor görme, ulupların önü sıra gitme. Adaletli ol. Adalet, kuvvetli ve üstün durumdayken affetmesini hoş görmesini bilmektir. Emanete ihanet etme. Tahammül etmesini bil, bir şey koymadığın yere el uzatma. Kanaat etmesini bil. Kalpleri yumuşak huy ile yumuşak söz açar. Âlimlerin sözünü, nakiplerin öğütlerini tutmazsan, usta hakkına riayet etmezsen, halka zulüm edip yetim hakkı yersen, Allah'ın haram kıldıklarından uzak durmazsan hakkım sana haram olsun."

"Haram olsun."

Usta, Mehmet'in kulağından tutarak;

"Sözlerim kulağına küpe olsun." dedi. Ensesine yavaşça bir tokat atarak;

"Gafil olma, gözünü aç, gün akşamlıdır akşamlı..." dedi.

Mehmet, ustasının elini öpüp helallik aldıktan sonra yiğitbaşının huzurunda diz çöküp ellerini dizleri üzerine koydu.

"Eşref-i mahlûkat olan beni Âdemin ceddi Âdem Safiyullah'tan, Hatemü'l Enbiya Efendimiz hazretlerine kadar peygamberler hangi sanatı işlediler oğul?"

"Hazreti Âdem ekinci ve çiftçiydi. Hazreti Şit kazzaz ve hallaçtı. Hazreti Hud tüccardı. Hazreti İbrahim Halep'de sütçüydü, Mekke-i Mükerreme'de Kâbe-i Muazzama'yı yaparken mimar oldu. Hazreti İsmail avcı, Hazreti İshak çobandı. Hazreti Yusuf zindanda günleri bilmek için saat yapardı. Zülkifl Peygamber ekmekçi, Üzeyir Peygamber bahçıvan, İşmuil Peygamber tercümandı. Hazreti İsmail çulhaydı. Hazreti Davut zırh, Hazreti Süleyman hurma yaprağından zembil yapardı. Ermiya Peygamber cerrah, Daniyal Peygamber falcıydı. Hazreti Lokman hekim, Hazreti Yunus balıkçıydı. Musa Peygamber çoban, İsa Peygamber seyyahtı. Mefhari mevcudat Efendimiz de mücahidi fi sebilillahtı."

"Sanat sahibi olmak için ne lazımdır?"

"Söz sahibi olmak lazımdır."

"Söz kimden kaldı?"

"Efendimiz Muhammed Mustafa'dan."

"Şed kimden kaldı?"

"On kişiden kaldı. Hazreti Âdem cennetten çıkınca melaikelerden utanıp edep yerine incir yaprağı kuşandı. İkinci; Hazreti İbrahim Kâbe'yi yaparken şed kuşandı. Üçüncü; Nuh peygamber gemi yaparken şed kuşandı. Dördüncü Efendimizdir ki Miraç gecesi şed kuşandı. Hazreti Ömer, Hazreti Osman,

Hazreti Ali, Hazreti Hamza, Hazreti Halid bin Velid peygamberden mezun olup şed kuşandılar."

"Şeddin manası nedir?"

"Şeytani nefis ile daim mücadele edip vesveseden kurtulmaktır."

"Sanat karındaşlığı kimden kaldı?"

"Hazreti Âdem'den kaldı ki Cebrail aleyhisselam ile karındaş oldular."

"Dört kapı selamı nedir?"

"Şeriat, tarikat, marifet, hakikattir."

"Marifet nedir?"

"Kendi nefsindeki eksikliği bilmektir."

"Bunu bilmeyenin kazandığı para ne olur?"

"Haram olur."

Şimdi var ustandan öğrendiğin sanatı icra et oğul.

Mehmet dizleri üzerinden kalkarak ocağa yürüdü. Çakşır köze sürdüğü cezvelerden yayılan koku tüm misafirlerin zihnine bir canlılık vermekteydi.

☪

Şed kuşandıktan sonra sihirli bir el değmişti sanki Mehmet'e. Mercan Kahvehanesi'ni baştan sona değiştirdi. Bu değişiklik biraz da zihnini esir alan bir çift gözden kurtulmak içindi. Kendini oyalamak için ne kadar uğraştıysa da nafile. Limanda gördüğü o yüz, o gözler bir an bile gözlerinin önünden gitmiyordu. Döşeme için yeni malzeme bahanesiyle günlerce dışarılarda gezindi Mehmet. Galata'nın metruk mekânlarında, esir pazarında ruhunu esir alan gözlere rastlamak ümidiyle çaresizce dolandıysa da her gece eve omuzları düşmüş olarak döndü.

Sabahlara kadar ateşler içinde rüyalar görüyor, ipe sapa gelmez hayaller kuruyordu. Pir Elvan biraz da muzipçe

Mehmet'in dalgınlıktan dolayı yaptığı küçük hatalarını dillendiren hikâyeler anlatıyor, keyifleniyordu. Mehmet'in bu hali onu hiç üzmüyor, bilakis neşelendiriyordu. Biliyordu ki aşk dünyada bir insanın başına gelebilecek en güzel şeydi.

Bektaşi babaları ise Elvan'ın posta oturmasını her yerde dillendirip ağza alınmayacak sözler sarf etmeye başlamışlardı bile. Bunu görülmemiş, duyulmamış bir şey olarak anlattıkça kendilerini kaybediyor, işi 'Mürşidi olmayanın imanı olmaz'a getirip onun büyük bir günahkâr olduğunu iddia ediyorlardı. Dem içme törenlerinin yeni sakızı Pir Elvan'dı. Aslında babalar, onun imansız olduğunu söylemek istiyor ama alacakları tepkilerden korktukları için buna cesaret edemiyorlardı. Elvan bütün bunları o muzır hikâyeleriyle savuşturuyordu.

Mehmet ise sebep olduğu bu durumdan habersiz, kendini zehirleyen o gözlerin sahibine köleliğe şimdiden hazırdı. Hatta gün gün artık kendi benliğinin yok olduğunun farkında bile değildi. Hayatta var olan her şey kararmış, o iki çift göz her şeyin açıklaması haline gelmişti. O gözler olmadan hayatın ne anlamı olabilirdi ki artık Mehmet için. Tekkeden, Hak erenlerin sohbetinden, İsmail'den de uzaklaşmıştı ama uzaklaştığı hiçbir şeyin farkında bile değildi.

-17-

Elvan, Şanizade ile çardağın kayıkhaneye bakan yüzünde oturmuş, son günlerde yaşananlar üzerine konuşuyorlardı. Birkaç kişi yırtıcı bir hayvandan kaçar gibi can havliyle kendilerini çardağa zor attı. Elvan yanındaki ahşap direğe asılı kılıcı alarak içeri koşturdu. Mehmet ocağın başında yeni pişirdiği kahvelerin köpüğüyle meşguldü. Elvan'ı yalın kılıç çardağa girerken gören yaşlı adam ona doğru yürüdü. Kanlar içindeydi ve boğazına düğümlenen hıçkırıklarla bir şeyler anlatmaya çalışıyordu.

"Ne oldu ihtiyar? Gecenin bu saati cenkten çıkmış gibi al kan içindesin."

"Pirim bu gece Kadir gecesi diye Atikali Paşa Camii'ne namaza gittik. Namaz çıkışı 'sadrazam paşa geçiyor' diye bir gürültü yükseldi. Biz de sadrazamı dünya gözü bir görelim diye Şeyhülislam Arapzade'nin konağına koşturunca kalabalık izdiham yaptı. Sekbanlar, paşanın korumaları, ellerinde kamçılarla değneklerle kalabalığa bir daldı ki mahşer meydanında kaldık. Kaç kamçı, kaç değnek yediğimi bilemez halde yırtılmış yakamı zor kurtardım ellerinden. Müslüman'ın sakalını böyle bir gecede al kana boyamak reva mıdır?"

"Sakin ol, şöyle otur hele."

İhtiyar debbağ oturunca beşinci ortanın neferi kaynaşmaya başladı. Galip ayağa fırlayarak;

"Müslüman'a eziyet günahtır." dedi. Beşinci ortanın neferi bir anda galeyana geldi. Her ağız pervasızca bir söz salıyordu Mercan'ın çardağına.

Ayanlar İstanbul'u terk edince ocaklı Alemdar'ın zayıf bir anını kolluyordu. Alemdar asileri sindirmişti sindirmesine ama keyfi uygulamaları özellikle de esnafın asker gibi talim edeceği söylentileri esnafta rahatsızlık oluşturuyordu.

"Doğru mu dersin ihtiyar?

Ardındakiler yemin billâh ederek diz çöktüler. Koca adamlar sarsıla sarsıla ağlıyor, yaşananları anlatmaya çalışıyorlardı.

"Sanırım söyledikleri doğru," diye söylendi Elvan.

"Geçen gün Alemdar'la görüşmek için Bab-ı Âli'ye gittim. Duvarlarda 'Rumeli'nden geldi çıtak, bayram ertesi ya kılıç oynayacak ya da bıçak' yazılarını görünce içeri girmeden geri döndüm. Alemdar bu yazıları muhtemelen görmüştür ama ikbal gözlerini öylesine kör etmiş ki; yine eski tas eski hamam." diye de tamamladı.

"Sekbanlar gün be gün artıyor, Nizam-ı Cedid meselesinden hiç ders çıkartılmadığı aşikâr." diye söylediklerini onayladı Şanizade.

"İktidar ateş kıyısıdır üstadım. Bunu gelmeden Alemdar'a söyledim de celallenip 'biz bu işlere uyup da mertlik kalasını terk edecek adam değiliz' dediydi."

"Siz şöyle bir oturun da soluklanın hele."

Adamlar oturunca beşinci ortanın neferi etrafını sardı. Elan ile Şanizade de içeri özel bölmeye geçtiler. Arkasındaki yastıklara iyice gömüldükten sonra;

"Şu boğazın kendi sakinliğinde akıp duran sularına bir bak." diye söze başladı Elvan.

"İktidarı ele geçiren suyun aktığı yöne duruyor. Devirler değiştikçe sadece haramzadelerin ismi ve şekli değişiyor. Öteki haramzadeyi taşla kovan, onun yerini alıp yeni haramzade oluyor. Sonra senin hırsızın mı daha namuslu yoksa benimki mi diye birbirini boğazlamaya başlıyorlar. Alemdar gibi temiz bir adam bile bir yılda bu oyunda kendini kaybetti ve kirlendi."

"Alemdar bütün ipleri teker teker eline geçirirken padişahın sessiz kalması hayra yorulacak iş değildir pirim."

Çardaktaki hareketlenme bir anda uğultulara dönüşmeye başladı.

"Bu 'çıtak' mübarek gün bilmez mübarek gece bilmez."

"Ocaklıyı kıracağım diye söylenirmiş zaten."

"Esnafı sekban askeri gibi talim ettirecekmiş."

"Ne durursunuz Hacı Bektaş köçekleri? Boğazımıza kirli çizmeleriyle basıp da iflahımızı sökmesini mi bekleriz?"

"Doğru der bu rengi bozuk. Davranın ocaklılar!"

Ortalık sakinlemişken tekrar hararetlendi. Elvan onları durdurmak için kalktıysa da ocaklının yeniçeri damarı havalanmıştı. Galip beşinci ortanın neferi önündeydi. Küfrün biri diğerini kovalıyordu. Kayık bulanlar, hemen bulamayanlar giden ocaklıların yolladığı kayıklarla karşıya geçtiler.

Ocaklı, Alemdar'ı devirmek için, bütün hazırlıklarını bayram sonrasına yapmış olsa da çıkan bu fırsatı kaçırmak istemiyordu.

Gece yarısı dokuzuncu ortanın geniş bir odasında toplanan çorbacılar Alemdar'ı sadaretten indirme kararı aldılar.

Bab-ı Âli'ye çıkan her sokak kısa zamanda yalınkılıç yeniçeriyle dolmaya başladı.

"Yangın var! Yangın var! Yangın var!"

Mahalle arasında terlik külah, beyaz gecelikle kendini dışarı atanlar olduysa da Alemdar böyle küçük bir oyunla dışarı çıkacak kadar toy değildi.

"Bre bu ne uyanık adamdır!" diye silah sıkan yeniçeriye karşılık vermede gecikmiyordu Alemdar.

Gecenin ilerleyen saatlerinde kuş ve davullardan çıkan sesler şehrin üzerinde fırtına uğultusu gibi dönüyordu.

Sultan Mahmut, Alemdar'ın imdat isteyen davullarının sesini büyük bir huzursuzluk içinde dinledi. Bostancılar yeniçerilerin ayaklanmasını fırsat bilerek saray içinde tenha köşelerde taşkınlık yapmaya başlamışlardı. Sultan sarayda, Alemdar Bab-ı Âli'de yalnızdı. Haremden çıkan Sultan Mahmut uzaktan Bab-ı Âli'yi seyrediyordu. Alemdar'ın davulları yeri göğü inletircesine çalıyordu. Darüssade ağası, padişahın hemen ardı sıra onu takip ediyordu.

"Ağa!"

"Buyurun hünkârım."

"Üsküdar'daki ve Levent'teki sekbanları saraya sokamazsak asiler sabah sarayı kuşatır. Tiz sadıklardan biriyle sekbana haber sal, gün doğmadan silahlı olarak saraya gelsinler. Bostancılardan bir kaçını da Mustafa'nın hücresi önünde nöbetçi bırak"

Darüssade ağası geri dönüp giderken aklına gelen soruyu sorup sormama hususunda tereddütlüydü. Sonunda kellesinden korktuğu için aklındakini bilincinin karanlık bir köşesine atarak yürümeye başladı.

Bu arada çatışmalar fasılalarla devam ediyordu. Karşılıklı tüfek atışlarından Alemdar'ı ele geçiremeyeceğini anlayan yeniçeriler tophaneden bir top gasp ederek Bab-ı Âli önüne getirdiler. Tüfek atışlarının çatapat seslerini boğarcasına gecenin sessizliğini yırtan top atışları başladı. Alemdar'ın yanında onu korumakla görevli sekbanlar top atışıyla birlikte çil yavrusu gibi dağıldılar. Sekbanların perişan halini gören Tahsin Efendi, Bab-ı Âli'nin arka kapısından kaçarak bir dostunun evine sığındı. Top gülleleri düştüğü yeri yıkıyor, küçük yangınlar çıkartıyordu. Sekbanların kaçtığını gören yeniçeriler, yanlarında getirdikleri kazma küreklerle sarayın bahçesine girerek her yanı kazmaya başladılar. Kısa zamanda bahçe köstebek yuvasına döndü.

Alemdar, yanındaki cariyeleri de alarak mahzene kapandı. İçeriden öylesine yoğun bir ateş açıyordu ki sanki kırk silahşor birden çalışıyordu. Yeniçeriler bir yaklaşıp bir kaçışarak sabah ettiler.

Kaptan-ı derya Ramiz Paşa, sekbanlarla şehre girme yerine isyanı şehir dışına taşırmamak için tedbir alınca yeniçeri de şehre giriş yapılan kapıları tuttu. Refik Efendi ise konağına kapanmış etrafı saran isyancılara piştov atışıyla direniyor, sekbanların kısa zamanda yardıma geleceğini ümit ediyordu. Sabaha kadar süren karşılıklı atışlardan sonra yanındaki az adamla fazla direnemeyeceğini ve sekbanların gelmeyeceğini anlayınca teslim olmaya karar verdi.

"Canım size emanettir ocaklı yoldaşlarım..." diyerek elleri başında dışarı çıkınca inip kalkan kılıçlar arasında can verdi.

Alemdar Mustafa öğlene kadar mahzene kimseyi yanaştırmadı. Yeniçeriler, altın bulacakları ümidiyle hırsla bahçeyi kazıyorlardı. Alemdar, sekbanlardan ümidini kesmişti artık. Tüfek atışlarının durduğu bir aralık Alemdar'ın gür sesi duyuldu.

"Bre durun ocaklı kardaşlarım!"

"Nereden kardaş oluruz paşa?"

Alemdar gelen sesi önemsemedi. Cariyeleri dışarı çıkartmak için kapıyı açtı.

"Bu masumların canı da namusu da size emanettir. Ben gücüm yettiğince korudum, şimdi sizin insafınıza bırakıyorum. Bu masumların hiçbir suçu yoktur. Canlarına ve namuslarına helal gelirse huzur-u Rahman'da iki elim yakanızdadır."

"Masumlar emindir!" diye bir ses yükseldi.

Cariyeler ürkek adımlarla birbirlerine sığınmış olarak Paşa Kapısı'ndan çıktılar. Kurtlar arasına yollanan kuzular gibiydiler. Bir bilinmeze doğru yürürlerken kısa zamanda savaş ganimeti gibi zorbalar arasında pay edildiler. Her bir zorba bir kadını kaldırıp bekâr odasına koşturdu.

"Teslim ol paşa, ocaklı ayaklandı, araya nefsaniyet girdi, buradan çıkışın yoktur."

"Bre ocaklı kardaşlarım! Bir zarar görmeyeceğime söz verirseniz teslim olurum. Neferi olduğum kırk ikinci ortanın odabaşını çağırın, gelsin beni alsın."

Odabaşı, Bab-ı Âli önünde olduğundan hızla koşturarak Alemdar'ın görebileceği bir yerde durdu.

"İsabetli bir karar verdin paşa hazretleri, ocaklı sizi almadan kışlasına girmez. Teslim ol, çorbacıları araya koyar affını isteriz."

"Bre gafil, ben ocağınızı başınıza yıkmaya niyetli olsam kim önümde duracaktı benim?"

"İftiradır gezer ortada. Gezdikçe de büyür paşa hazretleri."

"Ocaklı namusu bu mu? Ben kırk ikinci ortanın neferi değil miyim? Beni korumak vazifenizken ocaklı elinde parçalatmak da neymiş!"

Odabaşı söyleyecek sözü olmadığından sustu.

"Bre hiz oğlan, sizin sözünüze güvenip de teslim olacağımı mı zannettiniz?"

Pencerenin ardından duyulan patlama sesiyle odabaşının ağzından giren kurşun başının arkasında koca bir delik açarak çıktı. Odabaşı yere yığılırken yeniçeriler kaçışmaya başladı.

"Bre haşarat sürüsü, ben yiğitlik kalesinden avrat gibi kaçıp gidecek adam mıyım?"

Alemdar yedi başlı ejderha nefesi gibiydi. Kaçışan yeniçeriler kısa sürede toparlanmış mahzenin arka kısımlarında bir tünel açmak için kazma kürek çalışmaya başlamışlardı. Yüzlerce yeniçeri de mahzenin damını delmek için çatıda karınca gibi çalışıyordu.

"Ölümden öte köy yoktur."

Alemdar söylenerek camdan geri çekildi. Kendisini yalnız bırakmayan başkadınla ve haremağasıyla helalleşerek cephaneliğe girdi. Hızlı hareket ediyor, kendine düşünecek zaman vermiyordu. Biliyordu ki, çok düşünmek insanı korkak kılardı. Barut fıçılarından birine ateş etmek için silahını doğrulttu.

"Eski bilgeler demiştir ki; üç şey vardır ki ateş gibi yakıcıdır. 'Krallarla arkadaşlık etmek, kadınlara sır vermek bir de acaba zararı dokunur mu diye zehir içmek.' İktidar zehirdir, ona kavuşmak için krallarla arkadaşlık etmek gerek."

Pir Elvan'ın sözleri kulaklarındaydı. "İktidar hırsının zehri bizi de kaskatı kesti pirim. Meğer soylu bir hanedanla uğraşmak için soylu bir kan taşımak gerekiyormuş. Kendi çöplüğünü bırakmasan bugün bu halde olmazdın Alemdar... "

"Allahu Ekber kebira..." diyerek silahını ateşledi Alemdar.

Patlamanın şiddetiyle kubbe ayaklanıp gök kubbenin derinliklerine doğru uçtu. Yüzlerce yeniçeri ateşler içinde havada uçuşarak etrafa saçıldı. Büyük bir ateş topu mantar gibi büyüyüp küçülmeye başladı. Birbirine omuz vermiş ahşap evler güneş yemiş çıra gibi yanmaya başladı. Evlerden çıkamayan kadınların, çocukların sesi insan ruhuna azap veren bir koronun uğultuları gibi semayı sarmıştı. Yangın bir evden diğerine geçiyor hızla büyüyordu.

Alemdar'ın ölüm haberinin saraya ulaşması gecikmedi. Bunun üzerine yeniçeriler, Sultan Mustafa'nın cülusunu istemeye başladılar. Sultan Mahmut saraydan erken çıkarttığı adamlarıyla dört bin Sekban askerini saraya sokmayı başarmıştı. Saray kapısına dayanan yeniçeriler, kısa zamanda top atışı ve kılıç cengiyle dağıtıldı. Sultanahmet'in Ayasofya'nın minarelerine ve yangın kulelerine çıkan yeniçeriler sarayı ok yağmuruna tutmaya başlayınca Süleyman Ağa ve yağlıkçı yüzbaşı komutasında sekban askeri saraydan dışarı çıktı.

Yeniçeri yağmasından kurtulmak için mahallelerde oluşturulan küçük birlikler bir yandan, sekban askeri bir yandan yeniçerilerle pala çengi başladı. Pistovlar sıkılıyor, Şişhane tüfekler doldur boşalt ile ardı ardına ateşleniyordu. Keskin bir barut kokusu kan kokusuna karışmıştı. Sokak aralarına çekilmek zorunda kalan yeniçeriler fazla direnemeyeceğini anladıklarından kaçışmaya başladılar. Cebeci Kışlası, At Meydanı, Paşa Kapısı kısa zamanda isyancılardan temizlendi. Divan yolundan kaçan yeniçeriler evlere sığınmaya başladılar. Şehir cengi olanca acımasızlığıyla sürerken yarımadayı esir alan yangın da büyüyordu. Bir grup yeniçeri Bab-ı Âli'ye açılan sokaklarda mevzilenmiş saraydaki altınları çıkarmak için yangının sönmesini bekliyordu.

Sekban askeri, yeniçerilerle harp halindeyken Sultan Mahmut Unkapanı'na demirlemiş harp gemilerine Ağa Kapısı'nı topa tutma emri verdi. Gülleler şehrin üzerinden geçerek Ağa Kapısı'na ve çevredeki evlere düştükçe feryatlar yükseliyordu. Güllelerden biri Süleymaniye'nin minaresini delip geçince yeniçeriler halkı tekrar kışkırtmaya başladı.

İsyan bir türlü bastırılamıyordu. Saray kapısına dayanan yeniçeri hep bir ağızdan bağırıyordu.

"Sultan Mustafa'nın cülusunu isteriz... Sultan Mustafa'nın cülusunu isteriz..."

"Sultan Mustafa dün gece Hakk'a yürüdü, Osmanlı tahtına padişah efendimizden başka oturacak kimse kalmamıştır. Şimdi kışlalarınıza çekilin."

"Bre Mahmut da kimdir?"

"Erkek yoksa padişah Esma Sultan olsun..."

"Ne olacak ki?"

"Konya'daki şeyhi getirir tahta oturturuz."

"İlla hanzade olacaksa Kırım Hanı'nı getirir başa geçiririz."

Bu sözler padişaha iletildiğinde sükûnetini korumaya çalıştı. Yeniçerilerle arasına öyle bir düşmanlık tohumu ekilmişti ki... Bu sözler, bu duvarlarda ilk kez yankılanan sözlerdi.

"Söyleyin ulema efendiler gelsinler..." diye ulemayı saraya çağırdı Mahmut.

Ulema, padişahın huzuruna kabul edilmek için saray kapısına vardı.

"Yeniçeri kullarınız; ateşi keser, sekban ocağını kapatırsanız affınıza nail olup kışlalarına çekilmeyi istiyorlar, efendim."

"Sözlerinde dururlarsa kışlalarına çekilsinler."

"Bir de biraderinizin öldüğüne inanıyorlar, efendim."

"Birader dün gece hakka yürüdü efendiler. Cenazesini görmek isterseniz görebilirsiniz."

Ulema boynunu bükerek Ağa Kapısı'na döndü. Şehirde sükûnet geçici de olsa sağlanmıştı.

ZAMAN DEDİĞİN, DERVİŞ ELİNDE BİR TESBİHTİR.

-18-

Kara Tahsin, ardı sıra yürüyen İsmail'le Kapalı Çarşı'ya girdiğinde kendilerine yönelen ürkek bakışlara aldırmıyordu. İsmail'in kafası yüzlerce cevapsız soruyla karışıktı. Çarşının zemini kaba kesim taşlarla döşeliydi, yalaklarda yosunlanan suların ağır kokusu top top asılı tütün kokusunu bastırıyordu. Çıraların aydınlatması yetersiz olduğundan çarşının içine doğru ilerledikçe bir kasvet insanı sarıyordu. Her sokak ayrı bir dünyaydı çarşıda. Ermeni ustalar; ışıl ışıl kuyumcu tezgâhları ardında iki büklüm olmuş, müşterilerine yeni çıkarttıkları işleri tanıtıyorlardı. Kürkçüler bir sokakta şalcılar başka bir sokaktaydı. Simlerle süslenmiş renk renk şallar insanın dikkatini çekiyordu. Kahve kokuları arasında keyifli sohbetler akıp gitmekteydi. Sanki birkaç gün önce bu şehir büyük bir savaş yaşamamış da yıllardır böyle huzur içindeydi.

Kâh terlikçiler sokağına daldılar kâh şalcılar sokağına. Pahalı kumaşlar satan dükkânlardan top top bezler sardırıp hoş kokular satan dükkânlardan gösterişli şişelerde kokular aldılar. İsmail ne olduğunu anlamıyor, sormaya da cesaret edemiyordu. Karanfil, kekik, tarçın kokuları arasından geçerek dışarı çıktıklarında Kara Tahsin, İsmail'in yüzüne bakmadan;

"Bunları Tahtakale'deki eve götür." dedi.

İsmail aklındaki karmaşanın ortasında yürümek üzereyken Kara Tahsin'in sesiyle geri döndü.

"Akşam kule dibine gelmeyi unutma ."

"Tamam."

Burunsuz Mustafa'nın haraç almaktan dolayı ipte sallandırıldığı günden beri üzerinden atamadığı bir asabiyetin tesirindeydi Kara Tahsin. Burunsuz'u sallandıran Alemdar'a ulaşamadığı için hıncını kaptan-ı deryadan çıkartmıştı. Konağı yağma edilirken yağmacıların başında içeri dalmış altın, mücevher arayan yeniçeriler arasında o, gözüne en güzel görüneni alıp ayırmıştı.

Kara Tahsin civeleğinin yürümesini beklemeden kendisi yürüdü. İsmail zor bir bilmecenin ortasında çaresizdi. Yolu uzun değildi. Ne ile karşılaşacağı hususunda yüzlerce şey düşledi yol boyunca. Evin kapısına gelince durdu. Kalbi göğsünden fırlayacakmış gibi atıyordu. Kapıyı çaldı fakat kapının açılması uzun sürdü. Kalfa, İsmail'in elindekileri taşıyamayacağına kanaat getirerek yukarı çıkartmasına izin verdi. İsmail üst kata malzemeleri koyup inecekken, *'bütün bunlar bu bunak kadın için değildir inşallah'* diye söyleniyordu. Geniş salonun açıldığı kapılardan birinden bir çift gözün kendini izlediği zannına kapılıp hızla geri döndü. Üzerinde limonküfü renginde uzun bir elbise, başında elbisesi renginde bir tül bulunan kız korkudan kendini geri çekti fakat gencin kendini gördüğünü düşünerek bir suçlu gibi kapıdan içeri girdi. Saçları uzun, gözleri iri zeytin tanelerinden daha da iriydi. Esmer teni duru ve parlaktı. İsmail'e doğru yürümeye başladı kız. Pencereden içeri sızan ışık kadının esmer tenini belirginleştirince, İsmail kalbini saran ateşin etkisiyle nefes alamaz oldu. Bir anda bütün vücudunu ter basmış, iki büklüm olarak siyakat 'vav'ına dönmüştü. Kıpti kızı yavaş adımlarla yanına gelerek önünde durdu. Erkeklere alışık olduğu rahat tavırlarından belli oluyordu.

İsmail hiçbir şey demeden merdivenlere yöneldi. Dünya etrafında cezbeye gelmiş bir cavlaki dervişi gibi dönüyor, uğultulu sesler bir orman kuytusu gibi içini ürpertiyordu. Daha önce tanımadığı, tatmadığı bir duygu cıva gibi içine çökmüştü. Kızın gözleri gözlerinin önüne geldikçe eriyip kaybolan ruhu coşkun ırmaklar gibi çağlıyordu.

İsmail ne önüne baktı ne de arkasına... Yürüdü... Yürüdü... Sadece yürüdü. Etrafın alacaya kestiğini fark ettiğinde nerede olduğunu kestirmeye çalışır gibi anlamsızca bakıyordu etrafına. Mehmet'in yüzü solgun bir çocukluk hatırası gibi karşısında duruyordu.

"Neyin var İsmail?" diye yüzlerce kez sorsa da Mehmet, karşısındaki taşlaşmış ruhtan bir ses gelmiyordu.

"Onu gördüm Mehmet, onu gördüm."

"Kimi gördün?"

"Onu, iskelede gördüğümüz kızı, Kıpti kızını."

Bu sefer çarpılma vakti Mehmet'teydi. Kalbi bir anda ritminin dışına çıkmış, dünya gözleri önünde gittikçe anlamsızlaşmaya başlamıştı. İsmail'in yanında oturuyor, ne yapacağına bir türlü karar veremiyordu.

"Şimdi ne yapacağız nazarım? Ekmek tuz hakkı için Hak erenler huzurunda ikrar verdik."

"Bilmiyorum Mehmet. Onu gördüğümde kalbim çatlayacak gibi oldu. Nefesim kesildi. Biliyorum ki ne ben ondan vazgeçebilirim ne de sen."

"Bırakalım buna kader hüküm versin o zaman, biz de razı olalım."

İki arkadaş büyük bir bilinmezin içinde tek kelime dahi konuşmadan saatlerce oturdular. Kanatları kırık kuşlar gibi uçamaz olmuşlardı. İsmail nereye gideceğini bilmiyordu. Ayağa kalktığında en yakın dostuna sarıldı.

"Bırakalım kader ne derse o olsun nazarım."

Dönüp arkasına baktığında yıkık bir adamdan başka bir şey görmüyordu İsmail. Biliyordu ki bu iki dost olarak son görüşmeleriydi.

İsmail'in odadan çıkmasından sonra odasına kapanan Kıpti kızı kudretten tokmuş gibi yemeden içmeden kesildi. Kara Tahsin birkaç gündür olanlardan bir şey anlamasa da aklına düşen şüphenin ardı sıra Behiye ile konuşmak için odasına gitti. Behiye, Tahsin'in cehennem gibi yakıcı bakışlarına hiç aldırmadan içini açtı.

"Geçen gelen bıyıkları yenice dumanlanmış gence vuruldum Tahsin Ağa. İster anlayışla karşıla ister öldür. Onu gördükten sonra ne gözüme bir damla uyku misafir oldu ne bir lokma bir şey yiyebildim. Ondan muradımı almazsam karanlık olan bu dünya zindanım olur benim."

"Aşk bir çengi Kıpti'yi bile böyle dile getiriyor ha. Varsın öyle olsun Benli Behiye. Sen raksını iyi yap, beni memnun et, civeleğim İsmail de senin olsun. Bu dünyada muratsız kalma."

"Ölüme razı olmuşken maşuk ile halvet olmak. Ne iyi... Bin yaşa sen ağa, nefes aldıkça bu iyiliğin yüzünden Allah seni korusun."

İsmail, bir yıl önce iskelede görüp de aklından çıkartamadığı sevdiğine bir yıl sonra kavuşmuştu. Behiye'yi bulduğu gün nazarı Mehmet'i kaybetmişti. Mehmet ise her gece iskeleden ayaklarını boğazın serin sularına daldırıp Ak Sungur'a Kıpti kızına olan aşkını anlatıyordu.

-19-

Günler, bir derviş elinde dönen tespih taneleri gibi birbiri ardına eklenip gitmekteydi. Umur görmüş bu şehir, birkaç yılda neler yaşamamıştı ki? Hep böyle değil miydi zaten? Mercan'ın çardağından karşı kıyılara bakarken bunları düşünüyordu Mehmet.

"Demek gidiyorsun ha Galip?"

"Gidiyorum ağabey. Efendimiz sefer emri verdi, bir yeniçeriye durmak yakışık almaz."

Köşeden oğullarının konuşmalarını dinleyen Elvan'ı kessen bir damla kanı sızmazdı. Sefere çıktığı ilk gün geldi gözlerinin önüne. Nargilenin marpucuna daha bir hırsla yapıştı. Tömbekinin acı dumanı genzini yakıyordu. Gözlerinden damla damla yaşlar kırmızı yanaklarından beyaz sakalına doğru turna katarı gibi dizilmişti. Neye gittiğini bilmeyen kuzulara benziyordu Galip ve arkadaşları. Gidecekleri yeri en iyi bilenler susuyor, tevatür ustaları, güney müftüleri, duyduklarını yaşamış gibi anlatıyordu etraftakilere. Galip anlatılanları dinledikçe içi içine sığmaz oluyor, Hayber Kalesi'nin kapısını eliyle söküp atan Hz Ali sanıyordu kendini. Düşmanla bir karşılaşsa, bir nara patlatsa, belindeki kuburluktan saldırmasını bir çekip piştovunu bir ateşlese düşman kaçacak sıçan deliği arayacaktı.

Hep düşmanı arkadan kovalarken hayal ediyordu kendini Galip. Mercan'ın çardağında oturan diğer yeni yetmelerin de ondan farkı yoktu. Harp etmişler susuyor, en çok onlar korkuyordu. Kan deryası metrislerde boğaz boğaza pala cengi, çamur deryasına saplanmış ayakları, göğü görünmez kılan ok yağmurları, insan çığlıkları, at kişnemeleri gelip gelip gözlerinin önüne dikiliyordu. Ölüme koşmanın ne demek olduğunu iyi biliyorlardı ve bu hayata bağlılıklarını daha da arttırıyordu.

Gülizar beklenenin aksine sefer emrini tevekkülle karşılamış, Kınalı Hoca'ya kurşun işlemez, kılıç kesmez muskalar sipariş etmişti. Hiçbir masraftan kaçınmaması gerektiğini Süleyman Usta'ya tembihlemişti.

Sonraki günler sefer hazırlığıyla geçti. Şehrin üzerini örten endişe yavaş yavaş dağılmaya başlamıştı. Artık ölüm değil 'Allah'ın izniyle' zafer konuşulmaya başlanmıştı. Oğullar, kocalar sanki ölüme değil de kutlu bir bayrama yollanıyordu. Şehirdeki bu değişiklik zayıf olan insanın metanetli görünme oyunundan başka bir şey değildi aslında. Bir köşeye çekilince yine herkesi o birkaç gün önceki korkular kuşatıyor, gözyaşları gizliden gizliye akıtılıyordu. Camiler, dergâhlar gece yarılarına kadar süren toplu dualarla sarsılıyor, 'Allah'tan muzafferiyet' yakarışlarıyla gece sonlanıyordu. Bu şehrin insanı motive eden bir yapısı vardı. Bir insan gibi ruhu vardı sanki.

Elvan, Galip'e sarılmak istiyor ama her seferinden bundan vazgeçiyordu. Onu güçsüz ve zayıf kılmak istemiyordu. Bir gün yine köpürüp köpürüp inen içine mani olmayı becermiş elini Galip'in omzuna koyarak ona ilk ve son nasihatini vermeye başlamıştı.

"Gençsin, gençlik ateş gibidir kural tanımaz oğul. Bil ki ateş yakar yakmasına ama onun da can düşmanı vardır. Bir damla su, o ejderhayı âdeme mahkûm eder. Çokça cenk görmüş bu atandan nasihat olsun sana. Bir askerin en zor cengi ilk olanıdır. Ön safa atılınca koca dünya kılıcının ucunda dize gelecek sanır insan ama öğle değildir. Dünya bir değirmen gibi öğütür insancıkları. Unutma oğul, ölüm meleği savaş alanında oradan oraya yetişmeye çalışır da gözü hep en cesurca savaşanlarda olur. İlk seferinde ölüm meleğiyle karşılaşmayan bir asker savaş alanında bir daha onunla zor karşılaşır. Arkanda seni bekleyen gözleri unutma oğul. Bu seni korkak değil daha dikkatli kılsın."

Galip babasına sarıldı. Biliyordu ki günlerden beri babası bunu yapmak istese de yapamıyordu. Sessizlik... Gözyaşı... İç çekmeler...

Kimse kimseyi kırmak, üzmek istemiyordu. Gülizar, oğullarının yanında neşeli olmaya çalışıyor, bunu nasıl becerdiğine kendide inanamıyordu. Biliyor ki ilk sefer en zor olanıydı. Ama o yapmacık gülümsemelerle kimseyi kandıramıyordu. Mehmet hiç ayrılmadığı kardeşinden ayrılacak olmanın üzüntüsünü yaşıyordu. Yalnız kaldığı zamanlarda bir yandan Behiye'yi bir yandan da Galip'i düşünüyordu. Biri kalbini kuş gibi havalandırıyor diğeri kaskatı kesiyordu.

Elvan ince bir ağ gibi örülmüş zırhını oğluna giydirirken elleri titriyordu. Kuburuna saldırmalarını özenle yerleştirip piştovunu beline özenerek taktı. Yivli şişhane tüfeğini en iyisinden sipariş etmişti. Gülizar kılıç kesmez ve kurşun işlemez muskalarını zırhın içine dikti.

Ak Sungur da sanki olanları anlamış, son günlerde Galip'in etrafından ayrılmaz olmuştu. Sefer günü gelip çattığında ordu Davutpaşa kışlasında toplandı. Sancak-ı şerif törenle serdar tayin edilen sadrazama teslim edildi. Yeniçeri birliklerinin önünde, üzerinde "*İnna fetahna leke fethan mübina ve yensurekellahu nasren aziza*" ayeti yazılı beyaz renkli İmam-ı Azam bayrağı vardı. Bayraktarların ellerindeki sarı, kırmızı, mavi bayraklar dalgalanıyordu. Her ortanın alâmet-i farikası olan nişanlar renk renk bayraklara işlenmişti. Galip Mehmet'e ve babasına sarılıp safa girdi. Harp Avrupa kıtasında olduğundan sağ kanadı Rumeli askeri sol kanadı da Anadolu askeri almıştı. Kumbaracılar, sakalar, topçular saf saf olmuşlardı. Ordu yürüyünce seyyar bir şehir de ordunun ardı sıra yürümeye başladı. Berberler, hamamcılar, dülgerler, marangozlar, terziler ve yüzlerce meslek erbabı da çadırları içinde ordunun ardı sıra yürüdü. Çingeneler, subaşı defterlisi fahişeler de daha geriden orduyu takip ediyordu. Ordu gözden kaybolunca Davutpaşa kışlasından omzu düşmüş binlerce insan üstlerine çöken ağırlığın atında ezilerek evlerine döndüler.

☪

Cepheden her gün birbiriyle çelişen haberler geliyordu. Moskof'la yapılan savaşlar tam üç yıl sürdü. 1812'nin Mayısı'nda cepheden güzel haberler gelmeye başladı. Şummu'da yirmi beş bin Moskof kırılmış, Bükreş anlaşması imzalanmıştı. İstanbul sevinç içindeydi. Herkes ordunun dönmesini bekliyordu. Analar, elinin kınası solmuş gelinler, oğullar, kızlar ordunun dönmesi için Sultan Mahmut'un fermanını bekler olmuştu. Her gün sahte bir padişah fermanı kahvehanelerde dillendirilir olmaya başlamıştı. Biri ordunun dönüşünü emrederken diğeri iyice alevlenen Sırp isyanının bastırılmasını emrediyordu. Sonunda korkulan olmuş, ordu geri dönüş yolundan Sırp isyanını bastırmak için tekrar yola koyulmuştu. İstanbul'da yapılan hazırlıklar durmuş, çarşılara bir ölüm sessizliği çökmüştü.

☪

Bir gün yangın bir gün sel baskını... Ama hiç biri şehri bir gün karanlık bir kâbus gibi saran veba salgını kadar kötü değildi. İzmir'den gelen gemilerle İstanbul'a taşınan veba hastalığı, şehri yeniçeri zulmünden beter sarmıştı. Galata'daki sefahat âlemleriyle hastalık günden güne yayılıyordu. Şehrin kapılarına dikilen yazıcıların kayıtlarıyla günde bine yakın şişmiş, çürümeye başlamış cansız beden şehrin dışına çıkartılıyordu.

Sultan Mahmut veba salgını karşısında çaresizdi. Bu çaresizlik sıkı tedbirlerin alınmasını da geciktirmedi. Melek girmez sokakların kapatılmasını, bekâr hanlarının yıktırılması izledi. Veba bir hayalet gibi sokaklarda geziniyor, birbirine omuz vermiş ahşap evlerden yüzlerce ölü, görevlilerce şehir dışına taşınıyordu.

Sümbül'ün âdeta çürümeye yüz tutmuş cesedini el arabasına yükletirken Elvan içini saran bir pişmanlık ateşinde yanmaya başladı. Onu hayatından uzak tutmak için bir adam kiralamış, âdeta Sümbül'ü bir gölge gibi takip ettirmişti. Oğlunu görmesine mani olmuş, dünyadayken düştüğü ateşe odun atmaktan geri durmamıştı. Ne bahane bulduysa içindeki ateşi söndüremedi Elvan. Sümbül'e reva gördüğü bu haksızlığın yakın bir zamanda karşısına çıkacağını düşünüyor, bu lanetli düşünceleri bir türlü kafasından atamıyordu. Aylarca Mehmet'in yüzüne bakamadı Elvan. Bunu Galip'in gidişine veren Mehmet de bu durumu fazla üstelemedi. Sümbül ömrü boyunca hayallerinde büyüttüğü oğlunu sadece bir defa görebilmişti. Şed kuşanan o oğlanın kendi oğlu olduğunu bilmeden bir kez görebilmişti. Elvan o gün Sümbül'ü oğluyla tanıştırmak için çağırmış ama bunu yapamamıştı.

Mehmet, Mercan'ı kapatmış, karaborsadan temin ettiği onlarca torba kireci kahvehanenin etrafına serpmişti. Çardağa fare avlamada maharetli cins kediler almıştı. Ara ara çardağın etrafında ateş yakarak veba mikrobunu uzak tutmaya çalışıyordu. Şehrin geri kalanı da Mercan'dan farksız değildi. Her yer bembeyaz bir örtüyle kaplanmıştı. Beyaz, ölümün rengi olmuştu İstanbul'da. Sonra bir başka beyaz şehri esir aldı. Günlerce durmadan yağan kar yağışını uçan kuşa nefes aldırmayan soğuklar izledi. Kışın bu kadar sert geçmesi ölümleri azalttı. İnsanlar baharla birlikte kapandıkları evlerinden çıkmaya başladılar. Buna en çok sevinenlerden biri de Mehmet'ti. Veba salgını boyunca kapandığı Mercan'dan dışarı çıkmaya, evlerde düzenlenen gizli âlemlere katılmaya başlamıştı. Her gece tebdil kıyafet gittiği eğlencelerde Behiye'nin yaptığı raksı izliyordu. Ona bu kadar yakın olmak, bu kadar yakınken deryalar ötesi uzak olmanın acısını yaşıyordu Mehmet. Muhabbethaneler yavaş yavaş kapılarını açınca gizli eğlenceler yerini eski günlerdeki gibi gece yarılarına kadar süren eğlencelere bıraktı. Artık kolluk takibi kalkmış, mekân sahipleri, küçük rüşvetlerle işlerini rahat rahat yürütmeye başlamışlardı.

Mehmet'in acıları da zamanla körelmeye başladı. Her gece gittiği eğlencelerde artık Behiye'yi görünce acı duymuyor onu görmekten dolayı kalbinde canlı olan bir şeyler bir fidan gibi yeşeriyordu.

Elvan zamanın yıpratıcılığına gün be gün yenik düşüyordu. Yüzündeki kırışıklıklar artıyor, dizlerindeki derman yavaş yavaş çekiliyordu. Özel bölmesinde elinde nargilesini düşürmeden gelen dostlarını ağırlıyor uzun sohbetlerle etrafındaki halkayı daha da genişletiyordu. Ak Sungur da Elvan gibi yaşlanmış sabahki gezintilerini aksatır olmuştu.

İsyanlar ve savaşlar bitmek bilmiyor, her gün kötü bir haberle İstanbul sarsılıyordu. Kötü haberler sadece cephelerden gelmiyordu. İstanbul da için için kaynıyordu.

1821 baharında Yunanistan'da bir ayaklanma çıkınca isyan Mora'ya sıçradı ve üç hafta içinde tüm yarımadanın elden çıktığı haberi İstanbul'a bir ateş topu gibi düştü. Bu yenilginin sebebi, yeniçerilerin harp sahasını kaçar gibi terk etmeleri olarak gösteriliyordu. Bu haberleri doğrularcasına sonraki günlerde İstanbul cepheden kaçan yeniçerilerle dolmaya başladı. Dönenler arasında beşinci ortanın neferleri de vardı. Mercan'da artık konuşulan tek konu isyanlardı.

Mehmet, dönenlerden Galip hakkında sevindirici haberler alıyordu. Beşinci ortanın bayraktarı şehit olunca, gösterdiği cesaretten dolayı orta bayraktarlığına Galip terfi etmişti. Bunu düşündükçe Elvan'ın içi içine sığmaz oluyordu. *"Ölmeden, oğlumun beşinci ortanın çorbacısı olmasını görecek mi-*

yim?" diye söylenip durmaktan kendini alamıyordu. Duyduklarına bir daha ekleyerek Galip'in kahramanlıklarını evde anlatıp Behiye'yi kapandığı iç dünyasından çıkartmaya çalışıyordu. Behiye anlatılanların abartılı şeyler olduğunu bildiği halde "Öyle mi olmuş, bir daha anlatsana" diyerek aynı hikâyeleri defalarca dinliyordu.

☪

Sonraki günler öncekileri aratırcasına geldi. İstanbul'a dönen yeniçeriler artık sokak çetelerine dönmüşlerdi. Onlara haraç vermeden ne bir inşaat başlıyordu ne de limandan bir çuval mal çıkartılabiliyordu.

1821 Nisan'ının yirmi üçüncü günü ise söylense dahi hiç kimsenin inanmayacağı bir olay oldu. Yunan ayaklanmasının İstanbul'a sıçramasından sorumlu tutularak Patrik Gregorius, Patrikhane kilisesinin Petro kapısı önünde asıldı. Kilisenin önde gelenleri ve yüzlerce Rum da aynı akıbete uğramaktan kaçamadı. Mora isyanının hesabının İstanbul'da kesilmesi, yeniçeriler içinde sona giden yolun daha belirgin bir şekilde görünmesi anlamına geliyordu. Tüm bu konular Mercan'da uzun uzun konuşuluyordu.

Mehmet, tüm bunlardan uzak, her gün peşi sıra bir muhabbethanede görmeye gittiği Behiye'den başka bir şeyle ilgilenmiyordu. Otuzlu yaşlarına yaklaşmıştı ve artık o eski Mehmet de değildi. Behiye kalbini yakan, içini acıtan bir kadın değil de, her gün görmek, yakınında olmak zorunda olduğu, âdeta müptelası olduğu bir kadın olmuştu. Bu uzun yıllar içinde Mehmet kaderin hükmüne razı olmuş, Behiye ile İsmail'in arasına girmemiş, İsmail de onun her gece Behiye'yi görme alışkanlığına ses çıkartmamıştı. Bu hayatın akışı içinde kendiliğinden gelişen bir durumdu ve özel bir anlaşmaya tabi değildi.

☪

Ordu İstanbul'a alnında kara bir lekeyle döndü. Dönüş sessiz oldu. Kışlalarda, kahvehanelerde kimse mağlubiyet üzerine konuşmak istemiyordu. Gülizar ordunun yenilmesine ve nerede olduğunu dahi bilmediği toprakların elden çıkmasına hiç üzülmedi. Galip'i kucaklarken biliyordu ki hiçbir toprak parçası, hatta padişahın bütün mülkü bir oğul etmezdi.

KILIÇ KINDAN ÇIKINCA

-20-

Yenikapı

Ahşabın ve taşın huzur veren kaynaşmasını izlerken bir yandan da zihnini toparlamaya çalışıyordu Sarıca Derviş. Dokuz Türkmen beyi dokuz pösteki üzerinde hilal şeklinde saf olmuştu. En ortadaki pöstekinin üzerinde Sarıca Derviş oturuyordu. Hemen ardındaki duvar dibinde dokuz tuğ yan yana dizilmişti.

"Selim Han'ımızı kaybettik" diye söze girdi Sarıca Derviş.

"Sultan Mustafa'nın da 'kut'u tapılamadı." Göklü Tanrı razı olmadı da verdiğini geri aldı. Otuz yıl geçti alpler, otuz yıl. Azrail ha geldi ha gelecek diye beklenen otuz yıl. Ümidimizin son kalesi de yıkıldı alpler. Alemdar bu ateşin şehre ancak bir yıl dayanabildi. Deyin bakalım kızıl tuğ taşıyan yoldaşlarım. Susacak gün sustuk da bugün susacak gün değildir. Deyin bakalım Dodurgan'ın, Karakeçili'nin, Bayat'ın, Kayın'ın yiğitleri. Edebali yoldaşları... Türkmen'in yüz akları. Hacı Bayram dergâhına yüzümüz ak mı döneceğiz kara mı?"

Sarıca derviş sustu. O susunca oda sessizlik kesildi. Sessizlik bir çınar gibi serpildi.

"Valide Turhan Sultan'dan sonra haremin gördüğü en yiğit kadın, Cevri Kalfa Efendim. Sultanın hazinedarı oldu. Sultan Mahmut vefalı davranıp hazinesinin anahtarlarını ona verdi. Bacı Kalfa'yla temas etsek derim."

"Tamam, de lafı Germiyan Bey!" diye çıkıştı Sarıca Derviş.

"Kendimizi yeni padişaha açık etsek... Amacımızı, gücümüzü bildirsek..."

"İki ihtimal olur ondan sonra" diye söze girdi Elvan.

"Neymiş Elvan?"

"Birincisi; amacımıza ulaşmak için bir şans daha doğar. İkincisi; Bacı Kalfa açığa çıkarsa canından olur."

"Bacı Kalfa ne der bu işe Elvan?" diye tereddütle sordu Sarıca Derviş.

Elvan başını önüne eğdi.

"Hacı Bayram ocağı yol göstermez mi bize efendim?"

"Muradımızı açık edemeyiz Karaca. İki el bir baş içindir. Dokuz Türkmen ölüm üzere ant içtiniz de bir işi beceremediniz mi derler."

"Doğru," diye Sarıca Derviş'i onayladı Dede Derviş.

Sessizlik yine boy verdi.

"Keşki şeyhimiz Galip Dede olsaydı da bir yol salık verseydi bize." diye düşündü Elvan.

Sessizlik... Sessizlik... Sessizlik...

Yarım saati geçen sessizlikten sonra Sarıca Derviş'in ney gibi içli sesi duyuldu.

"Ben de Germiyan Bey gibi düşünürüm. Belki de başka şekilde düşünemediğimden onun gibi düşünürüm... Çandarlı'nın ve dahi binlerce Türkmen'in kanı yerde kalmayacaksa bundan başka yol gözükmez. Görevimiz tamam olunca Hacı Bayram eşiğine anca yüz sürebiliriz. Allah devletimizi ebed müddet kılsın. Onun bağrına ve Türkmen'in bağrına paslı bir hançer gibi saplanan dönmelerden korusun."

"Âmin... Âmin..."

Sustu Sarıca Derviş.

"Bu iş senindir pirim," diye söze düğüm attı Sarıca Derviş. Ahşabın ve taşın huzur veren kaynaşmasına daldı tüm gözler.

-21-

Şeyhülislam konağında kavuklu devletlûlar, beyaz sarıklı hocalar günlerden beri devam eden toplantıları bir sonuca bağlamak için son kez bir araya gelmişlerdi. Sadrazam, şeyhülislam, Karadeniz ve Anadolu muhafızları, kazasker ve medreseliler öbek öbek oturmuştu. Sadrazam devletlûları göz ucuyla süzüyor, ortamın iyice sessizleşmesini bekliyordu.

"Efendim! Hepimiz mühim bir devlet hizmeti için buradayız. Yüce Allah tüm ümmetin koruyucusu Sultan Mahmut efendimizin saltanatını daim kılsın."

"Âmin... Âmin..."

"Günlerden beri devam eden toplantılara umarım burada bir netice verebiliriz. Yeniçeri ocağı kurulduğu günden beri devlete çok hizmetleri olmuş bir ocaktır. Yiğitliğini bütün dünya takdir etmiş ve dahi kendi yetişmeden adı birçok belanın def'ine sebep olmuştur. Ocağın devlete ve bu dine hizmetleri aylarca anlatılsa bitmez, lakin dost düşman görmüştür ki yiğitlik ve cesaret savaşlarda artık bir yere kadardır. Bir avuç Rum eşkıyasının hakkından gelemedik, çıkan isyanları bastıramadık. Bundan cesaret alan ayanların, eyalet valilerinin başıbozuk hareketleri çoğaldı. Böyle giderse korkarım bu devletle beraber biz de batar gideriz. Cephede talimli asker karşısında ne kadar yiğitçe de savaşılsa bir netice alınamıyor."

Hekimbaşı söze girerek;

"Efendi hazretleri müsaadeniz olursa Reis Efendi'nin diyeceklerini dinleyelim de hal çaresi üzerinde konuşmaya öyle geçelim." dedi.

"Uygundur."

Reis Efendi hazırlıksız yakalanmış olmanın da etkisiyle telaşla doğrularak konuşmaya başladı.

"Efendim, Tepedelenli hadisesinden sonra bizim hesap edemediğimiz bir durum ortaya çıktı. Tepedelenli'yi tepeledik tepelemesine ama Rumların başına balyoz gibi inen bu adamın ortadan kalkması bir boşluk doğurdu. Malumunuz isyanlar arka arkaya patladı. Yıllarca süren bu isyanlarda başarısız olmamızın sebebi askerimizin talimli olmamasıdır. Bu dağınık halimizi gören devletler akla hayale gelmedik isteklerde bulunmaya başladılar."

Ulemadan Pirizade Yahya Efendi heyecanla ayağa kalkarak;

"Hal böyleyse ehl-i İslam'a harp fennini öğretmek vaciptir."

Ulema birden gayrete gelerek "Vaciptir... Vaciptir... Vaciptir..." diyerek meclisi heyecana getirdiler.

Şeyhülislam Efendi ayaklanan ulemanın biraz sakinleşmesini bekledi.

"Efendiler! Zamanın ve düşmanın silahıyla silahlanmak gerektir. Harp yeri geldiğinde hiledir."

Ulemadan ince yüzlü biri gayrete gelerek hisler yatışmadan söze girdi.

"Artık bu mecliste bulunan herkesçe de malumdur ki kahramanlığın talim ve tekniğin karşısında bir hükmü kalmamıştır. Talimli asker Padişah efendimizin de arzuladığı bir şeydir. Kelamı uzun kılmaya ne hacet? Mektupçu efendi yeni ocakla ilgili hazırlanan layihayı okusun."

Sonra Şeyhülislam'a dönerek;

"Efendi hazretleri şer'i şerif üzerine söyle, talim etmek şeriata aykırı mıdır?"

"İşte kitap işte sünnet; düşmana karşı koyabilmek için talim etmek vaciptir."

"Ulema efendilerden bu konuda farklı görüş beyan etmek isteyen varsa söylesin; İstişare meclisidir, şeriat meclisidir. Konuşacak lafı olup da susan zarardır."

Ulema ağız birliği etmişçesine hep bir ağızdan 'askerin talimi elzemdir ve de vaciptir' dedi.

"Mektupçu efendi meclise girdi. Meclis, ulemanın fetvasını dinlemek için ayağa kalktı.

"Allah'ın buyruğunu yüceltmek ve şeriatı diri tutmak için, müşrikleri öldürmek, Müslümanlar üzerine farzdır. Bu da harp aletlerinin kullanılmasına bağlı olduğundan, aletleri kullanmayı öğrenmek üzere talimler yapmak da kâfirleri öldürmenin gereklerindendir. Nitekim Peygamberimiz ok atma talimini övmüşlerdir. At ve deve yarışlarını da aynı maksatla caiz görmüşlerdir. Velhasıl düşmana karşı 'İktidarınız ölçüsünde kuvvet hazırlayınız' ayet-i kerimesi gereğince düşmanları yenmek için mutlaka lüzumlu her çeşit harp aletlerini hazırlamak vaciptir. Yine ayet-i kerimelere göre harp sanatını bilmek ve düşmanlara karşı koymak farzdır. Hatta müşrikler ilk Müslümanları yenmek için çeşitli harp hilelerine başvurmuşlar. Hatta hicretin kırkıncı yılında müşrikler barut icat ettiklerinde, Müslümanların da barut kullanmaları hakkında bilginlerin oy birliği ile kararları vardır. Sözün özü; her vakit kuvvet kazanmak için harp aletlerini bulmak, yapmak, öğrenmek ve öğretmek inananlar için lüzumlu olup, hele şu sırada düşmanlar, ehli İslam üzerine saldırırken Müslümanların da karşılık vermeleri vaciptir. Bu sebeple yeniçeri ortalarının her birinden aslı, nesli belli, güçlü kuvvetli yüz ellişer kişi ayırıp 'Eşkinci' neferi yazılması ve harp aletlerini öğrenerek daima harbe hazır bulunmaları hususu şeyhülislamlık makamı ve ulema ta-

rafından caiz ve lüzumlu görülmüştür. Padişahımızın bu hususa dair emir vermeleri meşrudur diye, fetva, ferman çıktığı için bütün ocak ağaları elbirliğiyle bu miktar neferleri ayırıp talime başlamayı taahhüt etmeleri şart olmuştur."

Mektupçu okuduğu kâğıdı sadrazama uzatarak geri geri yürüyüp kapı ağzına yakın bir yerde durdu.

Sadrazam;

"Şeriat meclisinde okunan bu şeriat emrine itiraz eden olursa cezalandırılması gerekir mi?"

Ulema hep bir ağızdan;

"Evet, cezalandırılması gerektir" deyince Şeyhülislam'ın gür sesi duyuldu.

"Cezalandırılması şiddetli olmak gerektir!"

Meclis imzalanan fetvayı yeniçerilere bildirmek için bir heyet oluşturdu. Heyet, Ağakapısı'na vardığında 'ocaklılar' tarafından ayakta karşılandılar.

Fetva vakanüvis Esat Efendi tarafından yüksek sele tekrar okundu. Yeniçeri ağası Celalettin Ağa öne çıkarak;

"Ocaklı yoldaşlarım! İşte duydunuz. Okunan fetva-yı şerif, ulema kararıdır. Padişahımız efendimizin de takdiri bu istikamettedir. Ne dersiniz?"

Kısa bir sessizlik oldu. Ocaklıların ileri gelenleri günlerdir devlet kapısına birer birer çağrılıp görüşleri alınıyorduysa da işin bu kadar çabuk şekilleneceğini beklemiyorlardı. Bir emrivakiyle karşı karşıya kalan bölük ağaları öne çıktılar.

"Ulemanın imzaladığı fetvaya ve padişahımızın emrine uyacağımızı taahhüt ederiz" dediler. Kararsız topluluk bir anda hareketlenerek, fetvayı imzalama yarışına koyuldular. Birbirlerini ezercesine imza atıp mühür bastılar. Yeniçeri ağası beklemediği bu tepki karşısında hayli şaşırmış olarak geri döndü.

Ertesi gün ayaklarına sıkı potur, başlarına yeşil renkli laz kalpağı giymiş yüzlerce Eşkinci, tokmak kundaklı tüfek ve kılıçlarıyla Davut Ağa'nın huzurunda talim için sıraya girdi. Ulema fetvayı tekrar okudu. İmamlar aralıksız dualar okuyordu. Fetva emini yeni askerlerin önüne yürüyerek yeşil bir örtü serili masadan tokmak kundaklı bir tüfek alarak öpüp başına koydu. Silahı yeniçeri ağasına uzatan fetva emini talim sahasından geri çekildi. Ağa silahı öperek sekbanbaşına verdi. Silah ağaların elinde dolarak neferlere verildi.

Dualar eşliğinde talim başladı.

-22-

Karaca Ahmet Dergâhı
Üsküdar

Akşam dergâhta verilecek yemek için mutfakta çalışmalar olanca hızıyla devam etmekteydi.

Dergâh bahçesinde gezinen Küncü Baba, Karaca Ahmet Sultan'ın atının gömülü olduğu mezar başına geldiğinde dört sütunun üzerini örten kurşun kubbeyi uzun süre inceledi. Yer yer kalkmaların olduğu kubbeyi tamir ettirme vaktinin geldiğine karar verip ilgilenmesi için arkası sıra gezen müridi Salman'ı uyardı. Dergâh bahçesi; sümbüller, manolyalar, karanfiller ve güllerle rengârenkti.

Güneş hararetini yavaş yavaş kaybediyordu. Bahçeyi süsleyen çiçekler içindeki sıkıntıları dağıtmış, denizden gelen rüzgârın taşıdığı iyot kokusu zihnini canlandırmıştı. Her gördüğünde gülmekten kendini alamadığı "kehle-i ikbal" Rüstem Paşa'nın sarayı gözlerine ilişti. Onu güldüren kudretli Süleyman Han ve Hürrem Sultan'ın damadı Rüstem Paşa'nın vezarete gelirkenki elbiselerinde yapılan kene araştırmasıydı. Ankebut Ahmet Paşa'nın sarayı ve civan kapıcıbaşı sarayı eski ihtişamlı günlerinden uzak, zamanın yıpratıcılığına karşı direnmekteydi.

Küncü Baba bahçede uzun süre gezindi. Asumani Dede'nin kabri başında tüm canlara bir Fatiha okudu.

Dergâhın yüksek duvarlarından taşan erguvanlar yerden fışkırmış gibi her yanı kaplamıştı. Yüksek duvarların içinde gezen sükûnet duvarların dışına da hâkimdi. Kuş yuvalarını hatırlatan küçük bağ evlerinin içinde etraflarını kuşatan dünyadan habersiz yaşayan aileler sabahtan akşama kadar bağlarını budamak, ürünlerini satışa hazır hale getirmekle meşguldüler.

Giysüdar Mehmet Efendi'nin dervişleri, Aziz Mahmut Efendi'nin dervişleri, Karaca Ahmet Sultan'ın dervişleri Üsküdar sokaklarında kendilerine has kıyafetlerle gezerlerdi. Halkın tüm tarikat mensuplarına saygıları büyük olmakla beraber yeniçerilerle ilişkilerinden dolayı Bektaşi dervişlerine yaklaşımları korkuyla karışık bir saygıydı. Kolluk yeniçerilerinin dergâhtan çıkmamaları onları fazlasıyla korkuturdu.

Üsküdar çelebileri, dergâhlarda aldıkları eğitimden dolayı fasih bir Türkçeyle konuşurlardı. Sahili saran kahvehanelerde sözü alan bir dervişi, devlerle savaşan kahramanların hikâyelerini dinleyen çocuklar gibi nefessiz dinlerdi keyf ehli.

Gece Celveti dergâhından yükselen avazlar, salât-u selamlar sahil kahvelerine kadar ulaşırdı. Gündüzleri sükûn içinde yaşayan Üsküdar, gece de cezbeye gelen dervişlerin inlemeleriyle sarsılırdı.

"Tüm hazırlıklar tamam oldu baba."

Salman'ın sesiyle denize kadar uzanan bakışlarını çekerek ayağa kalktı Küncü Baba. Hiçbir şey söylemeden fakat sadaka hükmüne geçsin diye bir tebessümle baktı Salman'ın yüzüne. Yavaş adımlarla mutfağa doğru yürüdü. Her şey zamanın hızlı akışına karşı o kadar yavaş işliyordu ki dergâhta dışarıdan gelenlerin çok da anlayamadığı bu sakinlik insanı bir huzur deryasının serinliğine taşıyordu. Salman'ın dediği gibi tüm yemekler hazırlanmış dinlenmeye terk edilmişti.

Konuklar da birer ikişer gelmeye başlamışlardı. Hücrelerde dinlenmeye çekilmiş Bektaşi tekkelerinin diğer şeyhleri de 'meydanda' yerini almıştı. Diz çöken her can büyük bir sessizliği de ardı sıra büyük salona taşıyordu.

Öküzlimanı tekkesi şeyhi Ahmet Baba, Çamlıca tekkesi şeyhi Mehmet Baba, Mürvet Baba şeyhi Mustafa Baba... Erenler yan yana dizilmiş, sessizlik içinde önlerine bakıyorlardı.

Dervişler büyük bardaklarda karanfilli üzüm şerbeti yetiştirdi. Bir içen bir daha istedi. Üsküdar'a gelip de karanfilli üzüm şerbeti içmemek pek büyük bir kusur sayılırdı. Yüz ikram olsa da, misafir ağırlama eksik kabul edilirdi. Misafir olmanın erkânı gereği aralarında büyüklük gözetmeden, Küncü Baba bu gece söz sahibiydi.

"Hak erenler önce yemek yiyelim isterseniz."

Bu teklif büyük bir memnuniyetle karşılandı. Dervişler sofraya beyaz pideyle tuz taşıdılar. Ekmek ve tuz hakkı öncelikli olarak gözetildi. Üsküdar'ın meşhur beyaz ter kaymağı kâğıt inceliğinde pidelere sürüldü. Yemeğin ikinci faslı yoğurt çorbasıyla açıldı. Sebzeli pilav dolu bir tepsi ortaya konarak tabaklarda tandır kebabı sunuldu. Zorbabaşılar sessizlik içinde yapılan bu ayinlere çok alışık değillerdi. Bir hata yapmamak için göz ucuyla birbirlerini takip ediyorlardı.

Küncü Baba dikkatleri üzerine toplamak için öksürüyormuş gibi yaptı. Tüm bakışların kendinde olduğunu gördükten sonra da söze başladı.

"Hakikat ışığı içinde yanınca ışık olmuş, marifet çeşmesinden içince su olmuş, hakikat sırrına vasıl olunca sır olmuş, güzelliği hadden aşkın, iyilikleri dağlardan taşkın yüce pir Hacı Bektaş-ı Veli aşkına hu."

"Huuuu."

"Nur-u nebi Muhammed aleyhi salât ve kerimi Ali demine devranına hu..."

"Huuuuu."

Bütün erenler dizleri üzerinde secde eder gibi eğilerek hu çekti.

"Dünya ana rahmi zahir. Tüm canlar ebedi âlemin yolcuları..."

Erenler tekrar eğilerek;

"Huuuu... Pir aşkına..."

"Dinleyin kardaşlarım. Ekmek ve tuz hakkını gözeten yoldaşlarım. Şeriat meclisidir. Rıza meclisidir. Hacı Bektaş köçeği 'küncü' kulun söz söylemesine rızası olmayan varsa şimdi meclisin önünde desin."

"Rıza meclisidir... Haram lokmayı senden uzak yalan sözü ırak biliriz. Rızamız vardır Kayınca Baba. Pir aşkıyla sözü açtın pir aşkıyla sözü kapat."

Kara Tahsin yavaş işleyen bu konuşmada sıkılmıştı. Alnında biriken terleri cebinden çıkarttığı beyaz bir mendille sildi.

"Canlar! Hakikat ışığına ulaşmaya az kaldı zahir. Çocuk ana karnından azat oluca gün ışığına doğar, bizler de dünyadan azat olunca hakikat ışığına kavuşacağız. Şeriat meclisidir diye kelam edip söze girdik. Bir olmalı, iri olmalı, diri olmalıyız."

"Ne düşünürsünüz Hak erenler?"

"Fermanımız yazılmıştır cambaz nazlı yiğit Kürt Yusuf. Namaz kılmaz, oruç tutmaz, dört halifeye dil uzatırlar deyu yalanı hakikat sayıp bostancı kemendini yağlamaya başlamış devletlûlar."

"Kolay mı öyle Hak erenler?" diye dizleri üzerine doğruldu Tiflisli Ali.

"Kolay olup olmaması bize bakar civanım. İşte kelle diye uzatırsak, kolay da laf mı şahbazım?"

"Yeniçeri ihtiyarlarıyla görüşebildiniz mi pirim?"

Habib Odabaşı sözü bitirince Öküzlimanı tekkesi piri Ahmet Baba söze girdi. Sesi sakindi ve olabildiğince yavaş konuşuyordu.

"Ben görüştüm oğul. Ocaklılar su üstünde oturur. Su üstünde oturup ıslanmamayı murat ederler. Bu mesele kendi haline bırakılacak bir mesele olmaktan çıkmaya gider ağalar. Devletlûların amacı su yüzüne çıktı. Hacı Bektaş ocağını söndürmek isterler. İsterler ki yeniçerinin yüzlerce yıldır tüten ocağı sönsün de viraneleri üzerinde baykuşlar ötsün. "

Söze başlarken kaldırdığı başını sözü bitince indirdi Ahmet Baba.

"Ocağımızın düşmanları pek ziyadedir yiğitler."

İçeri giren derviş, elinde meyve tepsisiyle kapıdan Küncü Baba'ya baktı.

"Gel Salman gel..."

Yanındaki dervişlere göz işaretiyle servisi başlattı Salman.

"Cismin bizimle de canın bizden öte mi durur Elvan'ım?"

Küncü Baba'nın sözleri tüm gözleri Elvan'ın üzerine çevirdi.

"İnsan ecelinden kaçar zanneder de, kendi ayağıyla eceline varırmış pirim. Alnımıza fermanımız yazılmışsa ne gelir elden?"

"Doğru dersin Elvan'ım."

"Benim tenim de canım da Hacı Bektaş yoldaşıdır Hak erenler. Hacı Bektaş kapısında sadık bir kul olmayı dünya saadetlerinin hiç birine değişmem... Ondan öte ocaklı kardaşlarımın hali şeriat meclisinde konuşulacak hal değildir Hak erenler. Herkes gizliden gizliye han olma sevdasına düşer de, 'cumhur hükümeti' istemeye başlarsa yolun sonu bir açmaza gider diye korkarım. Ondan öte cismim de, canım da sizinledir. Sizi, kendimi bildiğim gibi bilirim, şahı bildiğim gibi bilirim... İçimi dışıma çevirdim ki halim belli olsun. Kalbim dilimin ucundadır Hak erenler... Mercan'da posta oturdum diye benden yüz çevirirsiniz bilirim. Şunu da bilmenizi isterim ki bunu yanımdaki oğlancığın hatırını kırmamak için yaptım. Bir çırağın hatırı deyip geçmeyin. Bu işin görünen yüzü, görünmeyen yüzü ise Hakk'a ayan... Yalandan hatta onun zerresinden uzak halimi arz ettim. Şimdi siz söyleyin... Hakikat meclisidir. Yerim eşik ardıysa..."

"Yerin yanımızdır Elvan," dedi Sütlüce tekkesi piri.

"İnsan gözdür der Rumi... Gözlerin dilindekini tasdik eder pirim."

"Erenler Nizam-ı Cedid, sekban ocağı, şimdi de eşkinci ocağı. Padişah yeni ocağı kurdu kuralı ocaklının huzuru kalmadı. Bu kadar toplanan vergi ocağın ıslahı için kullanılsa biz eski günlerdeki gibi yine cihanı titretiriz. Yeni ocak, padişahın da niyetini ortaya koymuştur. Ocaklı kıyam ister, sizler ne dersiniz?"

"Başımız Hacı Bektaş ocağına bağlıdır Hak erenler, başımızı esirgeyecek değiliz."

Kara Tahsin söylediği sözden sonra hafifçe doğruldu.

"Daha bekleyecek gün müdür? Bu devlet devlet olduysa bu ocak sayesindedir. Han illa da Osmanoğlu olacak diye... "

"Dur hele Kara Tahsin. Gökkubbe altında duyulmamış laf edersin. Kul kısmı kulluğunu unutup da han olma sevdasına düştü mü düzen bozulur. Garazınız kime onu bilelim."

"Garazımız kime bilirsin Elvan. Ocağımız tütsün, kazanımız kaynasın diye kıyam ederiz."

Elvan sözü daha ileri bir menzile sürmedi. Başını önüne eğerek gözlerini yumdu.

Küncü Baba;

"Deyin bakayım! Başımız bu devlet için her daim meydandaydı. Şimdi başımızı kendi menfaatleri için almak isteyenlere karşı kıyam etmeyecek miyiz?

Kısa bir sessizlik oldu. Zorbalar günlerdir süren hazırlıkları bildiğinden hep biz ağızdan;

"Başımız kurban." dediler.

Küncü Baba konuşacak lafı olan varsa diye bekledi. Kimseden ses gelmeyince besmele çekip konuşmaya başladı.

"Hakikat ışığı içinde yanınca ışık olmuş, marifet çeşmesinden içince su olmuş, hakikat sırrına vasıl olunca sır olmuş, güzelliği hadden aşkın, iyilikleri dağlardan taşkın yüce pir Hacı Bektaş-ı Veli aşkına hu."

"Huuuu."

"Nur-u nebi Muhammed aleyhi salât ve kerimi Ali demine devranına hu..."

"Huuuuu..."

-23-

Kerpiç Han

Kethüda Mustafa, Kürt Yusuf, Habib Odabaşı ve ocağın önde gelen ağaları, talimin yapıldığı günün gecesi Kerpiç Han'da yeniçeri taşlakçılarından birinin odasında bir araya gelmişlerdi.

"Ağalar! Neferlerimiz kalın kafalıdır. Bu talimler hâşâ gâvur usulüdür, etmeyiz. Biz keçeye kılıç çalar, Şişhane'de nişan atarız."

Sakin başlayan konuşmalar yavaş yavaş hararetli tartışmalara dönüyordu. Kürt Yusuf;

"Ağalar, hepimiz bu fetvayı kabul edeceğimizi bildirip birbirimizi ezerek imzaladık ama bir emrivaki ile karşı karşıyaydık, başka ne yapabilirdik?"

Kethüda uzun süren tartışmada konuşmayan tek kişiydi. Sessizliğinin hayra alamet sayılmayacağını düşünerek orta yollu bir soruyla tartışmaya dâhil oldu.

"Padişahın fikrini kestirmek pek güç, ne yapılması gerektir, tedbir nedir?"

Tüm ağalar sanki bu sözü bekliyormuş gibi Kethüda'nın yüzüne baktı. Ocak ağaları her ne kadar ihtiyatlı davranılması gerektiğini söyleseler de otuz birinci cemaatin odabaşı Habib ayağa fırlayarak;

"Bre ağalar görmez misiniz; ulema, padişah ile anlaşmış, ocağımızı başımıza yıkacaklar."

On yılı geçkin arkadaşlık ettiği Habib odabaşını hiç bu kadar heyecanlı görmemişti Galip. İki gün önce Karacaahmet dergâhındaki toplantıdan sonra Elvan'ın isteğiyle Habib odabaşının ve Kürt Yusuf'un peşine takılmış ve Kapalı Çarşı'nın bu izbe köşesindeki bir odaya gelmişti.

Zorba başları arasında bir dediği iki edilmeyen Habib odabaşının bu çıkışına ocaklı ağalar korkularından karşı çıkamadılar. Kürt Yusuf, sus pus oturan ağalara karşı önceden planladıkları üzere Habib odabaşını destekledi.

"Tiz bu işin önünü alamazsak bu gidiş ocağımızın menfaatine olmayacaktır ağalar."

Yaşlı çorbacılardan biri sakin bir ses tonuyla söze girdi.

"Evvel kazan kaldırdığımızda ulema efendiler hep bizim yanımızda yer almış, odalarımıza gelerek bize destek vermişlerdi. Bu iş eski kazan kaldırmalara pek benzemez. Padişah ile ulema ittifak etti mi iş pek müşküle girer."

"Bu işin ucunda ocağın sonu gözükür ağa, yılanın başı küçükken ezilmeli." diye çorbacıyı bastırmak istedi Kürt Yusuf.

"Ulema fetvası okundu ve uyacağımıza dair birbirimizi ezerek imza ettik. Fetva-yı şerife uymazsak asilerden kabul ediliriz."

"Selim Han da ocağı kaldırma niyetindeydi, yamaklar gayrete gelip de vakitlice ayaklanmasaydı şimdi burada bunları konuşuyor bile olamazdık. Ben zorbalara söz geçiririm, ocaklı da sizin sözünüzü ikilemez. Şimdiden tezi yok yeni ocağın kaldırılması için ayaklanmalıyız."

"Odabaşı doğru söyler, gecikirsek..."

"Dur hele Yusuf Ağa. Ocak kazanları meydana çıkmadan isyan başlamaz."

"Tüm ağalar bu işe rıza gösteriyorsa, kazanlar yarın akşam meydana çıkar. Şimdi odalarımıza çekilelim."

Habib odabaşı heyecanla ayağa kalkarak;

"Hacı Bektaş ocağını uyandırın." dedi.

Gece yarısı isyan gibi ağır bir sırrı yüreklerinde saklayarak dağıldılar. Ertesi gün, gün boyu gizliden gizliye ocaklı isyana teşvik edildi. Sadece yeniçeri odalarında değil, bekâr hanlarında, kahvehanelerde ve Bektaşi tekkelerinde de gizli bir koşuşturma vardı. Akşam güneş batarken Et Meydanı, birer ikişer insanla dolmaya başladı. Büyük gürültüler arasında ocak kazanları çıkartıldı, meydana dizildi. Bektaşi babaları ellerinde teberlerle meydandaki yerlerini almışlardı. Ateşli konuşmalar yaparak meydanı doldurmaya çalışıyorlardı. Kayıncı Baba'nın korkuları gerçek olmuş, şeyhülislam ölüm fermanlarını imzalamıştı.

Akşam ezanından sonra, gümrük önünden hareket eden bir grup yeniçeri etrafa kurşun sıkarak Ağa Kapısı'na vardı. Yeniçeri ağasını öldürmek niyetindeydiler. Ağa asilerin Ağa Kapısı'ndan girdiği saatlerde tuvalet için dışarı çıkmış olduğundan gelenleri fark edip saklandı. Üstü başı perişan Süleymaniye'de bir arkadaşının evine sığındı. İsyanı haber alan turnacıbaşı ise üzüntüsünden olduğu yere yığılıp can verdi.

Sabaha kadar Et Meydanı'nda ateşler yandı, koşmalar söylendi. Ellerinde teberlerle gezen Bektaşi babaları sırt sıvazladı alın öptü. Sabahın ilk ışıklarıyla Unkapanı, Asmaaltı, Galata ve Tahtakale civarına ulaklar çıkarıldı. Ellerinde teberlerle Bektaşi babaları kahvehanelerden, şerbethanelerden, iskelelerden ve bekâr odalarından topladıkları adamlarla Et Meydanı'na girdiler. Asilere en çok cesaret veren şey ise cebecilerin Et Meydanı'na gelmesiydi.

-24-

Geceden kalma şarap meftunu kalender derviş, kahvehanedeki hareketlilikten habersiz bir köşede öylece yatıyor, anlamsız sözler mırıldanıyordu. Bir Bektaşi babası; elinde teberle oradan oraya koşturuyor, tüm ocaklıları Et Meydanı'nda toplanmaya çağırıyordu. Kara Tahsin, civeleği İsmail'le son hazırlıklarını tamamlamıştı. Bellerindeki siyah kuşağa piştovlarını ve saldırmalarını yerleştirmişlerdi. Ellerinde ise iki şişhane tüfek, küçük bir torbada da yeniçeri fındığı vardı. Kebir Kahvehanesi'nde cenge hazırlıklar son hızıyla devam ederken kalender derviş de eski zaman hikâyeleri anlatıp türküler söylüyordu. Dili ağzına sığmaz olduğundan anlattığı destanları kendinden başkası anlamıyordu.

"Derviş Baba kıyam vardır, sen gelmiyor musun?"

"Varın siz şahbazlarım, ocak muhafazasız olmaz. Eşkıya tepelemeye gidelim derken Kebir Kahvehanesi'nden de olmayalım Tahsin'im."

"Bu mu deli biz mi, anlamadım gitti. Cenge niyet ettik koca kahvehaneyi unuttuk."

İsmail, elinde kılıç yavaş adımlarla gidip gelirken aklı Behiye'deydi. Yıllar geçmiş de içindeki ateş sönmemişti. Öylesine meftun olmuştu ki bir gün görmese içine cıva gibi bir hasretlik çöküyordu. *"Cenk benim neyime?"* diye söylenerek belindeki kuburu düzeltti.

"Hazır mısın İsmail?"

"Hazırım ağam."

"Çıkalım o zaman."

Yol boyu İsmail'deki durgunluk Tahsin'in gözünden kaçmadı. Ömrü bitirimhanelerde geçmişti; bir kadına meftun olan çok adam tanımıştı da böylesini hiç görmemişti Kara Tahsin. Yıllar oluyordu ki Mehmet'in mekânına gitmemişti İsmail. Şimdi canı eski dostuyla Mercan'da bir kahve içmek istiyordu. Behiye için onu ve tüm dostlarını terk etmişti. Behiye de deliler gibi âşıktı İsmail'e. Her gece ayrı bir yerde raks ediyor, ama nerede olursa olsun geceyi İsmail'siz geçiremiyordu. Yol boyu İsmail'in gözlerinin önünden eski günlerin soluk izleri gitmedi. İlk kez kimsenin kimseye merhamet etmeyeceği bir cenge gidiyordu. Attığı her adımda içinde büyüyen bir korkunun ağırlığı çöküyordu üzerine. Ölmek de istemiyordu öldürmek de... Bu hayatın içinde tutunacağı tek dalın Behiye olduğunu bilmezse, bir gece sırra kadem basmaktan geri durmayacaktı.

"Korkuyor musun?"

Zehrimar Kara Tahsin'in sesiyle irkildi. Yılan soğukluğu vardı bu seste. Ölümü kanıksamış soğuk bir adamın sesi.

"Korkuyorum ağam."

"Keşke ben de korksaydım."

Uzun bir süre sessizce yürüdüler.

"Korku, kaybedecek bir şeyi olan ve arkasında bekleyen biri olan içindir İsmail." Ağasını ilk kez böyle konuşurken görüyordu İsmail.

"Senin hiç bekleyenin olmadı mı ağam?"

"Olmadı İsmail. Gönlümü yakan çok oldu da bekleyenim hiç olmadı. Ben ömrümce bağlanmayı hep zayıflık olarak gördüm. Gücü; bileğimin kuvveti ve korkusuzluğum olarak gördüm. Onun için de herkes benden korktu, bana yılan zehri dedi. Önceleri bu çok hoşuma giderdi de saygı gördüğümü sanırdım. Oysa bu hayatın sonu yokmuş İsmail. Korkusuz olmak da benim lanetim. Ne güzel, sen korkuyorsun; korku seni hayata bağlıyor."

Yıllarca yanında gezdiği Kara Tahsin'in bu içten halini hayra yormadı İsmail. Kara Tahsin uzun süre içini yakan duygulardan sıyrılmış olarak bir anda durdu.

"Kasımpaşa'daki hamamı bildin mi?"

"Kulaksız Hamamı'nı mı?"

"Evet... Oraya var selamımı söyle. Sana külhanda bir yer göstersinler, orada saklan İsmail. Layhar'ın çocukları arasında kaybol. Taban ateş külhanda biraz oyalan. Ortalık düzelince ortaya çık."

"Korksam da seni yarı yolda bırakamam ağam."

"Bırak şimdi zevzekliği. Bu seferki cenk başka İsmail... Bu sefer ya Mahmut ya da ocak yok olacak. Kurtlar arasına kuzu yollayıp da geri dönmesini ümit etmek ahmaklıktır. Kıpti kızının seni sevdiği gibi bir kadın da beni sevseydi, 'Zehrimar' diye anılacak biri olmazdım, en azından olmamaya çalışırdım. Var git külhanda saklan İsmail."

İsmail belinde iğreti duran kılıcı ve silahı çıkartarak Kara Tahsin'e uzattı. Elinden öptü.

"Üzerimde hakkın çoktur, hakkını helal et ağam."

"Helal olsun."

"Sen de hakkını helal et İsmail."

"Helal olsun ağam."

İsmail, omuzlarından dünyanın yükü kalkmış gibi hafifledi. Kara Tahsin arkasına bakmadan hızlı adımlarla Et Meydanı'na doğru yürümeye başladı. Meydandaki dostlarıyla kucaklaşınca İsmail'i de, onunla konuştuklarını da unuttu. Tanıdığı tüm yeniçeriler oradaydı. Gözleri saatlerce Elvan'ı aradıysa da göremedi.

Elvan da aynı saatlerde hummalı bir koşturma içindeydi. Mehmet'le birlikte tüm kıymetli eşyaları keçi yollarından taşıyarak bir mahzene doldurmaya çalışıyorlardı. Elvan, ak saçını aksakalını özenle taramış başına ulema sarığı sarmıştı. Uzun cübbesi altında saldırma ve piştovu hemen fark ediliyordu.

"Galip! Yavrum sen İspiro'nun yanına var mahzenlerden birinde saklan, ben dönmez isem İspiro izin verene kadar oradan ayrılma."

Galip ses çıkartmadan Süleyman Usta'nın uzattığı sinileri omuzlayıp mahzene doğru yürüdü.

Geri döndüğünde Elvan'ı karşısına dikilmiş olarak buldu. Bir şey demeden yeni eşyalar sırtlandı. Elvan Galip'i kolundan yakalayarak;

"Bu sefer olmaz yavrum. Ben bu dünyada çok cenk gördüm, bu seferki başka... Bu dünyada göreceğimi gördüm, bundan sonra dünya benim sırtıma bir kamburdan başka bir şey değil. Sen gençsin, önünde yaşayacağın güzel günler var."

Elvan kırmızı bir atlasa sarılı küçük bir kutu getirdi. İçinden büyükçe taşlı bir yüzük ile avuç içi büyüklüğünde bir ferman çıkarttı. Ferman ceylan derisi üzerine zafran mürekkebi ile yazılmıştı.

"Bu yüzüğü ömrünce taşı yavrum, bu fermanı da..."

"Bunlar nedir baba?"

"Şöyle yanıma otur da anlatayım. Anlattıklarımı kalkınca unut. Yıllarca evvel Selim Han şehzadeliğinde canından bezgin dokuz Türkmen gizli bir örgüt kurdu. Bu örgütün amacı devlet otoritesine karşı gelen güçleri etkisizleştirmekti. Dokuz kişiydik, dokuz Türkmen beyi. Yıllarca Bektaşiler arasında onlardan biri gibi yaşadım. Bu ferman Selim Han tarafından bana verildi. Mahmut Han'ın da bu örgütlenmeden haberi var. Şu an bu devletin önünü tıkayan en büyük engel yeniçeri ocağıdır. Ocak ıslah olmazsa kaldırılacaktır. Padişahın önü açılmazsa uzun zamandır planladığı yenilikleri yapamayacak, bu da devleti adım adım çökmeye sürükleyecektir. Ben ömrümü bu gizli dünyada devletime hizmetle geçirdim. Selim Han'ın yarım kalan işini yeni padişah tamamlayacaktır. Başına bir iş gelirse bu yüzükle bu ferman seni kurtarır."

"Sen Bektaşi değil misin?"

"Değilim oğlum. Bu dünyanın bir görünen yüzü var bir de görünmeyen yüzü. Benim bütün hayatım bu âlemin gölgeleri içinde geçti."

"Benim ocağa girmeme neden mani olmadın?"

"İnsan ne ararsa kendinde bulur oğlum. Ben, bin bir maceralı hayat yolculuğuna çıkarken ne olmak istediğime hep kendim karar verdim. Sen de bundan sonra ne yapacağına kendin karar ver."

"Şimdi bana bir söz vermeni istiyorum."

"Ne sözü?"

"Barba İspiro'nun yanından ayrılmayacaksın."

"Barba İspiro kim baba? O da mı senin gibi..."

"Bu dünyanın bir görünen yüzü var bir de görünmeyen yüzü oğlum. Bunları sonra konuşuruz. Seni buralarda arayacaklardır. İspiro'nun şarap mahzenlerinden birine saklan."

Elvan, Galip'e sarıldığında içinin kurşun gibi eriyip aktığını sandı. Mehmet kardeşini kucakladı.

"Bir kez olsun... Bir kez olsun aklına geleni yapma Galip."

"Tamam."

"Seni burada bekleyeceğim."

Mehmet, Galip'i omuzlarından tuttu. Gözlerinin içine baktı.

"Kardeşim!" diye sarıldı.

Gülizar göğsüne bastırdığı oğlunu bırakırken onu son kez gördüğünün farkındaydı. Bundan dolayı yürüyen oğlunun ardından tekrar koşarak ona sarıldı. Teninin sıcaklığını, kokusunu, ellerini, yüzünün çizgilerini... Galip'i varlığının bütün parçalarıyla kalbine hapsetti.

-25-

"Tecemmü eyledi meydan-ı lahme
Edip küfrân-ı nimet nice bağı
Koyup kaldırmada ikide birde
Kazan devrildi söndürdü ocağı"
(Keçecizade İzzet Molla)

16 Haziran 1826

Kethüda Emin Ağa Beşiktaş Sarayı'na vardığında heyecandan ne yapacağını bilemez haldeydi. Padişah'ın huzuruna çıktığında zihnini toparlamak için çok uğraştıysa da buna muvaffak olamadı. Cümlenin sonunu baş ederek doğrudan söze girdi.

"Efendim yeniçeriler Et Meydanı'na kazanlarını çıkarttılar."

Sultan Mahmut bu haberi bekliyor gibi sessizce geri dönerek boğazın sularına bakan geniş pencerelerin önüne geldi.

"Efendim, yeniçeriler dün üç kez meydana talim için çağrıldığında gelmemişler. Saip Efendi bunun üzerine Kürt Yusuf'u çağırıp imzaladıkları eşkinci layihasını hatırlatmış. O da; 'Ağa, neferlerimiz kalın kafalıdır, bu talimler hâşâ gavur usulüdür. Biz etmeyiz. Keçeye kılıç çalar, Şişhane'de testiye nişan alırız' diye karşılık vermiş. Yeniçeriler önce ayaklanıp Bab-ı Âli'ye saldırmış sonra da konakları yağmalamaya koşmuşlar."

"Yeniçerilerden başka Et Meydanı'nda kimler var?"

"Cebeciler de onlara katıldı, hünkârım. Bektaşi babaları ellerinde teberle meydanda alın öpüp sırt sıvazlıyorlar."

"Sadrazam paşa?"

"Tüm vezirler, danişmendler, dersiam hocası Abdurrahman Efendi, kazaskerler, reisülküttap, şeyhülislam ve ulema, başlarında sadrazamla toplantı halindeler, sizi beklerler hünkârım. Ulema ve vezirler sancak-ı şerifi çıkartmanızı arzularlar."

"Nasihatçi yollandı mı?"

"Yazıcı efendiyi Et Meydanı'na yolladılar. Yusuf Ağa'nın dediğini tekrar edip biz talim etmeyiz, gavur icadıdır deyip geri çevirmişler."

Sultan Mahmut uzun bir süre camdan boğazı seyretti. Lacivert gözleri kararsız bakışlarla öylece dalıp gitmişti. Boğaz yamaklarının muzaffer ordular gibi sarayın önünden geçip İstanbul'u anarşinin kucağına bıraktıkları o günleri düşündü. Cevri Kalfa'nın kafesine girerek onu dama kaçırdığı an bütün heyecanıyla gözlerinin önündeydi. On altı yıl geçmişti o günlerin üzerinden. Selim Han karşı koyma cesareti gösteremediği için kararsızlığını başıyla ödemişti. Nizam-ı Cedid'in ve Alemdar'ın sekbanlarının başına gelenler hep aynı şeylerdi. Eşkinci ocağı da aynı akıbete uğrarsa bu gidişin sonu devletin sonu olurdu.

"Efendim!"

Mahmut derin bir uykudan uyanır gibi irkildi.

"Sadrazam paşa, ulema fetvası ortadadır, bizler de kılıç kuşandık artık geri dönemeyiz dedi."

"Doğru demiş paşa. Taç başını ortaya koyan içindir. Fetvayı şerif var iken asi olan hesabını vermeye de hazır olur. Gidelim."

Saltanat kayığı kısa bir yolculuktan sonra iskeleye yanaştı. Padişah tebdil-i kıyafet olarak Yalı Köşkü'ne yürürdü. Yol boyu karar veremediği tek şey sancak-ı şerifin çıkartılmasıydı. Yalı Köşkü'nden sünnet odasına geçti Mahmut. Tüm devletlûlar saf olmuş padişahı beklemekteydi.

"Ağalar, paşalar, vezirlerim, mücahit efendiler! Cülusumdan beri şeriatın emrine uyarak üzerime düşen bütün vazifeleri bihakkın yaptım. Ümmetin arasına fesat tohumları ekilmesin, kardeş kanı dökülmesin diye çok uğraştım. Yeniçerilere dine ve devlete hizmetlerinden dolayı çok ihsanda ve müsamahada bulundum. Diğer isyanlarını meşru gösterecek sebepleri vardı fakat bu sefer kendi rızaları ile başlanan bir işe karşı sözlerinden dönerek isyan ettiler. Bu bize karşı bir isyan değil midir?"

"Öyledir hünkârım."

"Bu asilerin yola getirilmesi için teklifiniz nedir?"

"Bu andan sonra geri dönüş yoktur hünkârım."

"Bu yolda sebat göstereceğinizi taahhüt eder misiniz?"

"Bu yola çıktık, ölmek var dönmek yok."

"Efendim sancak-ı şerifi çıkartırsak cihad ilanı olacağından halk sancak altında toplanmak için akın akın saraya gelecektir." dedi sadrazam.

Sultan Mahmut bir anda kararsızlaştı. Ateşin gözleri buğulu bir camın ardındaymış gibi bakıyordu. Umur görmüş devletlûlar ve ak sarıklı hocalar, padişahın bu mahzun duruşunun manasını kavramıştı. Sancak-ı şerif çıkar da asiler galip gelirse; bu devletin sonu olur, imparatorluk asilerin eline geçerdi. Bu ağır yükü kimse omuzlayamıyordu. Salona bir anda ölüm sessizliği çöktü. Herkes bu durumu kabullenmiş gibi boynunu bükmüş iken ileri doğru yürüyen dersiam hocası Abdurrahman Efendi'nin ayak sesleri boş kubbede yankılandı.

"Muradımız din ve devletin bekası ise, bu asileri kırar geçiririz, değilse biz de bu din ve devlet ile batıp gideriz. Zillete düşmektense ölüm yeğdir, hünkârım. Hal böyleyken daha ne olma ihtimali vardır?"

Hiddetinden elindeki tespih koptu, taneler mermer zemin üzerinde dağıldı.

"Allah'ın izniyle onları işte böyle dağıtırız, bu Allah'ın bir işaretidir, hünkârım."

Mermer zeminde yuvarlanan taşların sesi kesilince gür sesiyle son sözünü söyledi.

"Kılıç kından çıkmadıkça, kurt sürüsü hizaya girmez, hünkârım!"

Sultan Mahmut'un lacivert gözlerinden yaşlar çiğ taneleri gibi dökülmeye başladı. Hızlı adımlarla yürüyerek hırka-i saadet dairesine girdi. Kutsal sancağı öperek dışarı çıkarttı. Sancağı, kavuklu ve sarıklı heyetin önündeki şeyhülislam ve sadrazama teslim etti.

"Kullarıma söyleyin hazırlık yapsınlar, kılıç kuşanıp ordunun başında asilerin üzerine yürüyeceğim."

Şeyhülislam bir adım öne çıkarak;

"Efendim! Başıboş köpek sürüsü gibi toplanan asilerin bulunduğu bu yere kadar gitmenize hacet yoktur. Kullarınız Allah'ın izni ile tez zamanda onları tepeleyecektir. Siz hırka-i saadet dairesi önünde bizlere dua edin."

Kutsal sancak tekbirler ve gözyaşları arasında çıkarılarak Sultanahmet Camii'ne getirildi, dualarla minbere dikildi.

İstanbul'un her mahallesinde tellallar sancak-ı şerifin çıkartıldığını ve cihad ilan edildiğini bildiriyordu. Şehir bir anda hareketlendi. Mahalle imamlarının arkasına takılan halk, grup grup Sultanahmet Camii'ne akmaya başladı. Meydan bir anda gökkuşağı gibi renklenmişti. Her yaş ve meslekten insan grup grup saray kapısına yöneldi. Binlerce medrese talebesi de hocalarının ardı sıra Bab-ı Hümayun önüne geldi. Padişah da hırka-i saadet kapısı önündeki duasını bitirmiş Bab-ı Hümayun üstündeki daireye geçmişti. Binlerce medreseli, beyaz sarıklarıyla papatya tarlasını anımsatıyordu. Seyitler başlarına sarılı yeşil sarıklarıyla gelip meydanı inletircesine;

"Yektir Allah! Yektir Allah!" diye bağırarak seslerini Aksaray'a yetiştirmeye çalışıyorlardı.

Halk bir anda öylesine kalabalıklaştı ki sokak başlarını tutmaya çalışan yeniçeriler korkularından kaçarak kışlalarına kapandılar. Cebehane açılarak silahı olmayanlara silah dağıtıldı. Seyitlerle beraber "yektir Allah!" diye bağıran halk yeri göğü titretiyordu. İmam Efendi duasını yeni bitirmişti ki Ağa, Hüseyin Paşa ile Mehmet Paşa da askerleriyle meydana girdi. Yüzbaşı Karacehennem İbrahim, topçu ve süvari birliği önündeydi. Yemenicioğlu Ahmet Ağa; kalyoncu, lağımcı ve kumbaracı birlikleri önünde gelerek safa girdi. Selim Han devrinde boğaz yamaklarıyla Et Meydanı'nda saf tutan bu birliklerin saraya gelmesi herkesin ümitlerini arttırdı. Dede Ağa ile birlikte ön saftan ayrılan kumandanlar padişahın görebileceği bir yere gelerek durdular.

"Biz Selim Han devrinde hata edip asilere uyduk. Ocağımız bazı devletlûlar tarafından ifsat edildi. Nice zamandır bu günahımıza bir kefaret arar dururduk. O günkü günahlarımıza karşılık affımız için padişahımız yolunda başımızı vermeye geldik."

Yüzbaşının sözleri bitince meydan deniz gibi dalgalandı. Tereddüt içinde olan kalplere bir anda gayret geldi. Tekbirler, uğultular yeniçeri odalarından işitilir olunca yeni odaları bir korku bulutu kuşatmaya başladı. Sadrazam Mehmet Selim Paşa sancağın olduğu minbere çıkıp sesi çıktığı kadar bağırarak konuşmaya başladı.

"Efendiler! Kılıç kuşandık, gayri geri durmak vakti geçmiştir. Yeniçerilerin ilk yapacağı şey buraya ani bir baskın vererek sancağı ele geçirmek olacaktır. Onun için dikkatli olmalıyız. Sancağın muhafazası burada bulunan kumandanlara verilecektir. Ulemadan efendiler ise gönüllülerle birlikte sancağı muhafazaya memur kılınacaklardır. Şimdi gönüllüler ileri çıksın."

Safın en ön sırasında ak saçlı aksakallı bir ihtiyar ileri atıldı. Kubura takılı bir kılıç vardı belinde. Kılıcına çapraz takılı piştovu göz dolduruyordu. Sol elinde ise her yanı ışıl ışıl bir şişhane tüfek vardı. Pir Elvan cenk sahrasına yeni çıkmış bir yeniçeri gibi 'Yektir Allah!' diye bağırınca ulemanın kemikleri cezbeye geldi. Kendini kaybeden birkaç medreseli, semender gibi dönmeye, anlaşılmaz sesler çıkarmaya başladılar. Cami dışında piştovlar, şişhane ve kaval tüfekler ardı ardına ateşleniyor yükselip inen uğultular heyecanı yükseltiyordu.

"Şimdi hazırlanın, ben kumandan olarak birliklerin başında Et Meydanı'na varacağım." diye sözlerini bitirdi sadrazam.

"Paşa Hazretleri siz burada kalın. Sancak-ı şerifi muhafaza edenlerin başında olun."

O sırada ulemadan kırmızı yüzlü aksakallı bir ihtiyarın sesi cami içinde yükseldi.

"Ey din uluları! Padişah haremine bile saygı göstermeyen, harpten kaçan, şehri haraca kesen, şeriatın kurallarına uymayan, halife sözü dinlemeyen bu sefillerin öldürülmesi caiz değil midir?"

Aksakallar daha önceden çalışmış gibi hep bir ağızdan cevap verdi.

"Caizdir."

Aksakalların cevabından sonra kısa bir sessizlik oluştu. Şeyhülislam sakin bir ses tonuyla kalabalığa dönerek;

"Din düşmanıyla vuruşma farzdır fakat dinimiz hükümleri gereğince son bir kez nasihat edilmesi gerektir. Nasihat dinlenmezse öldürülmeleri caizdir. Tüm Müslümanların bu cihada iştiraki farzdır." dedi.

Nasihatçi olarak Ahıskalı Ahmet Efendi seçildiyse de kışladan sağ çıkamayacağını düşündüğü için bu fikri eli kılıçlı birinin yapmasını istedi. Yapılması imkânsız bir işin altında ezilen insanlar gibiydiler. İçlerinde putlaşmış bir korku vardı ve onun duvarlarını bir türlü yıkamıyorlardı.

Mehmet İzzet Paşa oluşan tereddüdü dağıtmak için ileri atıldı.

"Bu vazifeyi ben yaparım... Vakit geçirirsek, tereddüt gösterirsek asilerin kılıcında can veririz." dedi.

Ulema eli kılıçlı birinin gitmesinde ısrar edince Ağa Hüseyin ve Mehmet Paşa birliklerin önü sıra gitmekle görevlendirildi. Yeniçeriler sokakları tutmuş yaklaşan birlikleri yoğun ateş altında geri püskürtmeye başlamışlardı. Bunun üzerine Yüzbaşı Karacehennem toplara ateş emri verdi. Yeniçeriler sağlarına sollarına düşen güllelerden kaçmak için birbirini ezmeye başladılar. Kısa sürede ara sokaklar boşaldı. Ağa Hüseyin Paşa topçularla Divanyolu'ndan, İzzet Paşa ise Saraçhane tarafından hareket etti. Halk da grup grup ordunun ardı sıra yürüyordu. Ağa Hüseyin Paşa, Horhor Çeşmesi'ne yeni varmıştı ki ölüm fedaisi olmuş onlarca yeniçeri dalkılıç toplara saldırıya geçti. Halk panikleyip sağa sola kaçıştıysa da yeniçeriler kısa zamanda püskürtüldü. Kışlaya kapanan yeniçeriler ellerine ne geçtiyse yüksek kâgir kapıların arkasına yığmaya başladılar. Saraçhane tarafından hareket eden kol da Et Meydanı'na varınca Yüzbaşı Karacehennem atı üstünde kışlaya yaklaşarak ulemanın son isteği olan teslim ol çağrısında bulundu.

"Ocaklılar her tarafınız sarıldı. Ulema efendiler fetva verdiler, padişah efendimiz de idam fermanınızı imzaladı. Bu devlete ve bu dine yüzlerce yıldır ettiğiniz hizmetlerden dolayı teslim olursanız canınız emin olacaktır. İşi yokuşa koşacak vakit değildir. Aksakallar sizlere sesleniyorum; Sizler umur görmüş kişilersiniz. Aranızda görüşün bana kararınızı bildirin."

Yüzbaşının konuşması bitince içerden anlaşılmaz homurtular yükselmeye başladı. Ocaklılar kendi arasında kavgaya girmişlerdi. Teslim olmayı isteyenlerle savaşmak isteyenler birbirine girmişti. İçerideki uğultular kısa zamanda kesildi. Patlayan silahlardan atı ürken Yüzbaşı Karacehennem geri dönerek safa girdi.

İçeride savaş vaziyeti almıştı yeniçeriler. Galip, örümcek ağından ince zırhını giymiş beşinci ortanın önündeydi. Kurşun renkli bulutlar, kuzgun gibi tepelerinde dönüyordu. Kışlanın yüksek kapısından gözlerini alamıyordu Galip. Bu meydanda sabah şenliklerinde kazandığı onlarca yarışı hatırladı. Çamur deryası bir hendeğin altından çıkarttığı arkadaşları yanındaydı. Gözucuyla onlarla bakıştı ama konuşmadılar. Çorbacılar, odabaşları, vekilharçlar, bayraktarlar, imamlar, başeskiler, karakollukçular, acemi neferler rütbesine göre saf olmuşlardı. Hepsinin üzerinde beden zırhları vardı. Demir kolçak, demir dizlikler ve körüklü çizmeleriyle savaşmaya istekliydiler. Yüzlerce torba yeniçeri fındığı ayaklar altına serilmişti.

Toplar, gülleler uğultularla yüksek duvarlarda patlamaya başladığında karşılıklı silah atışları başladı. Geniş kanatlı kapı, ilk gülle darbesiyle zelzeleye tutulmuş gibi sarsıldı. Topçu neferlerinden biri çevik bir hareketle fırlayarak kışladan içeri daldı ve yeniçerilerin şaşkın bakışları arasında kapı kanatlarını açmaya başladı. Kapıdan içeri sel gibi akan askerler ile yeniçeri arasında amansız bir boğuşma başladı. Boğazlanan insanların çığlıkları arasında dışarıdan atılan yağlı paçavralar odalara isabet ediyordu. Yeniçeriler yavaş yavaş geri çekilerek odalarına kapanmaya başladılar. Topçu erleri ellerindeki meşalelerle oradan oraya koşuyor kışlayı ateşe veriyordu. Ateş yedi başlı bir ejderha gibi her yanı kasıp kavuruyordu. Odalardaki ateş ve duman arasında kendini dışarı atan yeniçerinin gözü ışığı görmeden parlayan hançerler arasında paramparça oluyordu. Aksaray'da acı çığlıklar piştov seslerine karışmıştı. Çeliğin yılan ıslığına benzeyen sesi merhamet isteyen yeniçeriler üzerinde merhametsizce inip kalkıyordu. Bir yeniçeri üzerine saldıran onlarca insan onu parça parça ettikten sonra bir köşeye çömelmiş bir diğerine koşturuyor, kısa sürede onu da parçalıyorlardı. Başı kesik cesetler ayaklarından sürüklenerek meydana getirilip Vakvak Ağacı'nın altına yığılıyordu.

Et Meydanı'nda gaza günlerinin sevinci kaybolmuş onun yerini matem almıştı. Düşmanı derbentlerde, uçsuz bucaksız sahralarda bozguna uğratan yeniçeriler eli kana bulaşınca kendini kaybetmiş insanlardan merhamet dileniyorlardı. Birçoğunun gözü kapanmadan eski güzel günlerin fotoğrafları gözlerinin önünde donuyordu. Galip, elinde iki kılıç kırmış ama saldırmasıyla direnmeye devam ediyordu. Zırhından süzülen kanlar ayaklarının altına iniyor hamle yaparken bazen kayıp yere kapaklanıyordu. Gücü tükenmek üzereyken ricat halindeki yeniçerilerin çığlıkları duyuluyordu.

"Ocaklı yoldaşlar, karşı tepelere çekilin! Ormanlık alana!"

Hem vuruşuyor hem de çekiliyorlardı. Günün yalaz ölgünlüğü omuzlarına düşmeye başlamıştı ki kışladan çıkıp Yedikule'ye doğru koşmaya başladılar. Nefes alıp verene kadar onlarca can güz yaprağı gibi dökülüyordu. Bir ara tepesinde uçan gölgeyi fark etti Galip. Yırtıcının çığlıkları ölüm çığlıkları arasında zor seçiliyordu. Başını kaldırdığında Ak Sungur'u gördü Galip. "Babam mutlaka buralardadır" diye söylendi. Zırhından kurtularak olanca gücüyle koşmaya başladı. "Babam zırhımı bulunca yaşadığımı anlar" diye söyleniyordu.

☪

Yeniçerilerin mağlup olduğu haberi geldiği zaman Pir Elvan sancağın önündeydi. Caminin içi ve dışı yalın kılıç sancağı koruyan gönüllülerle doluydu. Elvan dışarı çıkarak meydana doğru yürümeye başladı. İnsanlar gözyaşları içinde birbirine sarılıyor, zaferi kutluyorlardı. Yol boyu görünen manzara hep aynıydı. Gökyüzü siyah bir dumanla kaplanmıştı. Tüfek sesleri gittikçe azalıyordu. Zafer sözü kısa zamanda anlamını yitirmişti Elvan için. Tanıdık onlarca yüz paramparça sokak ortasında yatıyordu. Her yüz bir anı, bir hatıraydı. Bir anda etrafında içinde boğulduğunu hissettiği bir duvar yükseldi. Hiçbir cenkte bu duyguya kapıldığını hatırlamıyordu. Onlarca insan ayaklarından sürükleniyor, tanınmaz cesetler küfürlerle tekmeleniyordu. Şuuru çelik bir korse içinde sıkışmış lav yığını gibi patlayacak, akacak bir yarık arıyordu. Göğe yükselen dumanlar arasında bir çığlık sesi duydu. Bu ses kendi sesi gibi alışık olduğu bir sesti. Korku duvarın ardında uçan bir hayale takıldı gözleri. Hayal miydi? Hayal denen şey neydi? Çığlık... Ses... Uçan gölge... Ayaklarından sürüklenen başsız cesetler...

Bir ara cübbesinden asılan bir eli fark etti Elvan. Kan deryası içinde birinin yalvarırcasına yardım isteyen gözlerini gördü. Yüzündeki derin bıçak izi vardı yeniçerinin. Adam bir şeyler söylemek istiyordu. Elvan dizleri üzerine çöküp adamın üzerindeki cesetleri çekerek onu sırtüstü yatırdı. Kara Tahsin nefes almakta zorlanıyor hırıltılar arasında boğuluyordu. Cübbesiyle Tahsin'in yüzünü sildiğinde yıllar zincirden boşanmış gibi geçti gözleri önünde. Tahsin kendine yardım eden yüzü tanımıştı. Elvan, Tahsin'e yardım etmek için sağa sola koştururken boğazlanan bir hayvanın ancak çıkartacağı sesleri işitince geri döndü. Zehrimar, inip kalkan hançerler arasında öylece yatıyordu. Biri, Zehrimar'ın başını ayırıp sokağa atarken diğerleri de ayaklarına bağladıkları bir halatla onu sürükleyerek uzaklaşmaya başladılar. Olduğu yere çöküp de kalkamadı Elvan. Kan deryası metrislerde ölüm fedaisi olup da yüzlerce kez cenk eden eski yeniçeri Pir Elvan, olduğu yerden kalkamıyordu. Gördüğü vahşet bir insanın kabulünü çok aşıyordu.

Üzerinde gezinen gölgeye başını kaldırıp da baktığında Ak Sungur'u gördü. Ak Sungur'un çığlıkları yürek parçalayıcıydı. Bir ara Ak Sungur'un sesini bastıran bir kadın çığlığı etrafı sardı. Bu bir çığlık değil de bir insanın çığlık olmuş haliydi. Ayakları ve başı çıplak bir kadın şuursuzca sağa sola koşturuyordu. Bütün bu gördükleri gerçek miydi? Zihni onu yanıltıyor olamaz mıydı? "Mehmet!" diye inledi bir anda Elvan. Kadının çığlıklarıyla kendine geldi. Arkasından koşturup yetişmeye çalışsa da yetişemedi. Kadın, Et Meydanı'na girerken içeriden kendini dışarı yeni atmış Tulumbacı Haydar Ağa'ya denk geldi. Aksakallı ihtiyar kadının önüne geçerek kolundan tuttu.

"Dön bre avrat! Her yan ateş-i nemrut, nereye gidersin?"

"Kara Tahsin ile civeleği İsmail'i ararım. Gördüysen deyiver kulun kölen olayım ağa!"

"İkisi de öldü kadın. Gözlerimle gördüm."

Kadın çıldırmış gibiydi, Tulumbacıya bir darbe indirerek elinden kurtulup insanın içini yakan çığlıklarla ateşe daldı. Elvan kadının ardı sıra kışlaya girdi.

"Behiye kızım! Behiye dur, bekle!"

Behiye, ateş içinde hayat arayan bir semender idi. Ateşten bir denize koşan pervane gibi dönüyor, dönüyordu. Yerde yatan birini kucaklayıp çeviriyor, onu bırakıp bir diğerine koşuyordu. "İsmail... İsmail... İsmail..." Sesler cayır cayır yanan odalar arasında kaybolup gidiyordu. Ateşin harareti dayanılmaz olunca Elvan öteye gidemeyip olduğu yerde yığıldı.

"Bundan ötesi aşk divanı, erenler meydanı." diye inledi Elvan.

Behiye aklını kaybetmiş gibi oradan oraya koşarken ateşe artık direnemeyen bir çardak gürültüyle üzerine gelmeye başladı. Çardağın çöküşünü uzaktan seyreden Elvan'ın gözlerinden yaşlar inciler gibi dökülmeye başladı.

"Şüphesiz aşk yolunda şehit sayılır... Şüphesiz aşk yolunda şehit sayılır... "

Durmadan aynı sözleri tekrarlayıp duruyordu Elvan. Omuzları düşmüş, nefesi kesilmişti. Ayağa kalkarak yürümeye başladı. Aklı artık etrafında olanlara bir anlam veremiyordu. Bir an önce bu uğursuz yerden uzaklaşmak istiyordu. "Bu olanları duysa yaşayabilir mi Mehmet?" derken hıçkırıkları nefes almasını zorlaştırıyordu. Gözyaşları arasında yürüyordu Elvan. Ak Sungur'un sesi ve gölgesi ona yol gösteriyordu.

-26-

Belgrat ormanlarında

Akıp gidiyordu zaman. Titreyen mumun yalaz ölgünlüğünün, yüzünde patlamasına artık tahammül edemiyordu. Dışarı çıktı. Hava kararmaya yüz tutmuştu. Gri bulutlar ardına hapsettiği ışığı kirli bir paçavra gibi dalgalandırıyordu. Bu kirli boşluğun ardında insan kaderinin yazıldığı hokkalar, kalemler vardı. Kader kalemleri... Sırra vakıf olanların coşkunlukla okudukları yazılar. Bilmek bundan dolayı coşkunluk veriyor olmalıydı insana.

"Yalaz aydınlığın gölgesinde baktığım sayfalarda bir savaşçının kaderi yazılıydı. Oysa ben şimdi düşünüyorum. Başını bildiğim hikâyeme bir son arıyorum. Kaderin bilinmez yanı, düşüncelerimi bir güz yaprağı gibi un ufak ediyor. Benim hikâyem üstümü bir zulmet perdesi gibi örten bu kirli boşluğun ardında. Nasıl arkamda bıraktığım hikâyelerin sonunu bilmiyorsam hokkalara inip kalkan kader kalemlerinin yazdığını da bilemiyorum. Yaşam elimizdeki bir fenerle sonsuz bir boşlukta ilerlemek gibi bir şey... Birkaç adım ötede sizi bekleyen veya siz beklerken size gelen kader değil de nedir? İçeride bıraktığım kâğıtlara artık dönmek istemiyorum. Bir ömür bu hikâye aklımda, kalbimde gezsin istiyorum. Aklımda ve kalbimde sonlanan; ruhumu bir ateşin içine

atacaktır. Kendi ateşimde tutuşturduğum dünyada yine kendimle birlikte yok olacağım. Şimdi düşünüyorum da hayatım boyunca kendime sormam gereken tek soru neydi? Bu soruyu bir ömür en arkaya atmamın ve ölüm nehrinin kıyısında son yolculuğuma çıkmadan önce bunu kendime sormanın sebebi neydi? Dünya benim için neydi? Benimle birlikte var olan her şey mi? Başımı kaldırıp sonsuz boşluğa baktığımda beni insan kılan şey düşmüştü içime. İçeride bıraktığım kâğıtlarda akan zamanın nihayetini kabullenebiliyordum artık. Sesleri kulaklarıma çarpıp ruhumu canlandıran kader kalemlerinin sesini duyuyordum artık. Bunu bilmek, duymak, can çekişen bir mum gibi mevcelenen ruhuma bir dinginlik veriyordu. İçimi kasvete kesen karanlık, bir anda yüzünü ışığa dönmeye başlamıştı. İçimin alacakaranlığında önce seslerini duymaya başladığım tüm gölgeler etrafımdaydı. Babam, annem, Mehmet, Süleyman Usta, İsmail, Ak Sungur. Hepsi kader perdesinde capcanlıydılar. Düşünmüyordum artık. Ruhuma zehirli bir ok gibi saplanan düşüncelerden kopmuş kader perdesinde dönen gölgeleri seyrediyordum. Eşya ve zamanla olan bağım kopmuş, 'ben yanıltıcı bir akşam karanlığına' korkmadan yürüyordum. Hangi yöne hangi hızla yürüdüğümün bir önemi kalmamıştı artık. Bir duvar yıkılmıştı önümde; Korkudan örülmüş bir duvar... Önümdeki bu kirli boşluğun ardını görebiliyordum artık. Bir derviş sessizliği ve sükûneti de benimle birlikte yürüyordu. Bir derviş sükûnetiyle ilk defa cenge gidiyordum. Her şeyimle cenk etmeye hazır olduğum şu anda beni korkunun kucağına çeken tek şey arkamda bıraktıklarımdı. Sıcak yuvam, Mercan'ın buhur kokan muhabbetleri, yeni odalar... Bir rüya gibi gözbebeklerimde eriyen İstanbul..."

Koca orman dört koldan ateşe verilmişti. Yeni odalardan arta kalan onlarca can, ateşten bir denizin içinde oradan oraya koşuşturuyordu.

Galip, ateşe verilmiş ormanın içinde, kapana kısılmış bir hayvan hırsıyla koşarken annesi de yüreğinde dal budak salmış bir acıyla onun arkada bıraktığı kanlı zırhına sarılmış, gözyaşları döküyordu. Evladının kan kokusu onu hayata bağlayan tek şeydi.

Sümbül'den bir oğul alıp Osmanoğlu'na bir oğul veren Elvan ise Mercan'daki odasında perhize çekilmiş, bir müjde bekler gibi ölüm meleğinin yolunu beklemekteydi.